"十三五"国家重点出版物出版规划项目·重大出版工程规划

中国工程院重大咨询项目成果文库

战略性新兴产业发展重大行动计划研究丛书

丛书主编　钟志华　邬贺铨

新材料产业
发展重大行动计划研究

屠海令　吴以成　等　编著

科学出版社

北　京

内 容 简 介

本书是在中国工程院"战略性新兴产业发展重大行动计划研究"重大战略研究咨询项目的统一部署下，由新材料课题组负责开展的"新材料产业发展重大行动计划研究"课题的工作成果。本书主要围绕落实《"十三五"国家战略性新兴产业发展规划》中关于新材料产业发展的具体内容，在实地走访相关单位、开展专家座谈、调研典型企业与分析研究资料的基础上，提出落实"十三五"新材料产业发展的战略部署和重点，明确"十三五"期间新材料产业发展的重大行动计划及实施路径。本书建议在政策层面加强顶层设计，完善产业政策；加强研发支撑体系建设，夯实创新发展基础；发挥市场的资源配置作用，完善新材料产业发展生态环境；设立新材料专家系统，发挥思想库作用。本书旨在为新材料产业顶层设计、科学部署和落地实施提供咨询依据，促进我国战略性新兴产业在新时期国内外环境下持续健康发展。

本书有助于公众了解我国新材料产业发展的总体情况及各领域的发展态势，以及"十三五"新材料产业发展方向及重大部署，可供各级领导干部、决策部门和产业界人士及公众参考。

图书在版编目（CIP）数据

新材料产业发展重大行动计划研究 / 屠海令等编著. —北京：科学出版社，2019.3
（战略性新兴产业发展重大行动计划研究丛书 / 钟志华，邬贺铨主编）
"十三五"国家重点出版物出版规划项目·重大出版工程规划
中国工程院重大咨询项目成果文库
ISBN 978-7-03-060567-2

Ⅰ.①新⋯ Ⅱ.①屠⋯ Ⅲ.①材料工业－产业发展－研究－中国
Ⅳ.①F426

中国版本图书馆 CIP 数据核字（2019）第 030285 号

责任编辑：李 莉 / 责任校对：樊雅琼
责任印制：霍 兵 / 封面设计：正典设计

科学出版社 出版
北京东黄城根北街 16 号
邮政编码：100717
http://www.sciencep.com

北京画中画印刷有限公司 印刷
科学出版社发行 各地新华书店经销

*

2019 年 3 月第 一 版 开本：720×1000 B5
2019 年 12 月第二次印刷 印张：12 3/4
字数：250 000

定价：118.00 元

（如有印装质量问题，我社负责调换）

"战略性新兴产业发展重大行动计划研究"丛书编委会名单

工作组组长：周 源 刘晓龙

工作组（以姓氏笔画为序）：

马 飞	王海南	邓小芝	刘晓龙	江 媛	安 达
安剑波	孙艺洋	孙旭东	李腾飞	杨春伟	张 岚
张 俊	张 博	张路蓬	陈必强	陈璐怡	季桓永
赵丽萌	胡钦高	徐国仙	高金燕	陶 利	曹雪华
崔 剑	梁智昊	葛 琴	裴莹莹		

"新材料产业发展重大行动计划研究"课题组成员名单

顾 问

干 勇　　　中国工程院院士

左铁镛　　　中国工程院院士

专 家

屠海令　　　中国工程院院士

张国成　　　中国工程院院士

李龙土　　　中国工程院院士

才鸿年　　　中国工程院院士

陈立泉　　　中国工程院院士

何季麟　　　中国工程院院士

王一德　　　中国工程院院士

吴以成　　　中国工程院院士

张兴栋　　　中国工程院院士

王海舟　　　中国工程院院士

陈祥宝　　　中国工程院院士

李仲平　　　中国工程院院士

李 卫　　　中国工程院院士

周 济　　　中国工程院院士

王崑声　　　中国航天系统科学与工程研究院 研究员

王继扬　　　山东大学 教授

卢世刚　　　国联汽车动力电池研究院 教授级高级工程师

邢丽英	中国航空制造技术研究院	教授
孙蓟泉	北京科技大学	教授
朱明刚	中国钢研科技集团有限公司	教授
程兴旺	北京理工大学	教授
贾德昌	哈尔滨工业大学	教授
王云兵	四川大学	教授
杨素媛	北京理工大学	教授
方以坤	中国钢研科技集团有限公司	教授
王海南	中国航天系统科学与工程研究院	教授
韩高荣	浙江大学	教授
葛宏志	中国航天系统科学与工程研究院	高级工程师
王爱红	中国工程院一局	处长
刘元昕	中国工程院一局	干部
杨 立	四川大学	副教授
赵晚露	四川大学	副教授
崔 义	国联汽车动力电池研究院	高级工程师
杨治华	哈尔滨工业大学	副教授
肖丽俊	钢铁研究总院	高级工程师
赵 雷	钢铁研究总院	高级工程师
段国瑞	太原钢铁（集团）有限公司	高级工程师
李腾飞	有研科技集团有限公司	高级工程师
马 飞	有研科技集团有限公司	高级工程师
赵鸿滨	有研工程技术研究院有限公司	高级工程师

"战略性新兴产业发展重大行动计划研究"丛书序

　　中国特色社会主义进入了新时代，中国经济已由高速增长阶段转向高质量发展阶段。战略性新兴产业是以重大技术突破和重大发展需求为基础，对经济社会全局和长远发展具有重大引领带动作用的产业，具有知识技术密集、物质资源消耗少、成长潜力大、综合效益好等特点。面对当前国际错综复杂的新形势，发展战略性新兴产业是建设社会主义现代化强国，培育经济发展新动能的重要任务，也是促进我国经济高质量发展的关键。

　　党中央、国务院高度重视我国战略性新兴产业发展。习近平总书记指出，要以培育具有核心竞争力的主导产业为主攻方向，围绕产业链部署创新链，发展科技含量高、市场竞争力强、带动作用大、经济效益好的战略性新兴产业，把科技创新真正落到产业发展上[1]。党的十九大报告也提出，建设现代化经济体系，必须把发展经济的着力点放在实体经济上，把提高供给体系质量作为主攻方向，显著增强我国经济质量优势[2]。要坚定实施创新驱动发展战略，深化供给侧结构性改革，培育新增长点，形成新动能。

　　为了应对金融危机，重振经济活力，2010 年，国务院颁布了《国务院关于加快培育和发展战略性新兴产业的决定》；并于 2012 年出台了

---

① 中共中央文献研究室. 习近平关于科技创新论述摘编. 中央文献出版社，2016
② 习近平. 决胜全面建成小康社会　夺取新时代中国特色社会主义伟大胜利. 人民出版社，2017

《"十二五"国家战略性新兴产业发展规划》，提出加快培育和发展节能环保、新一代信息技术、生物、高端装备制造、新能源、新材料、新能源汽车等战略性新兴产业；为了进一步凝聚重点，及时调整战略性新兴产业发展方向，又于 2016 年出台了《"十三五"国家战略性新兴产业发展规划》，明确指出要把战略性新兴产业摆在经济社会发展更加突出的位置，重点发展新一代信息技术、高端制造、生物、绿色低碳、数字创意五大领域及 21 项重点工程，大力构建现代产业新体系，推动经济社会持续健康发展。在我国经济增速放缓的大背景下，战略性新兴产业实现了持续快速增长，取得了巨大成就，对稳增长、调结构、促转型发挥了重要作用。

中国工程院是中国工程科技界最高荣誉性、咨询性学术机构，同时也是首批国家高端智库。自 2011 年起，配合国家发展和改革委员会开展了"战略性新兴产业培育与发展""'十三五'战略性新兴产业培育与发展规划研究"等重大咨询项目的研究工作，参与了"十二五""十三五"国家战略性新兴产业发展规划实施的中期评估，为战略性新兴产业相关政策的制定及完善提供了依据。

在前期研究基础上，中国工程院于 2016 年启动了"战略性新兴产业发展重大行动计划研究"重大咨询项目。项目旨在以创新驱动发展战略、"一带一路"倡议等为指引，紧密结合国家经济社会发展新的战略需要和科技突破方向，充分关注国际新兴产业的新势头、新苗头，针对《"十三五"国家战略性新兴产业发展规划》提出的重大工程，提出"十三五"战略性新兴产业发展重大行动计划及实施路径，推动重点任务及重大工程真正落地。同时，立足"十三五"整体政策环境进一步优化和创新产业培育与发展政策，开展战略性新兴产业评价指标体系、产业成熟度深化研究及推广应用，支撑国家战略决策，引领产业发展。

经过两年的广泛调研和深入研究，项目组编纂形成"战略性新兴产业发展重大行动计划研究"成果丛书，共11种。其中1种为综合卷，即《战略性新兴产业发展重大行动计划综合研究》；1 种为政策卷，即《战略性新兴产业：政策与治理创新研究》；9 种为领域卷，包括《节能环保产业发展重大行动计划研究》《新一代信息产业发展重大行动计划研究》《生物产业发展重大行动计划研究》《能源新技术战略性新兴产业重大行动计划研究》《新能源汽车产业发展重大行动计划研究》《高端装备制造业发展重大行动计划研究》《新材料产业发展重大行动计划研究》《"互联网+智能制造"新兴产业发展行动计划研究》《数字创意产业发展重大行动计划研究》。本丛书深入分析了战略性新兴产业重点领域以及产业政策创新方面的发展态势和方向，梳理了具有全局性、带动性、需要优先发展的重大关键技术和领域，分析了目前制约我国战略性新兴产业关键核心技术识别、研发及产业化发展的主要矛盾和瓶颈，为促进"十三五"我国战略性新兴产业发展提供了政策参考和决策咨询。

2019 年是全面贯彻落实十九大精神的深化之年，是实施《"十三五"国家战略性新兴产业发展规划》的攻坚之年。衷心希望本丛书能够继续为广大关心、支持和参与战略性新兴产业发展的读者提供高质量、有价值的参考。

前　　言

材料是人类赖以生存和发展的物质基础，也是人类社会发展的先导。新材料是指新出现的具有优异性能和特殊功能的材料以及传统材料成分、工艺改进后性能明显提高或具有新功能的材料。习近平总书记在 2016 年出席全国科技创新大会、两院院士大会（即中国科学院第十八次院士大会和中国工程院第十三次院士大会）、中国科学技术协会第九次全国代表大会时指出，"信息技术、生物技术、制造技术、新材料技术、新能源技术广泛渗透到几乎所有领域，带动了以绿色、智能、泛在为特征的群体性重大技术变革"上①。融入了当代众多学科先进成果的新材料产业在新一轮科技革命和产业变革中扮演着重要角色，它是支撑国民经济发展的基础产业，对于发展其他各类高技术产业具有举足轻重的作用。

"十二五"以来，新材料产业在《"十二五"国家战略性新兴产业发展规划》和《新材料产业"十二五"发展规划》的指导下发展迅速，产业规模年均增速高达 25%，新材料研发和应用也取得了长足进展。但总体上看，我国还不是材料强国，部分核心关键材料受制于人，高端材料对外依赖程度仍然较高，以企业为主体的自主创新体系亟待完善，新材料产业的核心竞争力仍需加强。为此我国政府加大了对新材料产业的支持力度，并先后制定《"十三五"国家科技创新规划》和《"十三五"国家战略性新兴产业发展规划》，进一步明确了新材料发展方向和发展重点。

2016 年，根据中国工程院"'十三五'战略性新兴产业发展重大行动计划"的统一部署，本书课题组正式启动了"新材料产业发展重大行动计划研究"咨询工作，咨询工作主要围绕落实《"十三五"国家战略性新兴产业发展规划》中关于新材料产业发展的具体内容开展。课题组实地走访了相关单位、开展了专家座谈、调研了典型企业，并在分析研究资料的基础上，针对国家需求和目前状况，提出落实"十三五"新材料产业发展的战略部署和重点，明确"十三五"期间新材料产业重大行动计划及实施途径。此外，建议在政策层面加强顶层设计，完善产业政策；加强研发支撑体系建设，夯实创新发展基础；发挥市场的资源配置作用，完善新材料产业发展生态环境；设立新材料专家系统，发挥思想库作用。本书旨在为新材料产业顶层设计、科学部署和落地实施提供咨询依据，促进我国战略性新兴产业在新时期国内外环境下持续健康发展。

---

① 习近平. 为建设世界科技强国而奋斗——在全国科技创新大会、两院院士大会、中国科协第九次全国代表大会上的讲话[J]. 中国应急管理，2016，（6）：4-8

目　录

第一章　全球新材料产业发展格局变化与未来发展重点分析

一、新材料产业发展格局变化

近几年来，新一轮科技革命与产业变革蓄势待发，为材料产业结构调整提供了重要的机会窗口，全球新材料产业竞争格局正在发生重大调整。材料技术领域研发面临新突破，新材料和新物质结构不断涌现，全球新材料技术与产业发展迅猛，新材料技术成为各国竞争的热点之一，2010年全球新材料产业市场规模超过1万亿美元，到2016年已经达到2.15万亿美元，平均每年以10%以上的速度增长，如图1.1所示。此外，技术领域研发面临新突破，新材料和新物质结构不断涌现，全球新材料技术与产业一直保持着增长的态势[1]。

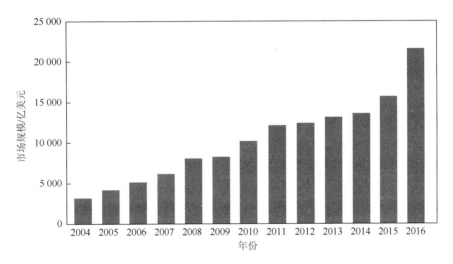

图1.1　2004～2016年全球新材料产业市场规模

总体上新材料产业的发展呈现如下特征。

（一）新材料的创新研发得到高度重视

世界各国及地区高度重视新材料创新研发，纷纷制订新材料发展规划，在全面加强研究开发的基础上，在市场、产业环境等不同层面出台相应政策，全力提升新材料研发及产业化水平，具体战略规划如表 1.1 所示。美国于 2009 年、2011 年和 2015 年三度发布《国家创新战略》，其中清洁能源、生物技术、纳米技术、空间技术、健康医疗等优先发展领域均涉及新材料；2012 年制定《先进制造业国家战略计划》，进一步加大对新材料科技创新的扶持力度。欧洲联盟（简称欧盟）为实现经济复苏、消除发展痼疾、应对全球挑战，于 2010 年制定了《欧盟 2020 战略》，提出三大战略重点。德国政府发布了《2020 高科技战略》，其中"工业 4.0"是十大未来项目中最引人注目的课题之一。2013 年英国推出《英国工业 2050 战略》，重点支持建设新能源、智能系统和材料化学等创新中心。日本于 2010 年发布了《新增长战略》、《信息技术发展计划（2016～2020）》和《日本产业结构展望 2010》，2016 年出台了《第五期科学技术基本计划》。韩国于 2009 年公布了《绿色增长国家战略及五年行动计划》和《新增长动力规划及发展战略》，2013 年出台了《第三次科学技术基本计划》。巴西、印度、俄罗斯等新兴经济体采取重点赶超战略，在新能源材料、节能环保材料、纳米材料、生物医用材料、医疗和健康材料、信息材料等领域制订专门规划，力图在激烈的国际竞争中抢占一席之地。2016 年美国发布《2016-2045 年新兴科技趋势报告》，提出了 20 项最值得关注的科技发展趋势，其中 1 项重点就是针对纳米材料以及泡沫金属材料等新型材料进行了布局。

表 1.1　若干国家及地区的材料领域战略规划

国家及地区	发展计划	涉及新材料相关领域
美国	先进制造业国家战略计划、重整美国制造业框架、先进制造伙伴计划、国家纳米技术倡议、国家生物经济蓝图、电动汽车国家创新计划、"智慧地球"计划、大数据研究与开发计划、下一代照明计划、低成本宽禁带半导体晶体发展战略计划	新能源材料，生物与医药材料，环保材料，纳米材料，先进制造、新一代信息与网络技术和电动汽车相关材料，材料基因组，宽禁带半导体材料
欧盟	欧盟能源技术战略计划、能源 2020 战略、物联网战略研究路线图、欧盟 2020 战略、欧洲生物经济的可持续创新发展、"地平线 2020"计划、彩虹计划、OLED100.EU 计划、旗舰计划、关键使能技术、第七研究框架计划	低碳产业相关材料、信息技术（重点是物联网）相关材料、生物医用材料、纳米材料、石墨烯等
英国	低碳转型计划、英国可再生能源发展路线图、技术与创新中心计划、海洋产业增长战略、合成生物学路线图、英国工业 2050 战略	低碳产业相关材料、高附加值制造业相关材料、生物医用材料、海洋材料等
德国	能源战略 2050：清洁、可靠和经济的能源系统、高科技战略行动计划、2020 高科技战略、生物经济 2030 国家研究战略、国家电动汽车发展规划	可再生能源材料、生物医用材料、电动汽车相关材料等
法国	环保改革路线图、未来十年投资计划、互联网：展望 2030 年	可再生能源材料、环保材料、信息材料、环保汽车相关材料等

续表

国家及地区	发展计划	涉及新材料相关领域
日本	新增长战略、新国家能源战略、能源基本计划、创建最尖端信息技术国家宣言、下一代汽车计划、海洋基本计划、日本产业结构展望 2010、第五期科学技术基本计划	新能源材料、节能环保材料、信息材料、新型汽车相关材料等
韩国	新增长动力规划及发展战略、核能振兴综合计划、信息技术韩国未来战略、国家融合技术发展基本计划、第三次科学技术基本计划、21 世纪光计划	可再生能源材料、信息材料、纳米材料等
俄罗斯	2030 年前能源战略、2020 年前科技发展、国家能源发展规划、到 2020 年生物技术发展综合计划、2018 年前信息技术产业发展规划、2025 年前国家电子及无线电电子工业发展专项计划、2030 年前科学技术发展优先方向、国家纳米计划 2020	新能源材料、节能环保材料、纳米材料、生物医用材料、医疗和健康材料、信息材料等
巴西	低碳战略计划、2012～2015 年国家科技与创新战略、科技创新行动计划	新能源材料，环保汽车、民用航空、现代生物农业等相关材料
印度	气候变化国家行动计划，国家太阳能计划，"十二五"规划（2012～2017 年），科学、技术与创新政策	新能源材料、生物医用材料等
南非	国家战略规划绿皮书、新工业政策行动计划、2030 发展规划、综合资源规划	新能源材料、生物制药材料、航空航天相关材料等

（二）高新技术发展促使新材料不断更新换代

高新技术的突破加快了技术向生产力的转化速度，同时对关键基础材料提出新的挑战和需求[2]。例如，微电子芯片集成度及信息处理速度大幅提高，成本不断降低，关键是硅材料在其中发挥了重要作用。目前，300mm 硅片可满足 14nm 技术节点的集成电路要求，450mm 硅片已产出样片，全球硅片市场情况如图 1.2 所示。此外，A_2B_7 型稀土储氢合金已经实现工程化，并将 AA 电池（即 5 号电池）的容量提高到 2700mAh。低温共烧陶瓷（low temperature co-fired ceramic，LTCC）技术的研究开发取得重要突破，大量无源电子元件整合于同一基板内已成为可能。先进材料研究技术的不断拓展也产生了诸多新兴产业。例如，氮化镓（GaN）等化合物半导体材料的发展，催生了半导体照明技术；白光发光二极管（light-emitting diode，LED）的发光效率（简称光效）已远超过白炽灯和荧光灯，给照明工业带来革命性的变化。太阳能电池转换效率不断提高，极大地推动了新能源产业的发展。镁合金与钛合金等高性能结构材料加工技术的突破使成本不断降低，研究与应用重点由航空、航天以及军工领域扩展到高附加值民用领域。基于分子和基因等临床诊断材料与器械的发展，肝癌等重大疾病得以早日发现和治疗；介入器械的研发则催生了微创，介入治疗技术则使心脏病死亡率大幅下降。

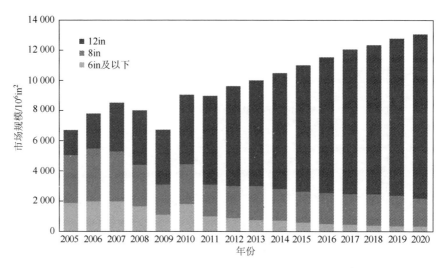

图1.2 全球不同尺寸硅片市场现状及发展预测（1in≈0.0254m，1in² ≈0.000 645 2m²）

（三）跨国集团依然占据主导地位

目前，世界著名企业集团凭借其技术研发、资金和人才等优势不断向新材料领域拓展，在高附加值新材料产品中占据主导地位。日本信越（Shin-Etsu）、日本胜高（SUMCO）以及德国世创（Siltronic AG）等企业占据国际半导体硅材料市场份额的70%以上。半绝缘砷化镓（GaAs）市场90%以上被日本住友电工（Sumitomo Electric）、日立电线（Hitachi Cable）和德国弗莱贝格化合物材料（Freiberger Compound Materials，FCM）以及美国晶体技术公司（American Xtal Technology.，Inc）所占有。美国陶氏化学（Dow Chemical）、通用电气（General Electric，GE）、瓦克化学（Wacker Chemie）和法国罗纳·普朗克（Rhone-Poulenc）及日本一些公司基本控制了全球有机硅材料市场。美国杜邦（DuPont）、日本大金（Daikin）、德国赫希斯特(Hoechst)、美国明尼苏达矿务及制造业(Minnesota Mining and Manufacturing，3M)、意大利奥斯蒙特（Ausimont）、法国埃尔夫阿托化学（Elf Atochem）和英国帝国化学工业（Imperial Chemical Industries）等7家公司拥有全球90%的有机氟材料生产能力。美国科锐（Cree）公司的碳化硅（SiC）衬底有很强市场竞争力（SiC材料国际市场规模见图1.3），飞利浦（Philips）控股的美国流明（Lumileds）的功率型白光LED国际领先，美国、日本、德国等国家的企业拥有70% LED外延生长和芯片制备核心专利。日本东丽（Toray）基本垄断了高性能碳纤维及其复合材料的市场。美国铝业（Alcoa）掌握了飞机用金属新材料80%的专利，美国杜邦、日本帝人（Teijin）控制了对位芳纶90%的产能。

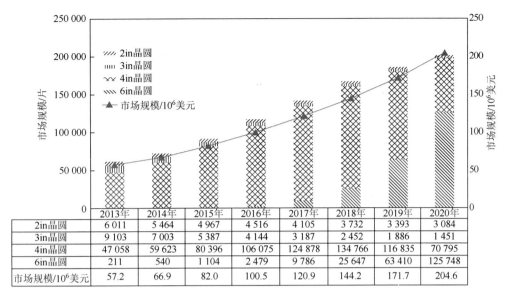

	2013年	2014年	2015年	2016年	2017年	2018年	2019年	2020年
2in晶圆	6 011	5 464	4 967	4 516	4 105	3 732	3 393	3 084
3in晶圆	9 103	7 003	5 387	4 144	3 187	2 452	1 886	1 451
4in晶圆	47 058	59 623	80 396	106 075	124 878	134 766	116 835	70 795
6in晶圆	211	540	1 104	2 479	9 786	25 647	63 410	125 748
市场规模/10⁶美元	57.2	66.9	82.0	100.5	120.9	144.2	171.7	204.6

图 1.3　SiC 材料国际市场规模

（四）绿色、低碳成为新材料发展的重要趋势

面对日益严重的资源枯竭、不断恶化的生态环境和大幅提升的人均需求等发展困境，绿色发展和可持续发展理念已经成为人类共识。世界各国都积极将新材料的绿色发展放在首位，高度重视与资源、环境和能源的协调发展，大力推进新材料的绿色开发与应用[3]。绿色新材料产业的崛起，引起电力、建筑、汽车、通信等多个产业发生重大变革，拉动风机制造、光伏组件、多晶硅等一系列制造业和资源加工业的发展，促进智能电网、电动汽车等输送与终端产品的开发和生产。欧洲、美国等发达国家及地区已经通过立法，促进节能建筑和光伏发电建筑的发展，目前欧洲 80%的中空玻璃使用低辐射（low emissivity，Low-E）玻璃；太阳能电池转换效率不断提高，极大地推动了新能源产业发展。通过提高新型结构材料强韧性、提高材料温度适应性、延长材料寿命以及材料的复合化设计可降低成本、提升质量、拓展应用，如碳纤维复合材料在大型飞机和导弹的主结构件中得到大量使用[4]。

功能材料向多功能化、集成化、智能化等方向发展；纳米技术与先进制造技术的融合将产生体积更小、集成度更高、更加智能化、功能更优异的产品。欧洲首倡的全生命周期技术（图 1.4）对新材料产业绿色低碳发展起到了促进作用，也使钢铁、有色、水泥等大宗基础材料的单产能耗、环境载荷降低 20%以上。绿色、低碳的新材料技术及产业化将成为今后发展的主要方向，未来在追求经济目标的同时更加注重资源节约、环境保护、公共健康等社会目标[5]。

图1.4　全生命周期技术

（五）变革新材料研发模式成为关注的重点

　　进入 21 世纪，人们逐渐意识到依赖于科学直觉与试错的材料传统研究方法已不适应工业快速发展的需求，而且逐渐会成为制约技术和工业进步的瓶颈。因此，革新材料研发方法，加速材料从研发到应用的进程提上了各国政府的议事日程。例如，美国政府在"先进制造伙伴"（Advanced Manufacturing Partnership，AMP）计划中提出了"材料基因组计划"（Materials Genome Initiative，MGI），其目的是将新材料从发现到应用的速度至少提高一倍，成本至少降低一半，支撑以先进材料为基础的高端制造业，希望继续保持其在核心科技领域的优势。

　　MGI 的具体措施包括：①发展计算工具和方法，减少耗时费力的实验，加快材料设计和筛选；②发展和推广高通量材料实验工具，更快地进行候选材料验证和筛选；③发展和完善材料数据库/信息学工具，有效管理材料从发现到应用全过程数据链；④培育开放、协作的新型合作模式。MGI 的终极目标是通过理论模拟和计算完成先进材料的"按需设计"和全程数字化制造。从图 1.5 中可以看出材料基因组技术三要素（计算工具、实验工具、数据）协同融合，贯穿材料从发现到应用的各个环节。

　　在这场变革材料研发模式的过程中，欧盟和日本等也启动了类似的科学计划。欧盟以轻量、高温、高温超导、磁性及热磁、热电和相变记忆存储六类高性能材料需求为牵引，推出了"加速冶金学"（Accelerated Metallurgy，AccMeT）计划。

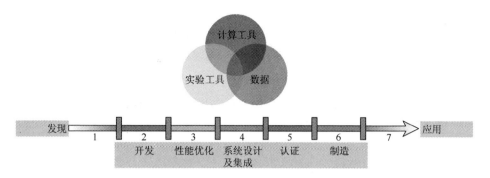

图 1.5 材料基因组技术三要素

二、国际典型新材料领域发展现状

(一)信息功能材料

信息功能材料涉及信息产生、提取、转换、传输、存储、处理和显示,本书所述的信息功能材料主要包括微电子材料、光电子材料等。微电子材料是微电子和信息产业发展的基础支撑,包括硅、GaAs、SiC 等各类衬底、栅介质、存储材料和集成电路制造材料等。光电子材料是以光子、电子为载体,传递存储信息和能量的材料,包括半导体照明与显示材料、光电功能晶体、红外探测材料和硅基低维光电子材料等。近年来,具有特殊物理性能的碳基材料,如碳纳米管、富勒烯和石墨烯等,展示出较好的微电子和光电子特性,已成为新一代信息功能材料的研发热点,逐步得到产业界的重视。

硅材料方面(图 1.6 为硅材料发展趋势),全世界近年来产量不断增长,2017 年半导体硅片产量已达到 118 亿 in^2,销售收入在 87 亿美元左右。长期来看,受移动终端、可穿戴设备、医疗电子等新领域的应用驱动,未来全球半导体硅材料需求将总体呈增长趋势。图 1.7 为 1990~2013 年全球半导体块产量和硅片消耗面积。全球硅单晶及硅片生产基地主要在日本、美国和德国,中国、韩国和芬兰等国也是重要的生产基地,日本信越和胜高、德国世创、韩国乐金(LG Siltron)、美国太阳爱迪生(SunEdison)、中国台湾地区环球晶圆(Global Wafer)等公司垄断了全球 90% 以上半导体硅材料的生产。

全球半导体硅材料技术的发展主线之一是高质量大尺寸化。硅片直径由 1975 年的 100mm,先后经过 125mm、150mm、200mm 几代跃迁,达到目前的 300mm。国际上半导体用硅材料中直径 300mm 的硅材料比例达到 60%,已成为主流技术和产品,直径 200mm 的硅材料占比约 27%,直径 150mm 和 125mm 的硅材料占比合计约 13%。直径 450mm 硅晶圆制造成本优势显著好于直径 300mm 硅晶圆,可使

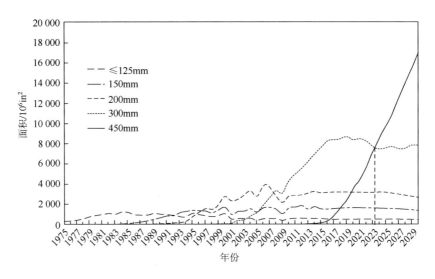

图1.6 硅材料发展趋势

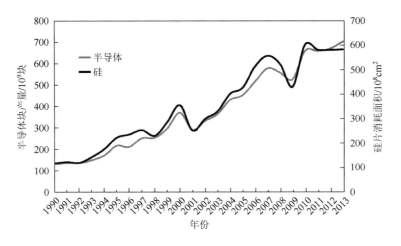

图1.7 1990～2013年全球半导体块产量和硅片消耗面积

整个半导体产业更为经济，并可以提升整个产业链竞争力。前几年，由英特尔、三星电子、台湾积体电路制造股份有限公司（简称台积电）等半导体领域顶级厂商组成的全球450mm联盟（global 450 consortium，G450C）力推采用450mm硅材料制造下一代半导体集成电路。日本信越和胜高是直径450mm硅片技术的研发主力，其450mm测试样片已由G450C进行了评估。目前由于多种因素，全球450mm硅技术开发处于停顿状态，但450mm硅材料标准基本确立。已形成的18项与450mm硅材料有关的国际半导体产业协会（Semiconductor Equipment and Materials International，SEMI）标准列于表1.2，今后仍需进一步完善。

表 1.2　SEMI 标准

序号	标准号	内容
1	SEMI M1-0414	Specifications for Polished Single Crystal Silicon Wafers（抛光单晶硅片规范）
2	SEMI M49-0613	Guide for Specifying Geometry Measurement Systems for Silicon Wafers for the 130nm to 16nm Technology Generations（16～130nm 技术代用硅片的几何测量系统规范）
3	SEMI M52-0214	Guide for Specifying Scanning Surface Inspection Systems for Silicon Wafers for the 130nm to 11nm Technology Generations（11～130nm 技术代用硅片的扫描表面检查系统规范）
4	SEMI M62-0514	Specification for Silicon Epitaxial Wafers（硅外延片规范）
5	SEMI M73-1013	Test Methods for Extracting Relevant Characteristics from Measured Wafer Edge Profiles（晶圆边缘轮廓测量中提取相关特征的规范）
6	SEMI M74-1108（Reapproved 0413）	Specification for 450mm Diameter Mechanical Handling Polished Wafer（直径 450mm 机械加工抛光晶圆规范）
7	SEMI M76-0710	Specification for Developmental 450mm Diameter Polished Single Crystal Wafer（直径 450mm 抛光单晶硅片规范）
8	SEMI M80-0514	Mechanical Specification for Front-Opening Shipping Box Used to Transport and Ship 450mm Wafers（运输和装运 450mm 晶圆的前开式装运箱的机械规范）
9	SEMI E83-0413	Specification for PGV Mechanical Docking Flange（PGV 机械对接法兰规范）
10	SEMI E154-0713	Mechanical Interface for 450mm Load Port（450mm 负载的机械接口规范）
11	SEMI E156-0710	Mechanical Specification for 450mm AMHS Stocker to Transport Interface（450mm AMHS 料斗输送接口的机械规范）
12	SEMI E158-0314	Mechanical Specification for Fab Wafer Carrier Used to Transport and Store 450mm Wafers（450 FOUP）and Kinematic Coupling［传输和存储 450mm 晶圆（450 FOUP）载体的机械规范］
13	SEMI E159-0314	Mechanical Specification for Multi-Application Carrier（MAC）Used to Transport and Ship 450mm Wafers［运输和装运 450mm 晶圆的多用途载体（MAC）的机械规范］
14	SEMI E162-0912	Mechanical Interface Specification for 450mm Front-Opening Shipping Box Load Port（450mm 前开式装运箱装载的机械接口规范）
15	SEMI E166-0513	Specification for 450mm Cluster Module Interface: Mechanical Interface and Transport Standard（450mm 集群模块接口规范：机械接口和传输标准）
16	SEMI G88-0211	Specification for Tape Frame for 450mm Wafer（450mm 晶圆框架规范）
17	SEMI G92-1113	Specification for Tape Frame Cassette for 450mm Wafer（450mm 晶圆片用框架盒规范）
18	SEMI G95-0314	Mechanical Interface Specification for 450mm Load Port for Tape Frame Cassettes in the Backend Process（450mm 后道工序用晶圆框架盒的机械接口规范）

按照新建 SEMI 标准，与以往 300mm 硅材料相比，450mm 硅材料会有几个变化趋势：①考虑到新型器件要求，槽（notch）位置可能由以往的〈110〉调整到〈100〉方向；②边缘去除可能从 2mm 减到 1.5mm；③固定质量区域（fixed quality area，FQA）可能从 223mm 扩大到 223.5mm；④450mm 硅片也可能考虑采用无槽（notchless）规格；⑤450mm 硅片可能不在背面打标。图 1.8 为局部平整度（site flatness front least-squares range，SFQR）和纳米形貌（nanotopography）参数演化趋势。

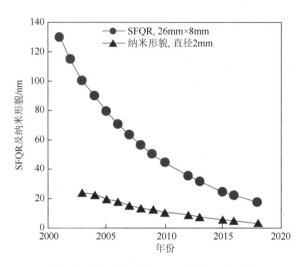

图 1.8　SFQR 和纳米形貌参数演化趋势

硅材料在直径放大的同时，需要满足不断缩小特征尺寸的集成电路要求。按照国际半导体技术路线图（International Technology Roadmap for Semiconductors，ITRS），国际上直径 300mm 硅片技术水平一直随集成电路技术朝更细技术节点同步发展，最先进技术将满足 14nm 及以下技术代的集成电路要求。实际上，英特尔、三星电子等顶尖厂商的集成电路技术发展要快于 ITRS 指标（表 1.3），目前已跨越到 14nm，仍采用 300mm 硅材料。

表 1.3　半导体硅材料技术要求变化（摘自 ITRS2013 年版）

重要参数	2011 年	2014 年	2017 年	2018 年	2021 年	2024 年	2028 年
存储器半节距/nm	36	26	20	18	14	11	8
硅材料直径/mm	300	300	300	450	450	450	450
表面颗粒尺寸控制要求/nm	≥45	≥32	≥22	≥22	≥15	≥11	≥8
对应的颗粒数量要求/(个/片)	≤134	≤291	≤285	≤282	≤272	≤263	≤257
SFQR/nm	≤36	≤28	≤18	≤16	≤11	≤8	≤5
纳米形貌/nm	≤9	≤7	≤4	≤4	≤3	≤2	≤2

重大技术突破专栏

大直径硅材料研发技术

大直径硅材料是未来半导体器件和集成电路制造的核心基础材料。半导体制程将更趋精细，以满足高集成度、多功能、低成本的需求，半导体用硅材料将随之朝着大尺寸、高完整性、掺杂元素浓度精确控制、低沾污、高平坦的方向发展，需要大直径硅单晶生长技术、硅片精密加工技术、硅片表面沾污处理技术、外延技术、纳米尺度和痕量污染的检测技术等。国际上硅片技术达到直径300mm，满足14nm线宽集成电路要求。国内硅片技术达到直径300mm，满足45nm线宽集成电路要求。预计未来，硅片直径300mm和450mm将满足10nm及以下线宽超大规模集成电路应用要求（图1.9）。

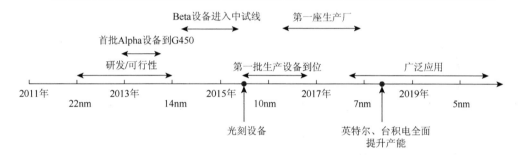

图1.9　450mm 晶圆技术发展预测（摘自 G450C）

以 SiC 和 GaN 为代表的宽禁带半导体材料受到越来越多的关注[6]，图1.10 为 2012～2022 年全球 GaN&SiC 功率半导体市场成长预测。目前这类材料已在人造卫星、火箭、雷达与通信、战斗机、海洋勘探、地震预报、石油钻井、汽车电子等重要领域得到很好的应用。国际市场上主流的 SiC 衬底和外延片以 4in 为主，2012 年市场规模达到 4 亿美元，主要集中在美国（75%）、欧洲（19%）、日本（5%），其中美国 Cree 公司的 SiC 产量占全球市场的 60% 以上，未来几年 6in 的产品有望成为主流。宽禁带半导体产业即将迎来爆发性增长。在国际上，各国政府纷纷加紧了宽禁带半导体领域部署，如 2013 年欧盟启动 AGATE 项目，拟用 GaN 先进材料技术，实现规模化工业生产制造。2014 年 2 月美国高调宣布，投资 1.4 亿美元成立下一代电力电子技术国家制造业创新中心，从国家层面加强对电力电子器件用宽禁带半导体的研发和产业化。我国对宽禁带半导体材料与器件同样具有重大需求。在半导体照明市场，2013 年我国半导体照明产业市场规模为 2576 亿元，预计到 2020 年，我国半导体照明将实现向智能化、个性化、多功能化、高附加值服务的转变，市场规模将超过 1.3 万亿元。到 2025 年，半导体照明市场规模约 2 万亿元。功率器件、消费电子、工业制造等领域对宽禁带半导体均有巨大需求。此外，我国电网规模、电力总装机容量均已超过美国，居世界首位。特别是近年来大力发展的特高压输电技术的未来进一步应用，急需耐高压、大电流、低损耗的宽禁带半导体功率器件，以减少控制系统的器件数量，简化控制系统，增强可靠性。预计到 2020 年，我国宽禁带半导体功率器件市场规模约为 36 亿元，带动逆变器、变压器等设备及其应用系统市场规模约 700 亿元。在射频器件市场，GaN 射频器件在后 4G 移动通信中代替现有 Si 横向双扩散金属-氧化物-半导体场效应晶体管（lateral double-diffused metal oxide semiconductor field effect transistor，LD-MOSFET）器件，成为移动通信基站中射频功率设备的核心。预计到 2020 年，我国在移动通信基站应用中的 GaN 射频器件及封装的市场规模约为 30 亿元，带动 4G 移动通信基站及终端设备市场规模为 800 亿元。

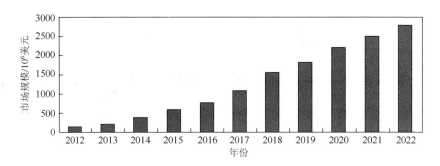

图 1.10　2012～2022 年全球 GaN&SiC 功率半导体市场成长趋势

　　显示材料方面，近十年以来，新型平板显示技术快速发展，对可溶液化加工的有机、无机及纳米功能性材料（包括金属、半导体、电介质、光电材料等）进行研究开发，催生了以印刷技术或涂布技术代替传统半导体工艺/真空工艺的新型印刷显示。这是一次产业技术的革命，其优势明显：能够明显简化工艺步骤，最终实现卷对卷（roll to roll）生产，并提高材料利用率，缩短生产运行周期，降低设备设施投入和维护成本；工艺适用于塑料薄膜基板，可以实现大面积、轻、薄、柔性的显示应用；采用增材制造（也称 3D 打印），使用低温的印刷工艺，不需要真空工艺环境，能够显著降低能耗，减少碳排放；采用具有良好降解性的有机功能材料与基板，可以解决日益严重的电子产品垃圾带来的环境污染问题。随着新型显示技术逐步向大屏幕、高保真、低能耗等方向的发展和新一代半导体发光材料与激光的技术进步，激光光源在显示技术中的应用受到了学术界和产业界的高度重视。以红、绿、蓝三基色激光为光源的新型显示技术已经在投影显示、液晶平板显示、可穿戴式显示以及激光全息显示技术中得到应用，特别是激光显示技术已经获得产业应用，展示出取代气体放电光源成为新一代显示技术的发展前景。激光显示技术具有如下优势：能够大幅提升图像质量，色域范围可达传统显示技术的 2 倍以上；光能利用效率可以达到或超过 16lm/W，其能耗水平仅相当于气体放电光源的 30%；使用寿命可达 20 000h 以上，相当于气体放电光源的 10 倍。光学与半导体光电子制造技术可覆盖个人移动显示产品、家庭影院、仿真平台、数字电影、指挥控制平台以及公众展示等应用领域。

　　功能晶体材料方面，目前美国在重要激光晶体的生产方面占领先地位。新思科技（Synoptics）公司商业化生产的掺钕钇铝石榴石（Nd:YAG）直径达 120mm、等径长 300mm 左右，晶体元件光学均匀性小于 0.05λ/in。美国 Onyx Optics 公司开发的 Nd:YAG-YAG 复合（键合）晶体及其激光元件大幅改善了激光晶体的热性能，晶体复合结构从早期 Nd:YAG-YAG 简单结构键合晶体，逐步发展到了 Nd:YAG-Sm:YAG-YAG、Nd:YAG-Cr^{4+}:YAG-YAG 等多种材料间键合的复杂结构[7]。2009 年，美国 Northrop Grumman 公司基于 Nd:YAG 键合晶体板条的固体激光器率先实现了超过 100kW 的激光输出，跨越高能固体激光武器的"门槛"；激光器光束质量达到 1.5 倍衍射极限，可连续稳定工作 10h 以上，具备了初步的实际应用价值。随着激光技术的发展，激光二极管（laser diode，LD）泵浦掺钕钒酸钇（Nd:YVO_4）晶体激光器输出功率增大，小型化 Nd:YVO_4 高功率激光器成为未来发展的重要方向。在高功率连续波长激光研究方面，美国 Spectra Physics 公司、德国 EdgeWave 公司等分别实现最大输出功率为 35W 和 400W 的 TEM00 单模 1064nm 波长激光输出，光转换效率达到 60%以上。在高峰值功率超短激光研究方面，美国佛罗里达大学、瑞士 Time-Bandwidth Products 公司等分别实现最大功率为 18kW 和 50MW 的超快激光输出。另外，掺钕钒酸钆（Nd:$GdVO_4$）晶体具有良好光谱性能和热学性能，近几年也颇受关注。山东大学等采用 Nd:$GdVO_4$ 晶体作为激光增益介质，已实现了功率超过 80W 的连续激光输出和峰值功率为 3.6kW 的超短激光输出，成为未来发展高功率 LD 泵浦微型激光器的重要潜在晶体材料。目前大尺寸钛宝石晶体主要应用于拍瓦级高功率激光系统和超快高能量激光驱动系统。近年来基于钛宝石激光晶体的啁啾脉冲放大（chirped pulse amplification，CPA）技术在产生飞秒超短脉冲高功率激光器件中起了革命性的作用，在超快高能量、高功率激光驱动系统中必须采用钛宝石晶体产生的超短激光脉冲作为种子脉冲信号，在拍瓦级高功率激光系统中所需要的钛宝石晶体尺寸更大（直径在 100mm 以上），因此研制满足拍瓦装置需求大口径、高光学质量的钛宝石晶体成为当前的一个重要课题，对发展超快高功率激光等具有极其重要的意义。美国 GT Advanced Technologies 公司采用热交换法生长获得了直径达 208mm 的高质量钛宝石晶体毛坯。该方法是目前世界上生产优质钛宝石晶体最主要的方法之一。2017 年 10 月，上海超强超短激光实验装置实现 10.3PW 的脉冲激光输出，这是目前已知的最高激光脉冲峰值功率。所用的掺钛蓝宝石（Ti:Al$_2$O$_3$）晶体直径达到 235mm，由中国科学院上海光学精密机械研究所研制，也是目前国际最大口径的激光放大晶体（图 1.11）。在一些重要的非线性光学晶体的产业化方面，如红外非线性光学晶体，包括 ZnGeP$_2$ 及新型红外非线性光学晶体，美国具有明显的优势；俄罗斯在新型红外非线性光学晶体如 Li$_2$InS 类晶体研发方面具有优势；以色列近年来生产了高质量的磷酸钛氧钾（KTiOPO$_4$，KTP）系列晶体，除满足高功率激光器应用外，还可用于光通信；日本在大尺寸硼酸锂铯（CsLiB$_6$O$_{10}$，CLBO）和 GaN 单晶、氧化锌（ZnO）及各种衬底晶体的产业化方面有优势，以 Nd:YAG 透明激光陶瓷为代表的激光材料研制也居国际领先地位。近年来，随着核医学成像技术的快速发展，特别是正电子发射断层扫描仪结合计算机断层成像（position emission tomography/ computerized tomography，PET/CT）及单光子发射计算机断层成像（single-photon emission computerized tomography，SPECT）等医学设备的发展，闪烁晶体的应用范围持续扩大。美国在 "9·11 事件" 之后，投入了大量研发经费用于新型闪烁材料的开发。美国通用电气公司是 PET 整机的生产厂商，并在全球占有重要地位。法国圣戈班（Saint-Gobain）公司代表了闪烁晶体材料研发的最高水平。德国和日本均非常注重整机研发，例如，西门子公司和东芝公司都具有很高的核医学成像设备研发能力，但材料研究投入较少。俄罗斯和乌克兰是传统的材料研发大国，尤其是闪烁晶体生产水平高，但缺乏整机研发。我国闪烁晶体的研究和生产也在国际上有很高的地位，中国科学院上海硅酸盐研究所为国际多个重要工程提供了大量优质的锗酸铋（Bi$_4$Ge$_3$O$_{12}$，BGO）和钨酸铅（PbWO$_4$，PWO）晶体元件，并在我国 "悟空" 卫星中应用。

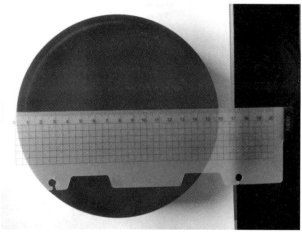

图 1.11　中国科学院上海光学精密机械研究所用热交换法生长的 Ti:Al$_2$O$_3$ 晶体

存储材料方面，2011 年相变存储材料的单元尺寸已小于 NOR Flash，未来可望大规模取代 NOR Flash 打入非易失性存储市场，但其最大存储温度尚不能满足要求。针对阻变材料及其器件的研究很多，欧洲、韩国、日本、中国等诸多企业和研究机构对阻变存储研究均投入了较大的研发力量，但还需要深入研究阻变机理，解决器件的耐久性与转变过程中转变参数的离散性等问题。自旋电子材料所构成的磁随机存储芯片（magnetic random access memory，MRAM）具有数据非易失性、寿命长、功耗低、抗辐射等诸多优点。2002~2010 年 MagIC 公司持续投资超过 5 亿美元，建立了 8in 的 MRAM 生产线，进行了 64M-MRAM 芯片的产品开发。2009 年 11 月韩国政府资助三星公司和现代公司 4000 万美元用于联合研发 STT-MRAM。2012 年 11 月 EverSpin 公司开始推出 64 Mbit STT-MRAM 芯片，并向固态硬盘存储器（solid state disk，SSD）和手机等民用领域发展。2013 年美国美光科技和日本东电电子等 20 多家半导体相关企业共同开发新一代 MRAM 的量产技术。目前，主流的存储器 DRAM 和 NAND Flash 的总产值占全球存储器产业的 95%。据国际商业策略（International Business Strategies，IBS）公司数据预计，未来十年 NAND Flash 的需求量还将持续增长 10 倍，主要应用在云计算、物联网及数据中心等领域。平面 NAND Flash 在 15nm 几乎接近物理极限，因此为了提高存储器的容量及带宽，向 3D NAND 技术迈进是必然趋势。2013 年 8 月三星公司率先宣布成功推出 3D NAND 技术，3D NAND 不须提高制程工艺，而是堆叠更多的层数，保证了 3D NAND Flash 的容量、性能与可靠性。

红外探测材料和技术方面，美国处于领先地位，主要有雷声（Raytheon）、洛克希德·马丁（Lockheed Martin）、霍尼韦尔（Honeywell）、菲力尔系统（FLIR System）等，其中雷声和 FLIR System 公司占据美国市场的比例达 80%以上。日本有三菱电机、日本电气（NEC）、日本航空电子、日本电子数据和日本巴恩斯等；欧洲有英国 GEC-MACONI、法国 Sofradir、CEA-LETI，荷兰 AGMA，比利时 IMEC，德国 AEG 红外组件和 STNATLAS 电子等。碲镉汞（HgCdTe）探测器是目前应用最广泛的红外光电探测器之一，已研制生产的商用 HgCdTe 红外焦平面探测器有长波 640×480、中波 2048×2048、短波 4096×4096、双色/双波段 1280×720。量子阱红外光导探测器（quantum well infrared photo detectors，QWIP）是主要的长波制冷型红外焦平面器件，美国国家航空航天局（National Aeronautics and Space Administration，NASA）和陆军研究实验室（Army Research Laboratory，ARL）联合研制的 1024×1024 长波红外焦平面，以及 NASA 的喷气推进实验室（Jet Propulsion Laboratory，JPL）研制的 1024×1024 双色、640×512 四色红外焦平面，代表了当前砷化镓/砷化铝镓（GaAs/AlGaAs）量子阱红外光导探测器的最高研究水平。新型的二类应变层超晶格（strained-layer superlattice，SLS）材料具有很高的量子效率，可以缩短积分时间，雷声公司和 JPL 获得了 640×512 规格的二类 SLS 中波红外焦平面探测器。此外，量子点红外光导探测器（quantum-dot infrared photo detectors，QDIP）材料、近室温 InGaAs 材料、非制冷型的 VO_x 以及热释电材料也是国际重视的发展方向。

（二）新能源及节能环保材料

新能源及节能环保材料是我国战略性新兴产业发展的基础和保证。本书所述的新能源及节能环保材料主要包括太阳能电池材料、锂离子电池材料、燃料电池材料、节能玻璃、膜材料等方面[8-11]。

1. 太阳能电池材料

太阳能电池材料方面，2017 年全球太阳能电池的生产量为 102GW，同比增长超过 37%，全球光伏累计装机容量超过 405GW，原预计到 2020 年全球光伏累计装机容量将达到 345GW，已提前完成，过去十年复合年均增长率（compound annual growth rate，CAGR）超过 40%。其中，中国 2017 年装机容量为 53GW，同比增长 53.6%，累计装机容量达到 130GW，连续 5 年居世界第一。预计到 2030 年全球光伏累计装机容量有望达到 1000GW；据欧盟联合研究中心（Joint Research Center，JRC）预测，至 2050 年太阳能光伏发电将占全部发电量的 25%。2015 年和 2016 年全球光伏新增装机容量见图 1.12，全球主要国家和地区光伏新增装机容量见图 1.13。

2008～2016 年，太阳能电池技术取得了快速进步，电池的转换效率提高了 8%～10%，而多晶硅及组件的生产成本显著下降，见图 1.14。

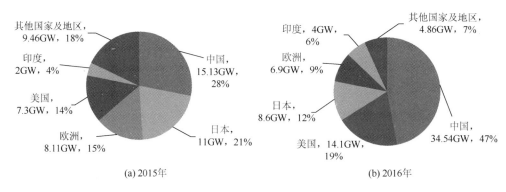

(a) 2015年　　　　　　　　　　(b) 2016年

图 1.12　2015 年和 2016 年全球光伏新增装机容量

资料来源：中国光伏行业协会

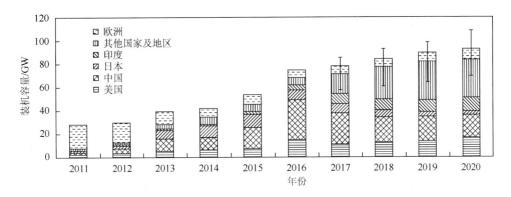

图 1.13　全球主要国家和地区光伏新增装机容量

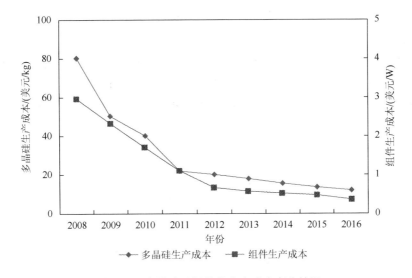

图 1.14　多晶硅及组件的生产成本变化情况

按照产品分类，2017 年商业化的电池组件转换效率分别为：单晶硅 22.4%、多晶硅 19%、铜铟镓硒（CIGS）15.7%、碲化镉（CdTe）12.8%。美国 Solar-Buzz 公司统计，2017 年晶体硅组件已降至 0.31 美元/W，2018 年下降到 0.3 美元/W 以下，薄膜组件成本降到 0.33 美元/W 以下[12]。实验室研究成果表明，目前单晶硅电池最高转换效率为 25.6%，多晶硅电池最高转换效率为 20.8%；薄膜电池中的 CIGS 电池最高转换效率约为 21.7%，CdTe 电池最高转换效率约为 21.5%；有机和染料敏化电池最高转换效率为 11.1%；III-V 族化合物叠层电池最高转换效率约为 41.6%。表 1.4 列出了各种类型电池实验室及规模化生产情况。为了提高太阳能电池性能、降低成本，促进太阳能电池大规模应用，国际能源署、美国能源部（Department of Energy, DOE) 以及日本等国家和组织制定了未来 10～20 年光伏技术路线图。图 1.15 为日本光伏技术路线图。未来 10～20 年太阳能电池性能提升和成本降低在很大程度上依赖于材料性能的提高与新材料的应用。2009 年日本新能源产业技术综合开发机构 (New Energy and Industrial Technology Development Organization, NEDO) 对 "PV road map 2030" 进行修订,至 2020 年太阳能电池技术不会出现根本性的改变,仍以晶体硅、薄膜硅、CIGS 为主,通过提升材料性能和电池制造水平,实现更高的转换效率 (20%) 和更低的成本;2020～2030 年将利用新材料实现技术革新,使转换效率达到 35%,实现太阳能电池的实用化;2030 年以后将实现利用新原理和结构的超高效太阳能电池 (转换效率约 40%) 的应用。总体上看,材料是提高电池效率和延长电池寿命的关键。至 2020 年,通过完善材料结构和性能,商业化晶体硅太阳能电池的转换效率可提高到 22%～25%,薄膜电池转换效率提高至 15%～18%。材料也是降低电池成本的主要因素。未来 5 年晶体硅尺寸将增加至 400mm,厚度降至 120μm。

黑硅技术、钝化发射极和背面电池 (passivated emitter and rear cell, PERC) 技术、N 型电池技术成为当前电池产业技术进步的方向,企业通过对产线进行技术改进,以应对高效电池片市场需求量的快速增长;2017 年 10 月,国内晶科能源控股有限公司研发的 P 型多晶 PERC 电池转换效率达到 22.03%,创造世界纪录[13]。

表 1.4　各种类型电池实验室及规模化生产情况

电池类型	材料	转换效率/%		目前状态	2017 年市场份额/%	
		实验室	规模化生产			
晶体硅	单晶硅	25.6	20～21.3	大规模量产	93	
	多晶硅	20.67	18.5～19	大规模量产		
薄膜	硅基	16.3	10.8	小规模量产	0.9	6.9
	碲化镉	21.5	约 16	小规模量产	4	
	铜铟镓硒	22.3	约 16	小规模量产	2	
	钙钛矿	20.1	无	研发	—	
	其他	5～10	5	小规模量产	—	
第三代	镓铟磷/镓铟砷 (3 叠层＋聚光)	44.4	42.4	试产	0.1	0.1

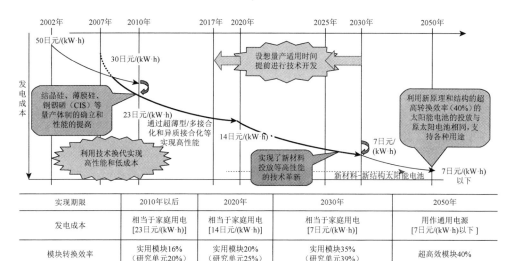

图 1.15 日本光伏技术路线图

实现期限	2010年以后	2020年	2030年	2050年
发电成本	相当于家庭用电 [23日元/(kW·h)]	相当于家庭用电 [14日元/(kW·h)]	相当于家庭用电 [7日元/(kW·h)]	用作通用电源 [7日元/(kW·h)以下]
模块转换效率	实用模块16% (研究单元20%)	实用模块20% (研究单元25%)	实用模块35% (研究单元39%)	超高效模块40%
主要用途	住宅和公共设施	住宅、公共设施和事务所等	住宅、公共设施和事务所、电子消费品和电动汽车充电	电子消费类、运输、农业和独立电源

 重大技术突破专栏

太阳能电池及其关键材料产业化技术

目前晶体硅太阳能电池转换效率达到了 24% 左右。由于硅材料的特殊性能，如无毒、原料丰富等，以硅为基础的太阳能电池技术仍将是发展主流，在此基础上开发了黑硅技术、纳米硅技术、量子点技术、直拉区熔单晶硅技术、N 型硅电池技术等。为降低成本，硅晶体片正向大尺寸、薄型化的方向发展，预计未来 5~10 年硅片尺寸将达到 400mm、厚度可能降低至 120μm 左右。另外，低成本有机和染料敏化电池（转换效率 10% 以上）和高转换效率（40% 以上）Ⅲ-Ⅴ族化合物叠层电池也有显著进展。近年来，基于钙钛矿有机卤化铅材料的新一代太阳能电池发展迅速，并展现出了独特的光电性能，获得了广泛关注，被 *Science* 评为 2013 年十大科学进展之一。该电池的关键材料有机卤化铅具备优异的光吸收性能、较长的少数载流子寿命、较高的迁移率以及较长的载流子扩散长度，并能在溶液基础上获得较高的晶体质量。目前该电池的认证转换效率已达到 19.9%。

在太阳能热电技术、生产及材料研究方面，据中国光热发电权威媒体商务年会数据，截止到 2017 年底，全球光热发电建成装机容量达 5.133GW。其中，西班牙拥有 2.3GW 在运行光热电站，位列全球第一。美国光热装机容量为 1.7GW，居第二位。我国 2018 年已建成投运中广核德令哈 50MW 槽式光热电站、首航节能敦煌 100MW 熔盐塔式光热电站、中控德令哈 50MW 塔式光热电站等示范项目，总装机容量约 200MW。未来几年内，中国将在全球光热发电发展中发挥不可或缺的重要作用，除了中国光热发电市场，全球在建或开发的项目中，由中国企业担任工程总承包（engineering procurement construction，EPC）的电站装机容量目前就已达到 1.15GW。除了工程服务能力，中国还拥有强大的光热供应链体系，必将对全球光热成本下降作出重大贡献。根据相关机构预测，未来光热发电成本将有 40% 以上的下降空间。光热发电技术主要有四种类型：线形聚焦的槽式光热发电、菲涅尔式热发电、点聚焦的塔式光热发电与碟式光热发电，其中槽式光热发电系统技术最为成熟，占已建成项目的 95%。主要光热发电技术对比如表 1.5 所示。

表 1.5 主要光热发电技术对比

参数	塔式	槽式	碟式	菲涅尔式
动力循环运行温度/℃	565~860	390~500	750	390
吸热器运行温度/℃	565~860	390~500	750	390
适宜规模容量	30~400MW	10~200MW	5~25kW	10~200
聚光比	300~1500	10~30	100~1000	>60
峰值效率/%	18~23	20	29.4	18
年平均效率/%	15~20	11~15	12~25	13

为了提高槽式光热发电的效率，需开发用于 550℃ 工作环境的高性能集热管；为了降低电站的成本，需要扩大电站的容量，开发吉瓦级的光热电站；为了实现全天连续发电，还需要开发新型储能材料，使储热时间达 24h。材料的开发和应用是解决上述问题的关键，光热相关领域的研发主要集中在聚光器设计制造、镜场设计和系统控制、熔盐热交换和储能系统、抗风高精度定日镜、高温塔式吸热器、高温储热、槽式真空管制造和槽式聚光器集成等方面。通过开发新型高温吸热涂层和低膨胀系数的可伐合金，能够将热发电的工作温度提高到 550℃，光热转换效率提高 10%~15%。通过新材料的研发，储能时间达到 16h 以及工作寿命高于 20 年，有效降低了各项成本。至 2020 年光热发电成本有望与常规发电成本相当。

2. 锂离子电池材料

锂离子电池材料方面，2016 年全球锂离子电池产业规模达到 378 亿美元，同比增长 16%。按容量计算，2016 年全球锂离子电池市场规模将首次超过 90GW·h，同比增长 18%。容量增速高于产值增速，原因在于锂离子电池产品价格不断下滑。

全球锂离子电池产业主要集中在中国、日本、韩国，三者占据了全球 97% 左右的市场份额。从 2015 年开始，在中国大力发展新能源汽车的带动下，中国锂离子电池产业规模迅猛增长，2015 年已经超过韩国、日本，跃居至全球首位，2016 年领先优势继续扩大。在新能源汽车带动下，日本锂离子电池产量加快增长，韩国仍保持稳步增长，但增速放缓导致其占比持续下滑。

 重大技术突破专栏

特斯拉电动汽车

特斯拉（Tesla）公司是一家以美国硅谷为基地，在纳斯达克上市的电动车生产及设计公司，其总部位于加利福尼亚州帕罗奥多。该公司专门生产纯电动车，目前生产的车型包含 Roadster、Model S、Model X 和 Model 3。特斯拉公司是世界上第一个采用锂离子电池的电动车公司，其推出的首部电动车为 Roadster，每次充电能够行驶 320km。特斯拉汽车集独特的造型、高效的加速、良好的操控性能与先进的技术为一身，从而使其成为公路上最快且最为节省燃料的汽车。不过，2013 年一辆特斯拉 Model S 在美国华盛顿州肯特（Kent）的公路上碰撞金属物体后起火，随后失火场面的照片和视频在网络上广为传播，引发关注和热议。

按容量计算，2016 年，消费型（手机、便携式计算机、其他消费电子产品）锂离子电池占比 44.7%，比 2015 年的 50% 下降了 5.3 个百分点；动力型（电动汽车和电动自行车）锂离子电池占比达到 44.8%，首次超过消费型锂离子电池；其他（储能&工业型）锂离子电池占比为 10.5%，基本与 2015 年持平（图 1.16）。

锂离子电池材料主要包括：①正极材料，如钴酸锂、锰酸锂、镍钴锰锂氧化物和磷酸铁锂；②负极材料，如石墨、硬碳、钛酸锂；③聚合物隔膜材料；④电解质材料，如六氟磷酸锂和有机溶剂。

在电动汽车爆发式增长态势下（图 1.17），锂离子电池市场规模大幅增长，带动其上游产业锂离子电池关键材料的市场也有了较大发展，正负极材料、电解液、隔膜的市场规模均有超过 40% 的增幅。

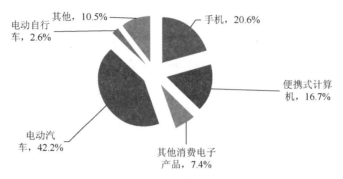

图 1.16　2016 年全球锂离子电池产品结构

资料来源：赛迪智库

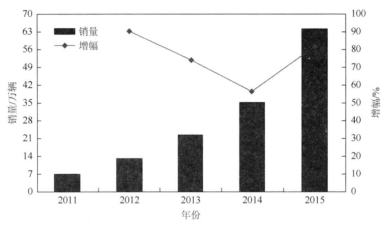

图 1.17　2011～2015 年全球电动汽车市场销量变化

目前锂离子动力电池电芯比能量为 100～200Wh/kg，电池一次充电后，大多数厂家开发的纯电动车行驶里程为 100～300km。混合动力汽车方面较为成功的车型有丰田普锐斯，纯电动汽车当属日产聆风、美国特斯拉，而这些车型采用的动力电池均为日本和韩国企业制造。

 重大技术突破专栏

锂离子电池及其关键材料产业化技术

锂离子电池作为新一代动力电池得到了广泛的关注。影响锂离子电池比能量的主要因素是电极材料的性能，目前锂离子动力电池多采用磷酸铁锂或三元材料为正极材料，石墨为负极材料。这些体系的锂离子电池装备的电动汽车续驶里程为 100～200km。当前，需重点突破锂离子动力电池用新一代高能量密度三元系（≥165mAh/g）、镍钴铝系（≥180mAh/g）、高电压尖晶石锂镍锰氧系（≥180mAh/g）、磷酸锰铁锂系（≥150mAh/g）等正极材料；软碳、硅基负极材料；氟代磺酸酰胺锂盐、氟代溶剂及离子液体添加剂；耐高电压高安全隔膜关键材料的产业化工艺与装备技术，进一步提升材料性能、延长材料寿命，提高可靠性和稳定性，降低成本；突破高比容量、高电压类正极材料和硅基复合负极材料的关键技术，开发高安全性电解质和隔膜材料，形成高比能量锂离子动力电池的材料体系。

3. 燃料电池材料

在燃料电池材料方面，美国、日本、韩国、欧盟等处于世界领先地位[14-23]。各国及地区推进燃料电池研究与商业化的终极目标也有所不同：①美国追求的是全球技术制高点，产业化更侧重于大型商用固定式电站和叉车等更加成熟领域；②日本追求的是能源节约和效率提升，产业化以乘用车和小型固定式电站占据主导地位；③欧盟追求的是减少排放与环境清洁。目前，作为燃料电池的主要应用之一的氢燃料电池汽车已进入商业化应用前期。2016～2020 年是氢燃料电池汽车的市场导入期，2020 年以后，氢燃料电池汽车将完全商业化。近年来，国际上氢燃料电池技术突破很快，主要体现在：①寿命方面，主流产品都可以免维护运行 5000h；②低温性能方面，已有氢燃料电池汽车完成了北极测试；③材料体系方面，催化剂用量大幅减少，极板已经从第一代碳板发展到第二代超薄超轻不锈钢板，储氢装置安全、加氢高压枪、氢气纯度等问题已经获得突破。

为加大燃料电池的商业化进程，国外大力兴建加氢站，为氢燃料电池汽车的商业化铺平道路。国际几大汽车公司就氢燃料电池汽车商业化发展由竞争走向合作，共享研究成果与技术，降低研发成本，尽快实现氢燃料电池汽车商业化。2013 年1 月 24 日，日本丰田（Toyota）与德国宝马（BMW）就双方共同开发燃料电池汽车技术达成协议。2013 年 1 月 28 日,雷诺-日产联盟(The Renault-Nissan Alliance)、德国戴姆勒（Daimler）及美国福特（Ford）宣布合作，日本、美国、欧洲三方合作推进燃料电池汽车的开发。汽车厂商也与能源公司合作，共同建设加氢站，加快加氢站的建设，推动燃料电池汽车的快速普及。材料的量子力学计算在材料成分、结构设计及性能预测上发挥了越来越重要的作用。燃料电池关键基础材料纳米催化剂的技术进步将使世界铂资源能够支撑氢燃料电池的广泛应用，不同形貌与组成的 PtM 合金催化剂是最有潜力的低铂催化剂，现在的重点研发方向是 PtM 合金催化剂的膜电极制备技术，以及非铂/非贵金属纳米催化剂、质子电导率不依赖于水含量的新型质子交换膜/高温膜、碱性膜及碱性膜燃料电池关键基础材料与技术。针对高容量储氢材料，主要开展可逆及不可逆材料，其中可逆材料主要为新型轻质氢化物及基于金属有机骨架化合物（metal organic frameworks，MOFs）的吸附性材料，不可逆材料主要为 NH_3BH_3。

燃料电池技术在车用质子交换膜燃料电池应用方面取得了突破性的进展，已经处于商业化应用前期，对能源利用及人们的生活都将产生深刻的影响。

在美国 DOE 资助下，燃料电池叉车（物料搬运车）销售超过 700 台，而没有 DOE 资助的燃料电池叉车销售已经超过 11 000 台，总计销售的叉车类燃料电池功率达到 76MW，燃料电池叉车生产厂家有 Hydrogenics、Plug Power、Hyster-Yale/Nuvera Fuel Cells、Toyota Industries、Oorja Protonics 等。Plug Power 于 2015 年 10 月获得法国 Prelodis 分销中心 35 个订单；日本 Kansai 国际机场将 400 台叉车更换为燃料电池叉车。

韩国现代首先推出量产化的燃料电池汽车 ix35。2014 年 11 月，日本丰田量产化燃料电池汽车 Mirai 在世界范围内引起人们的高度关注。通过采用更薄的质子交换膜、合金催化剂，改进气体扩散层（gas diffusion layer，GDL），以及电池双极板采用 3D 亲水细网格流场（hydro philic 3D fine-mesh flow field），Mirai 燃料电池堆体积比功率达到 3.1kW/L（目前世界最高），铂载量已经低至 20g/114kW，即 0.175g/kW。同时实现了 3min 氢加注，行驶里程达到 650km，−30℃冷启动，电池寿命基本达到 5000h。燃料电池汽车已经可以与传统燃油汽车竞争，刚推向市场就收到超过 1000 辆的订单，2017 年在美国加利福尼亚州销售的 Mirai 燃料电池汽车已经超过 3000 辆。丰田于 2015 年 1 月宣布在全球范围内开放 5680 项专利技术，其中包括 Mirai 的 1970 项关键技术。尽管外界对丰田开放专利有各种推测，但此举客观上将推进燃料电池汽车的商业化进程。最好的燃料电池客车的使用寿命已经达到 20 000h，超过美国 DOE 2016 年的目标值（18 000h）。美国 DOE 针对燃料电池客车使用寿命的最终目标是 25 000h，针对燃料电池汽车使用寿命的最终目标为 5000h（以电压下降 10%为判据）。尽管燃料电池汽车已经取得了很大的进展，其成本仍有待进一步降低，寿命有待进一步延长。

图 1.18 是美国 DOE 2013 年针对年产 1000 套及 50 万套车用燃料电池堆的成本分析，其中年产 50 万套车用燃料电池堆成本中占比最高的三种材料或部件分别为催化剂＋电极、双极板及膜。随着燃料电池年产量的提高，催化剂所占成本将更加突出，美国 DOE 提出的燃料电池系统成本的目标为 30 美元/kW。其中关于 2016 年的成本，催化剂方面估算主要基于 3M 公司 d-PtNi 纳米结构薄膜（nanostructured thin film，NSTF）催化剂的制备技术。碱性膜燃料电池作为非常有前景的低成本燃料电池，受到世界的广泛关注，美国 DOE 近期也在加大碱性膜燃料电池关键材料与部件的研究投入。

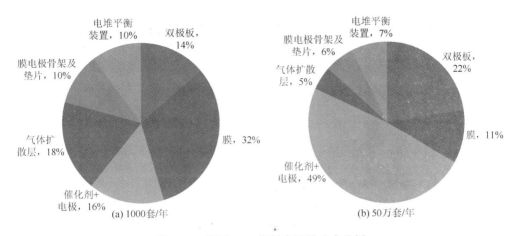

图 1.18　美国 DOE 燃料电池堆成本分析

针对已经开始商业化发展的质子交换膜燃料电池，包括离子交换膜、碳扩散层、双极板、膜电极，都大力发展卷对卷批量制备技术，以满足燃料电池生产的需求。离子交换膜、碳扩散层、膜电极均已实现卷对卷工艺，并实现商业化。

催化剂的研究主要集中在新型铂合金催化剂（低铂）、非铂催化剂及催化剂载体三个方面[24-32]。

美国阿贡国家实验室 2014 年报道了 Pt_3Ni 纳米框架催化剂，实际驾驶排放（real driving emission，RDE）测试结果表明其质量比活性及面积比活性分别是商用 Pt/C 催化剂的 22 倍及 35 倍，可由 Pt_3Ni 纳米框架催化剂制备膜电极。但是，Pt_3Ni 纳米框架催化剂氧还原活性的 RDE 结果与燃料电池真实环境中膜电极的性能有很大的差别，这需要进一步的研究。同时，美国阿贡国家实验室合成出 PtNiFe 三元合金纳米框架催化剂，以期进一步提高其对氧还原反应的催化活性。Dubau 的工作表明，铂基合金催化剂中贱金属溶出从而影响膜电极的性能，经过 3422h 的运行，Pt_3Co 合金中 Co 溶出，形成了多孔 Pt_3Co、Pt_xCo_y 空心球及 Pt 空心球结构。Pt 合金类催化剂是很有发展潜力的高性能低成本催化剂，需要进一步延长其寿命。

低成本、高性能的催化剂及膜电极是燃料电池研究的重要方向。针对非铂催化剂，氮掺杂类材料研发取得了突破性的进展，洛斯·阿拉莫斯国家实验室制备的 Advanced（CM + PANI）-Fe-C 非铂催化剂的功率可达 $0.8W/cm^2@0.6V（H_2/O_2）$，其对氧还原的催化活性已经基本达到美国 DOE 2018 年目标值 $[0.044A/cm^2@0.88V（H_2/O_2）]$。厦门大学孙世刚研究小组合成了 Fe/N/C-SCN 非铂催化剂，直接用于 H_2/O_2 运行条件质子交换膜燃料电池，其最高功率达到 $1.03W/cm^2@0.41V$（2bar，1bar $= 10^5$ Pa），为真正实现非铂催化剂的应用迈出了重要的一步。

日本日产的研究表明，碳载体在汽车启停过程中腐蚀严重，碳载体改进以及非碳载体是提升燃料电池耐久性的重要研究方向。Ramani 研究小组发现 TRO（titanium-ruthenium oxide）或 TiO_2-Ta 作为载体，在 1000 次 1.0～1.5V 循环后，非碳载体的性能没有大的变化，明显提高了催化剂的稳定性，其中 Pt/TRO 的性能与高比表面积碳载铂催化剂 Pt/HSAC 的性能相当，如图 1.19 所示。

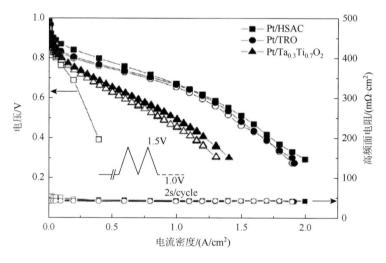

图 1.19　非碳载体的稳定性

如图 1.18（b）所示，双极板在燃料电池堆成本中的占比达到 22%，其生产成本的降低至关重要。美国 DOE 关于双极板的目标如表 1.6 所示。TreadStone Technologies 公司采用易于批量制备的物理气相沉积（physical vapor deposition，PVD）方法在不锈钢表面沉积 Ti-Nb 合金层，并在合金层上继续沉积 Nb-TiO_x 层，该双极板的面电阻小于 $0.01\Omega\cdot cm^2$，腐蚀电流小于 $1\mu A/cm^2$，达到美国 DOE 2020 年目标，目前已进行了 524h 的长时间寿命测试，其面电阻几乎仍然小于 $0.01\Omega\cdot cm^2$。

表 1.6　双极板性能指标

性能指标	单位	2011 年	2017 年	2020 年目标
成本	美元/kW	5～10	3	3
腐蚀电流	$\mu A/cm^2$	<1	<1	<1
面电阻	$\Omega\cdot cm^2$	<0.03	<0.02	<0.01

图 1.20 是 Nanotek Instrument 公司卷对卷多层双极板生产线，生产的双极板最薄可以达到 0.125mm，电导率大于 100S/cm。双极板中间为树脂复合层，两边为石墨层，这种卷对卷方式适于大批量制备双极板。

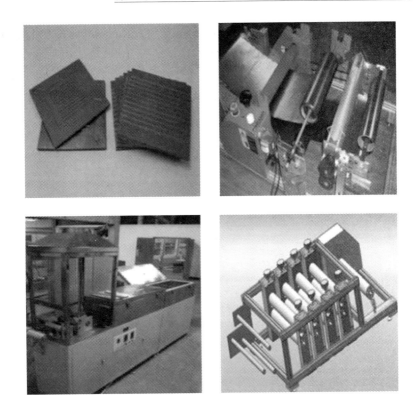

图 1.20　Nanotek Instrument 公司卷对卷多层双极板生产线

　　此外，生物燃料电池是以有机物为燃料，直接或间接利用酶作为催化剂的一类特殊的燃料电池。生物燃料电池可以分为直接使用酶的酶燃料电池和间接利用生物体内酶的微生物燃料电池。酶燃料电池原料来源广泛，生物相容性好，在常温常压和中性溶液环境中工作，可以用多种天然有机物作为燃料，是一种可再生的绿色能源，可为微型电子装置提供电能，在疾病的诊断和治疗、环境保护以及航空航天等领域具有诱人的应用前景。2014 年 6 月，日本研究人员挑选出在温度变化大的环境中生活的某种微生物，并从其体内筛选出在有氧环境中能稳定发挥作用的氢化酶。他们将这种稳定的氢化酶涂到碳素纤维表面，开发出了可制作燃料电池电极的材料。实验表明，与铂金催化剂的燃料电池相比，使用氢化酶催化剂的燃料电池的发电能力可提高到 1.8 倍。同时，氢化酶催化剂单位质量的催化能力是铂金催化剂的 630 多倍。中国科学院青岛生物能源与过程研究所生物传感技术团队在基于细菌表面展示酶的生物燃料电池研发方面取得重要突破，开发出具有较高能量输出和稳定性的新型生物燃料电池。该电池在连续工作 55h 后仍可保持 84% 的最大输出功率。业内人士认为，该电池未来有望作为心脏起搏器电源和便携式电源得到广泛应用。

4. 节能玻璃

节能玻璃方面，在全球节能减排政策的推动下，从 20 世纪 70 年代开始，具有性能稳定、可钢化、不易受潮变质等优点的低辐射镀膜技术快速发展。目前，在线低辐射玻璃已可大批量生产，辐射率约为 0.15，同时，低辐射玻璃的生产成本不断降低，为中空玻璃和真空玻璃的质量提升及推广应用创造了条件。欧盟在玻璃门窗节能方面一直处于全球领先地位，早在 1995 年，德国就已立法推广低辐射中空玻璃。目前，德国在推广传热系数约为 $1.1W/(m^2 \cdot K)$ 的单低辐射中空玻璃的基础上，又开始推广传热系数约为 $0.7W/(m^2 \cdot K)$ 的双低辐射中空玻璃，且致力于进一步降低传热系数和玻璃重量与厚度。与中空玻璃相比，真空玻璃具有传热系数低、厚度薄、重量轻的优点。美国 Guardian 公司希望与低辐射镀膜技术结合，开启真空玻璃市场。德国斯图加特大学和 BBG 公司开发了传热系数为 $0.6W/(m^2 \cdot K)$ 的真空玻璃。为了达到全天候、全时段高效节能的目的，能够通过调节电场和温度场等外场主动调控光线的透过、吸收和反射的智能玻璃成为产业的发展趋势。以电致变色、热致变色以及可同时调节可见光和红外光的广谱调光智能玻璃在学术界与产业界都获得广泛的重视。另外，透明光伏玻璃的研究也是新的发展方向。

建筑结构与太阳能利用一体化，主要是指太阳能光伏建筑一体化（building integrated photovoltaics，BIPV），是应用太阳能发电的一种新趋势。光伏与建筑的结合形式一般有以下几种：一是光伏与墙面结合；二是光伏与屋顶结合；三是光伏与遮阳极结合；四是光伏与围栏结合。从光伏阵列与建筑墙面、屋顶的结合来看，主要为屋顶光伏电站和墙面光伏电站。从光伏组件与建筑的集成来讲，主要有光电幕墙、光电采光顶、光电遮阳板等形式。图 1.21 为光伏幕墙以及光伏建筑一体化的世界博览会（简称世博会）主题会馆。

图 1.21　光伏幕墙以及光伏建筑一体化的世博会主题会馆

5. 膜材料

膜材料方面,近年来全球膜市场出现强劲的增长势头,其中反渗透膜、超滤膜、微滤膜的应用已进入相对成熟期,占据绝大部分的市场份额;气体分离膜、渗透汽化过程和膜反应器的应用正处于产业发展阶段,销售额进入高速增长期[33, 34]。

(1)高性能反渗透膜材料。国际上反渗透膜材料趋向成熟,膜法海水淡化和苦咸水淡化已大规模应用。目前规模较大的反渗透海水淡化厂有以色列的阿什克隆海水淡化厂,日产淡水 33 万 m^3;规模较大的反渗透苦咸水淡化厂在美国亚利桑那州,日产淡水 37 万 m^3。提高抗氧化和耐污染能力是反渗透膜材料的发展趋势。

(2)气体分离膜材料。气体分离膜材料主要应用于氧分离、二氧化碳捕集、氢分离与纯化、有机蒸气回收、高温气体净化等。德国将纯氧分离的高温混合导体透氧膜用于全氧燃烧过程,并实现了中试研究。开发高强度、耐腐蚀、抗热震性能的新型气体分离膜材料,突破选择性和渗透性的上限关系是目前的研发重点[35]。

(三)稀土及功能陶瓷材料

稀土及功能陶瓷材料包括一系列种类繁多、功能丰富的功能材料,是支撑现代国民经济和社会发展的重要基石。稀土元素(15 种镧系元素以及同族的钇、钪共 17 种元素的总称)独特的电子层结构使其具有优异的磁、光、电等物理和化学特性,广泛应用于冶金机械、石油化工、轻工农业、电子信息、能源环保、国防军工和高新材料等 10 多个领域的 40 多个行业,是当今世界各国发展高新技术和新兴产业不可缺少的战略资源。功能陶瓷材料是以电、磁、光、声、热、力、化学和生物等信息的检测、转换、耦合、传输及存储等功能为主要特征的陶瓷材料,主要包括铁电、压电、介电、半导体、超导和磁性陶瓷等。功能陶瓷材料广泛地应用于电子信息、能源、国防军工、生物医学等领域,是高新技术的重要材料基础[36]。

稀土永磁材料是智能制造、现代通信、新能源汽车、高速铁路(简称高铁)、机器人、风力发电和新一代国防装备等高技术领域的关键材料。目前,生产稀土永磁材料的国家主要是中国和日本,2017 年全球烧结钕铁硼(NdFeB)磁体毛坯产量近 15 万 t,其中中国产量占 85%,日本产量约占 13.5%,欧洲产量约占 1.5%。日本和欧洲生产的磁体大部分应用在机器人、现代通信、音圈电机(voice coil motor,VCM)、磁共振成像(magnetic resonance imaging,MRI)、新能源汽车电机等高端领域,混合动力汽车的驱动电机用高矫顽力、耐高温磁体的研发和应用代表了日本磁体的发展趋势。目前国内优势企业和国外知名企业已经能够大规模稳定生产磁能积(单位为 MGOe,$1MGOe \approx 7.96kJ/m^3$)和矫顽力(单位为 kOe,$1kOe \approx 7.96 \times 10^4 A/m$)之和达到 68 以上的磁体,用在混合动力汽车上的磁体矫顽力达到 33kOe

以上，小批量产品磁能积和矫顽力之和达到 71。我国在双（或多）主相永磁材料及铈永磁材料研究方面取得创新性成果，引起全球的关注。但国外永磁产业在自动化水平、工程化研发能力、装备控制水平、综合性能测试评价及器件应用开发方面仍具明显优势。近几年，随着低碳经济、新能源产业和国防现代化的发展，需要更高性能和最佳性价比的永磁材料，日本和欧洲加快了对低重或无重稀土高矫顽力新型永磁材料的研究，但在更高性能的永磁材料研究方面，近 20 年来进展不大[37, 38]。

稀土发光材料是优质绿色照明和新型显示器件的核心材料。三基色稀土节能灯具有高显色性、高光效、长寿命、低材耗、节能环保等优点，是目前各国都在大力提倡和推广的光源。目前美国、日本等发达国家在该领域仍处于国际领先水平。白光 LED 称为第四代光源，近年来成为国内外研究开发及产业竞争的热点，目前广泛应用的发光材料主要有铝酸盐和硅酸盐两大系列，红色和绿光发光材料主要为氮化物/氮氧化物系列，日本、美国等企业不但掌握该材料的核心专利，而且垄断该材料高温高压制备技术及全球市场。陶瓷金卤灯是新一代优质电光源，市场规模正以每年 30% 以上的速度增加，将逐步替代传统的高强气体放电灯并获得广泛应用，但由于技术难度很大且涉及知识产权问题，目前主要由通用电气、飞利浦和欧司朗（Osram）三大公司生产。在平板显示领域，3D 技术在等离子显示板（plasma display panel，PDP）器件上具有更好的显示效果，但要求荧光粉的粒度更小、光效更高、余辉更短，国外已开始 3D 显示型 PDP 荧光粉量产及规模应用。

稀土催化材料广泛应用于石化、环境、能源、化工等领域。机动车尾气净化、石油催化裂化和有机废气净化是目前稀土催化剂应用需求量最大的三个领域，主要使用 La、Ce、Pr、Nd、Y 等高丰度稀土元素。稀土用于机动车尾气净化催化剂，可以提高其活性和稳定性，并大幅降低贵金属用量，国际上的主要供应商有德国巴斯夫（BASF）、英国庄信万丰（Johnson Matthey）、比利时优美科（Umicore）等公司，并占据全球机动车尾气净化催化剂 90% 以上的市场份额。此外，石油催化裂化催化剂始终是稀土最大的消费领域之一，其巨大市场源于猛增的油品消耗、不断提高的油品品质等强大推动力。目前石油催化裂化催化剂主要由世界上几大催化剂公司在生产，如美国格雷斯-戴维森（Grace Davison）公司、美国雅保（Albemarle）公司、德国巴斯夫公司、中国石化集团公司等。目前石油催化裂化催化剂发展方向是高耐劣、高性能、清洁性等技术，以满足渣油/重油原料和生产低硫清洁燃油需要。目前工业生产（如石化、制鞋、皮革、油漆和涂料等行业）中排放的有毒有害有机废气和使用这些化学品产生的有机废气是主要污染源之一，特别是挥发性有机化合物（volatile organic compound，VOC）排放对人体健康十分有害，如苯、甲苯、醛、氯苯、氰类等。催化氧化作为有机废气净化的最有效手段，在化工、喷涂、印刷、塑料等生产过程中已逐步得到广泛的应用，对高毒性、低浓度污染物的净化仍是大气污染控制领域的热点和难点[39]。

稀土储氢材料主要用于镍氢及镍氢动力电池的负极粉、燃料电池合金材料及储氢功能器件。目前，储氢合金粉的生产主要集中在中国、日本、韩国，代表性的企业有日本中央电气工业株式会社（Chuo Denki Kogyo，CDK）、日本重化学工业株式会社（Japan Metal & Chemicals，JMC）、日本三井金属矿业株式会社（Mitsui Kinzoku）、日本三德株式会社（Santoku）。为适应小型镍氢电池的产业化以及电动车用大型镍氢动力电池的发展需求，目前已研制出数种采用富镧、富铈混合稀土金属生产的多元储氢合金，以进一步提高合金的储/放氢性能和降低材料成本。近年来，在新一代高容量储氢合金的研究开发方面，美国、日本开发的 A_2B_7 高容量镍氢电池用储氢合金正处在推广应用和性能改进阶段。日本包括东芝公司在内的几家大型电池公司已经开发出了 La-Mg-Ni 系储氢合金的镍氢电池，并准备推向市场。日本三洋公司开发了低自放电镍氢电池（low self-discharge nickel-metal hydride battery），其储存 1 年后容量保持率为 85%，2 年后容量保持率仍达 75%。日本丰田已出售的 200 万辆普锐斯混合动力轿车搭载的是镍氢电池，十几年的商业运行证明，镍氢电池的性能、可靠性和安全性等完全可以满足混合动力汽车的需要。然而解决镍氢电池低温倍率特性、使用寿命和自放电率等问题仍然是该种材料得到更加广泛应用的关键。

 重大技术突破专栏

高矫顽力、耐高温稀土永磁体工程化技术

稀土永磁材料是风力发电、新能源汽车和高效节能电机等新能源技术的关键材料。日立金属株式会社（Hitachi Metals）、信越、TDK 等企业开发的晶界渗镝技术已经可以制备出磁能积＋矫顽力大于 70 的高性能钕铁硼磁体，而重稀土元素 Dy 的用量可以节省 30% 以上；日本研究所和企业共同发展了无压技术，已成立合资公司，年产能约为 500t。这些技术的特点均为降低重稀土用量或不使用重稀土制备高矫顽力磁体，代表了当今稀土永磁材料最高水平和发展趋势。当前应重点发展超高性能烧结钕铁硼磁体产业化技术、低重稀土永磁体产业化技术，以及高性能稀土黏结磁粉及磁体产业化关键技术。

稀土材料的表征主要包括稀土元素的本征特性、材料的一次性能和应用（服役）性能等，国外在 20 世纪初就基本建立了稀土元素的本征特性分析技术，近年

来辉光放电质谱（glow discharge mass spectrum，GDMS）、间隙气体分析（intelligent gravimetric analyser，IGA）等技术和装备的开发实现了高纯、超高纯稀土材料中微（痕）量杂质的全元素精确分析。随着稀土功能材料快速应用和发展，对稀土材料一次性能方面的分析技术和装备也得到了快速的发展。稀土功能材料应用性能评价技术主要掌握在发达国家手里，日本、美国等发达国家的大部分企业由于资本实力雄厚，产品体系专一，研发力量集中，并拥有自己的材料应用性能评价系统，研究人员可以及时、全面、充分地获得材料的应用性能，以及明确的研发方向指导。

当代信息、能源、环境、航空航天以及军工等技术的发展对功能陶瓷材料提出了一系列新的挑战。随着电子信息产品进一步向微型化、薄层化、集成化、多功能化、高可靠化和宽带化的方向发展，功能陶瓷元器件多层化、多层元件片式化、片式元件集成化和多功能化成为发展的主流，而材料的细晶化、电磁特性的高频化、LTCC 技术等将成为发展新一代片式电子元器件的关键技术。在能源材料方面，固体燃料电池、太阳能电池和半导体照明技术的进一步发展有赖于功能陶瓷材料及其制备技术的突破；随着物联网的兴起，种类繁多、功能各异的传感器需要更多、更高性能新型敏感陶瓷材料。在功能陶瓷产业技术方面，美国和日本走在世界前列。其中日本依靠其大规模生产和先进制备技术占有世界电子陶瓷市场 60%以上的份额。美国研究力量雄厚，在基础研究和新材料开发方面领先，其产品侧重于高技术和军事工程领域，如在水声、电光、光电子、红外技术和半导体封装等方面处于优势。近年来韩国在电子陶瓷领域发展迅速，引人瞩目。

功能陶瓷是无源电子元件的核心材料。国际智库 BCC Research 统计，2017 年世界电子元件市场规模在 2135 美元左右，年增长在 9.4%左右。其中亚洲-太平洋（简称亚太）地区的市场规模在 2012～2017 年从 766 亿美元增加到 1315 亿美元（图 1.22）。随着电子信息技术日益走向集成化、薄型化、微型化和智能化，以多层陶瓷技术为基础的片式化成为电子元器件发展的主流。

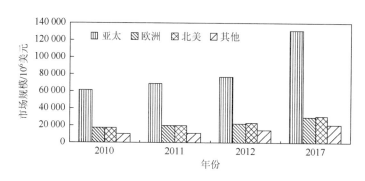

图 1.22　世界电子元件市场规模

多层陶瓷电容器（multi-layer ceramic capacitors，MLCC）是目前用量最大的片式元件之一。2011 年全球 MLCC 的总产能超过 20 000 亿只。尤其是随着消费类电子产品、通信、计算机、网络、汽车、工业和国防终端客户的需求日益增大，全球市场规模接近上百亿美元，并以每年 10%～15% 速度增长。日本村田制作所（Murata）、TDK、太阳诱电（Taiyo Yuden）、京瓷（Kyocera），韩国三星电机（Samsung Electro-Mechanics），我国台湾地区的国巨（Yageo）、信昌电子陶瓷（Prosperity Dielectrics）等都是国际上著名的 MLCC 生产企业。小型化、大容量、贱金属化、高频化、集成复合化是 MLCC 的主流发展技术，其中采用贱金属内电极是降低 MLCC 成本的最有效途径，而实现贱金属化的关键是发展高性能抗还原 $BaTiO_3$ 瓷料，日本的一些企业较早开发出此项技术，并一直保持领先，目前其大容量 MLCC 几乎全部实现了贱金属化。日本村田制作所研发的 MLCC 单层厚度已达到 0.5μm，随大容量薄层器件 MLCC 的单层厚度逐渐减小，陶瓷介质及电极材料的晶粒尺寸也要从目前的 200～300nm 减小到 100nm 以下，其材料制备和器件加工技术变得更加复杂。介质材料的微细化是介质薄层化的基础。在减薄介质层厚度的同时，为保证元器件的可靠性，介质层中陶瓷材料的晶粒尺寸也必须相应减小，未来的发展趋势是制备出晶粒尺寸小于 100nm 的陶瓷作为 MLCC 的介质层材料。

电感器是三大类无源元件中片式化难度最大的一类。目前世界片式电感器的总需求量在 6000 亿只左右，产值近百亿美元，年增长速度在 20% 以上。日本在研制生产片式电感器方面居世界之首。其中 TDK、村田制作所和太阳诱电一直掌握该领域的前沿技术。权威机构统计，在全球电感市场中，TDK 约占 23%，太阳诱电约占 21%，村田制作所约占 19%，三家合计约占全球市场的 63%。片式电感器发展的主要趋势包括小尺寸、高感量、大功率、高频率以及高稳定、高精度，其核心是具有低温烧结特性的软磁铁氧体和介质材料。

为适应新的应用需求，压电器件正向片式化、多层化和微型化方向发展。近年来，多层压电变压器、多层压电驱动器、片式化压电频率器件等一些新型压电器广泛应用于机电、电气、电子等领域[40]。在新型材料方面，无铅压电陶瓷的研制已取得了较大的突破，有可能使得无铅压电陶瓷在许多领域替代锆钛酸铅（PZT）基压电陶瓷，推动绿色电子产品的升级换代。此外，压电材料在新一代能源技术中崭露头角。随着无线与低功耗电子器件的发展，利用压电陶瓷的微型能量收集技术的研发受到各国政府、机构和企业的高度重视。

近年来，电子元器件和电源系统趋向小型化、轻量化，迫切需要研发具有高储能密度的介质材料。美国、日本、俄罗斯、瑞士、韩国、法国等国均将动力电容器及其相关技术作为国家能源领域发展战略的重点，并一直致力于开发高比功率和高比能量的动力电容器。其核心就是发展具有高比能量、高击穿场强的介电材料和满足储能密度、功率密度、耐高压和高比能量需要的动力电容器制备加工技术。2007年，美国EEStor公司对外宣告，他们所研制的基于高纯钛酸钡陶瓷的新型超级电容器动力系统将替代包括电动汽车、笔记本电脑等产品的一切电化学电池。这种用于能量存储的动力电容器在5min内充的电能可以驱动电动车行驶500mi（1mi≈1.609km），电费只有9美元，而烧汽油的内燃机车走相同里程则要花费60美元。2009年，加拿大ZENN电动汽车公司宣布与EEStor公司合作量产装备有EEStor公司电源系统的电动汽车。动力电容器的开发与研制同时受到世界各国相关研究技术人员的高度关注。俄罗斯Elit公司、法国Saft公司、美国Cooper公司、日本NEC公司和松下公司均投入巨资对大容量动力电容器进行研究。在动力电容器关键材料及关键技术的开发研究中，核心问题是如何获得同时具有高介电常数、高击穿场强和高电阻率的高品质介电功能材料，特别是介电功能陶瓷材料。

微波电磁介质（包括微波介质陶瓷和铁氧体材料）是现代微波器件的基石。微波介质陶瓷和铁氧体材料的发展初期曾形成美国、日本、欧洲激烈竞争的局面，但随后日本逐渐拥有明显优势。随着第三代移动通信与数据微波通信的发展，美国、日本、欧洲均在调整这一高技术领域的发展战略。从最近的发展趋势看，美国将战略重点置于非线性微波介质陶瓷与高介电常数微波介质陶瓷方面，欧洲着重于固定频率谐振器用材料，日本则利用其产业化的优势大力推进微波介质陶瓷的标准化与高品质化。目前微波介质材料和器件的生产水平以日本村田制作所，德国EPCOS公司，美国Trans-Tech公司、Narda Microwave-West公司，英国Morgan Electro Ceramics公司等最为先进。

在半导体陶瓷材料中，热敏陶瓷和压敏陶瓷的产量与产值最高。美国VISHAY，德国EPCOS，日本村田制作所、TDK、石冢、芝浦、三菱等公司的热敏电阻陶瓷材料及器件年产量占世界总量的60%～80%，其产品质量好，但价格高。近年来，国外陶瓷半导体器件正向高性能、高可靠、高精度、多层片式化和规模化方向发展，如适于高亮度、大屏幕彩电、彩色显示屏需要的消磁电路用正温度系数（positive temperature coefficient，PTC）材料正向高电压、低电阻方向发展。目前，国外大企业相继推出了一些基于多层陶瓷技术的片式化半导体陶瓷器件，成为敏感器件领域的高端产品。

 重大技术突破专栏

多层陶瓷片式元器件及无源集成技术

多层化和片式化是目前陶瓷元件发展的主流，而材料的细晶化、电磁特性的高频化、LTCC 技术等将成为发展新一代片式电子元器件的关键技术。在薄层化技术方面，目前已发展出了单层厚度在 1μm 以下的陶瓷层流延技术和 LTCC 技术等新技术，这些技术为无源电子元件的集成和高密度、系统级电子封装提供了理想的平台，可望形成电子信息产业的一个新的生长点。这一技术得到各国政府和企业界的高度重视，并已初步形成了一定的产业规模。当前应重点发展超薄型贱金属内电极 MLCC 及其铁电陶瓷材料产业化技术，低温烧结高性能片式电感器及其铁氧体材料产业化技术，高性能压电陶瓷及其新型元器件产业化技术，特种玻璃工程化技术，高储能密度介电陶瓷材料及其工程化制备技术，微波介质陶瓷与高性能旋磁铁氧体产业化技术，半导体陶瓷及敏感元件产业化技术，以及集互联、无源元件和封装于一体的多层陶瓷制造技术。

近年来，由于强大的市场需求牵动和 LTCC 技术的研究突破，将庞大数量的无源电子元件整合于同一基板内的梦想已成为可能。目前，无源集成已成为备受关注的技术制高点。LTCC 技术是无源集成的主流技术。该技术将低温烧结陶瓷粉制成厚度精确且致密的生瓷带，在生瓷带上利用激光打孔、微孔注浆、精密导体浆料印刷等工艺制出所需要的电路图案，然后叠压在一起，在 900℃ 下烧结，从而将多个无源元件设计在其中，制成具有三维电路网络的无源集成组件，也可制成内置无源元件的三维电路基板，在其表面贴装其他有源器件，制成无源/有源集成的功能模块。世界各国政府、产业界和军界对无源集成技术给予高度重视。美国国家科学基金会、国家标准与技术研究院（National Institute of Standards and Technology，NIST）、NASA、国防部等机构均投入大量经费开展无源集成技术以及相关的器件和模块的研制；欧盟通过其 Brite-Euram 框架，支持了"微波与电力模块的快速制造研究计划"（RAMP 计划）；日本政府将无源集成技术列入了优先支持的"关键技术中心计划"（Key Technology Center Program，JKTC）；德国政府启动了旨在推进卫星通信用集成模块的 KERAMIS 项目和研究多功能无源集成模块的 4M 项目等。美国杜邦公司、IBM 公司、摩托罗拉公司、3M 公司，日本 TDK 公司、NEC 公司、村田制作所、富士通公司，荷兰飞利浦公司等也投入巨资参与无源集成技术的角逐。2001 年，我国台湾地区工业巨头台湾塑料工业股份有限公司（简称台塑集团）以 LTCC 模块作为切入点，启动了"科技台塑"计划，通过购买美国高科技企业的技术，开发蓝牙模块和移动通信产品，进入电子信息领域。由国际微电子与封装协会（International Microelectronics Assembly and Packaging Society，IMAPS）发起的旨在推动世界范围内无源集成技术发展的"陶瓷互连计划"（Ceramic Interconnect Initiative，CII）得到了世界各国很多研究机构和企业的积极响应。目前 LTCC 技术的核心工艺技术主要掌握在日本手中，而相关材料的供应商是美国杜邦公司、美国福禄（Ferro）公司以及德国贺利氏（Heraeus）公司。"十一五"期间，清华大学和深圳顺络电子股份有限公司开发了具有低损耗硅铝氟氧玻璃基系列 LTCC 材料，在提高无源集成器件的性能上发挥了重要作用。

（四）前沿新材料

前沿材料是指对我国科技发展可能带来革命性影响或具有重大应用前景的战略性、关键性新材料，是材料技术未来发展的制高点，本书主要介绍超导材料、石墨烯材料、超材料和超宽禁带半导体材料[41-50]。

超导材料具有常规材料所不具备的零电阻、完全抗磁性和宏观量子效应，是当代凝聚态物理中最重要的研究方向之一，也是新材料领域一个十分活跃的重要前沿，它与凝聚态物理中一系列有重大意义的基本科学问题都有紧密联系，并推动了新材料研究的持续发展。超导材料主要分为低温超导材料（工作在液氦温区4.2K，以 NbTi 和 Nb$_3$Sn 为代表）、中温超导材料（工作在制冷机温区 20～30K，以 MgB$_2$ 为代表）及高温超导材料[工作在液氮温区 77K，以钇钡铜氧化物（YBCO）和铋锶钙铜氧化物（BSCCO）为代表]。利用超导材料基本特性可以制造大尺寸（直径 1.5m 以上）和高场强（高达 20T 以上）超导磁体、零电阻输电和高性能超导电子学器件。发达国家纷纷制订相关战略计划并投入巨资进行开发。2016 年全球低温与高温超导市场规模达到 57.95 亿欧元（图 1.23）。未来十年是超导产业发展的重要战略机遇期，超导材料将会给科学研究、能源、医疗和交通领域带来革命性的影响。

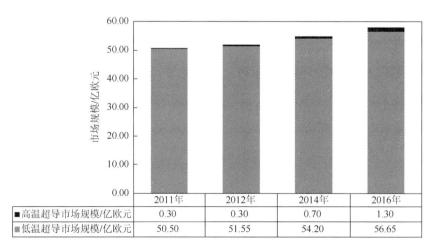

	2011年	2012年	2014年	2016年
■高温超导市场规模/亿欧元	0.30	0.30	0.70	1.30
■低温超导市场规模/亿欧元	50.50	51.55	54.20	56.65

图 1.23　2011～2016 年全球低温和高温超导市场规模

资料来源：欧洲超导应用公司协会（Consortium of European Companies to Determined to Use Superconductivity，Conectus）

随着全球范围内智能电网的快速发展、高分辨 MRI 技术的不断更新、大科学装置的建设发展，未来超导材料在以下方面将形成产业发展重点，如表 1.7 所示。

表 1.7　"十三五"期间国际超导产业发展重点

国家及地区	重点产业发展方向
日本	重点开发高性能高温超导材料、500km 时速超导磁悬浮商业线、新型 3.0T 高温超导 MRI
美国	重点开发超导智能电网、美国空军新型超导材料发展计划、美国海军超导探测及水下推进发展计划
欧盟	重点开发空客 10MW 超导全电力飞机、基于超导电力技术的智能城市电网、10MW 超导风机
韩国	重点开发 20T 以上高场磁体用超导材料、高容量超导电缆和限流器

在国际超导材料急速发展的背景下，"十二五"期间我国在高温超导理论、超导材料及超导应用等方面取得了长足的进步，缩小了与国际先进水平的差距。同时我国超导材料的产业化也有了实质性的进展，以超导材料为主业的高技术公司相继成立。由于市场及技术需求的双重推动，国际上超导材料产业化重点发生了变化，低温超导材料的产业化和应用项目的发展不断加快，YBCO 第二代高温超导带材的制备受到高度重视，高温超导技术在民用和国防应用方面发展迅速，发达国家在这些方面投入很大，而我国在这些方面经费总体投入偏小，所以目前这些领域与国外的差距正在进一步扩大。总体来看，目前我国超导材料与技术在低温超导材料产业化、超导强电应用技术、超导弱电应用技术等方面可以达到国际先进水平，但是高温超导材料与技术研究发展总体水平，尤其是在 YBCO 第二代高温超导带材的制备和电力、医疗设备、国防装备等领域高温超导技术应用方面与国际先进水平存在明显差距。同时高温超导材料产业化整体水平也亟待提高。因此，必须在保持优势的基础上，整合国内研究力量，以民用和国防应用项目的实施带动超导材料的发展与产业化。

石墨烯是一种由碳原子紧密堆积构成的二维晶体，是包括富勒烯、碳纳米管、石墨在内的碳的同素异形体的基本组成单元，是一种由碳原子以 sp^2 杂化轨道组成六角形呈蜂巢晶格的平面薄膜，是只有一个碳原子厚度的二维材料，也就是石墨的单层薄片。2004 年，英国曼彻斯特大学物理学家安德烈·盖姆和康斯坦丁·诺沃肖洛夫，成功从石墨中分离出石墨烯，证实它可以单独存在，两人也因此共同获得 2010 年诺贝尔物理学奖。石墨烯材料具有高导电、高强度和超轻薄等特性，在电子、光学、磁学、生物医学、催化、储能和传感器等诸多领域具有巨大的应用潜力（图 1.24）。近年来获得系列政策的大力扶持，已成为"十三五"新材料的发展重点。《中国制造 2025》明确提出，要求加快新材料发展，做好超导材料、纳米材料、石墨烯、生物基材料等战略前沿材料提前布局和研制。石墨烯作为

21 世纪"材料皇冠"上最璀璨的明珠，必将为新时代我国科技创新指明前行的方向，成为中国制造最重要的着力点之一[51-53]。

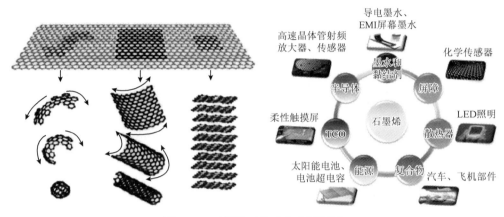

图 1.24　石墨烯及其重点应用领域

TCO 指透明导电氧化物（transparent conductive oxide）；EMI 指电磁干扰（electro-magnetic interference）

初步统计，目前已有欧盟、美国、韩国、日本等 20 多个国家和地区投入石墨烯材料及其应用的研发，一些科技巨头公司如 IBM、英特尔、美国晟碟、陶氏化学、通用电气、杜邦、施乐、三星、洛克希德·马丁、诺基亚、空客、波音等均参与其中。欧洲是石墨烯的诞生地，欧洲十分注重在这一领域的提前布局。欧盟委员会认为，石墨烯材料可能同钢铁、塑料一样重要，有可能代替硅成为信息技术的基础材料，还可能在能源、交通和医疗领域发挥重要作用。2013 年 1 月，欧盟委员会将石墨烯列为"未来新兴技术旗舰计划"之一，该计划将获得 10 年共计 10 亿欧元的资金支持，该计划是欧盟有史以来最大的研究资助类项目，已在 2013 年 10 月正式启动。截至目前，共有来自 23 个国家的 142 家机构参与该计划。整体来看，欧盟将石墨烯产业发展列入了国家战略层面，从技术实现到资金投入，政府、大学、科研院所及跨国企业通力合作，产业布局涉及材料的制备、光电产品、传感器、医疗器件、柔性电子产品、储能器件、集成电路等，目前还没有进入产业化阶段。美国石墨烯产业布局呈现多元化，从石墨烯制备及应用研究到石墨烯产品生产，最后到石墨烯产品的下游应用，已形成了相对完整的石墨烯产业链。美国石墨烯产业化能力很强，经过实验室技术研发之后，很快进入产业化环节。美国在信息、光电、生物等领域正在进行石墨烯专利布局。在亚洲，日本、韩国、新加坡以及马来西亚等国也非常重视石墨烯产业的发展，并出台了相应的政策大力推动石墨烯的研发、应用以及产业化进程。除了政府的相关投入，众多企业，如日立、索尼、东芝、三星、LG 等投入了大量资金和人力从事石墨烯的基础研究以及应用开发，并取得了显著进展。整体来看，这些企业主要集中于化学气相沉积（chemical vapor deposition，

CVD）石墨烯薄膜的连续化制备及其在电子器件等领域中的应用开发。韩国虽然不是材料强国，但在石墨烯产业的发展上拥有很高的话语权：一是因为在石墨烯应用的一些重要领域，韩国占据了全球多半的产业资源；二是由于韩国近年在石墨烯各项技术研发和产业化方面做了很多努力。政府的高度重视、大学与科研院所的全力攻关和骨干企业的领衔参与是韩国石墨烯产业发展的最大优势。商业化方面，三星投入了巨大研发力量，保证了其在石墨烯应用于柔性显示、触摸屏及芯片等领域的国际领先地位。据不完全统计，截至 2015 年底，三星共计申请石墨烯专利 484 项，居全球企业石墨烯专利申请量首位，具体领域包括电子、能源、材料、光电、生物以及化学。其中，电子领域专利申请量最大，为 240 项，占比 49.6%。三星在石墨烯领域表现出的高效率令人钦佩，也使其在市场竞争中占得先机。

　　超材料是一种特种复合材料或结构，通过对材料关键物理尺寸上的有序结构设计，使其获得常规材料所不具备的超常物理性质，如图 1.25 所示。超材料作为前沿性新材料，其新产品可广泛应用于微型天线及无线互联、光电磁隐身、医学完美成像、国防民用各种交通工具的智能蒙皮等领域，引领人工材料设计发展前沿[54-56]。

(a) 微波超材料

(b) 太赫兹超材料

(c) 光学超材料

图 1.25　部分超材料

　　超材料技术是一种新兴的材料逆向设计技术，超材料具有传统材料所不具备的超常物理性质，可以突破某些表观自然规律的限制，从而解决材料应用技术的瓶颈问题，引领新材料领域的革命，也将触发和引爆信息通信、航空航天、生物医疗、高端装备制造等众多战略性新兴领域的技术创新。超材料技术在 2010 年被 *Science* 评为过去十年人类十大科技进展中排名第二位的重大突破。美国国防部在 2012 年的咨询报告中把超材料列为未来影响美军作战能力提升的六大颠覆性基础研究领域之首。2010 年以来，通过联邦政府的小企业科技创新与技术转化（small business innovation research/small business technology transfer，SBIR/STTR）项目，美国海、陆、空三军支持了至少 90 家企业进行超材料应用研究。超材料的诞生不但引起了世界各国军方的高度重视，而且迅速传递到了科技界和产业界，成为各国追逐的焦点。人们可以在不违背物理学基本规律的前提下，人工获得与自然界中的物质具有迥然不同的超常物理性质的"新物质"，用这种"新物质"开辟出全新的应用领域。由于超材料的材料创新设计思路及其超常的性能，美国、欧盟、日本等发达国家和地区均在超材料方面进行了投入。2013 年，全球超材料产业市场规模约 20 亿元，据 BCC Research 预测，未来 20 年其 CAGR 将超过 20%，前景十分广阔。

超宽禁带半导体材料是指禁带宽度在 3.5eV 以上的直接带隙半导体材料，主要包括氮化铝（AlN，禁带宽度为 6.2eV）、金刚石（禁带宽度为 5.5eV）、氧化镓（Ga_2O_3，禁带宽度为 4.8eV）、氮化硼（禁带宽度为 5.2eV）等，是半导体单晶材料的发展方向。超宽禁带半导体单晶材料具有优异的电学性能、光学性能和热学性能，可广泛应用于微电子领域和光电子领域，是新一代超高压超大功率电力电子器件、高温高压大功率微波功率器件、深紫外 LED、紫外激光器、深紫外探测器的核心材料。基于超宽禁带半导体单晶材料的新型半导体器件可提供无与伦比的大功率处理能力和高效性，可应用在智能高压电网、轨道交通、机车牵引、混合动力汽车、电动汽车领域。基于超宽禁带半导体单晶材料的微波功率器件具有耐高压、耐辐射、输出功率大、高温稳定性优异的特点，可应用在地基、舰载大功率雷达、空间通信、电子干扰、核工业等诸多领域。基于超宽禁带半导体单晶材料的日盲型紫外探测器件可用于飞机发动机传感、空间导弹预警和临近空间告警方面。采用 AlN、Ga_2O_3 单晶衬底制作的深紫外 LED 可用于杀菌消毒、水净化、空气净化、蛋白质脱氧核糖核酸（deoxyribonucleic acid，DNA）分析、药品开发、法医鉴定等领域。上述每类器件的潜在市场规模均在数亿美元，而其中单晶材料的成本占器件成本的 20%～30%。超宽禁带半导体单晶材料的研发成功和批量化生产是半导体材料进步的里程碑式节点，将带动新型高性能半导体器件的跨越式发展。第一代半导体材料为锗和硅，它们在国际信息产业技术中的各类分立器件和集成电路、电子信息网络工程、计算机、手机、电视、航空航天、各类军事工程，以及迅速发展的新能源、硅光伏产业中都得到了极为广泛的应用，硅芯片在人类社会的每一个角落都闪烁着它的光辉。作为第二代半导体材料的 GaAs、磷化铟（InP）晶体材料及其金属有机化合物化学气相沉积（metal-organic chemical vapor deposition，MOCVD）、分子束外延（molecular beam epitaxy，MBE）、薄膜材料[高电子迁移率晶体管（high electron mobility transistor，HEMT）、双极结型晶体管（heterojunction bipolar transistor，HBT）]也早已在微波功率器件、微波集成电路、微波通信以及光电子领域的发光和红外激光制导、光纤通信中有着广泛的应用。GaN 晶体和 SiC 晶体是宽禁带半导体材料，具有电子漂移速度高、介电常数小、热导率高等特点，适用于制作抗电磁干扰、抗辐射、耐高温、高频、大功率的电子器件，其中 SiC 是商业化程度最高、最成熟的材料，在国民经济中，尤其在军用抗电子干扰、大功率雷达和航空航天技术中有着越来越重要的应用。禁带宽度 $E_g > 3.5\mathrm{eV}$ 的材料，如 AlN、半导体金刚石、Ga_2O_3、立方氮化硼（c-BN）等超宽禁带半导体材料，在高压大电流电力电子器件、高频大功率微电子器件与深紫外光电发射和探测器件等领域有着极为重要的应用前景，是目前材料科学领域研究的热点和前沿，是半导体材料研究的制高点，是发展超高性能电子和光电子器件的重要战略基础材料。

（五）生物医用材料

生物医用材料，又称生物材料，是用于诊断、治疗、修复或替换人体组织或器官或增进其功能的一类高技术新材料。生物医用材料不是药物，其作用是药物所不能替代的，是发展医疗保健和健康服务产业的重要物质基础，是保障人类健康的必需品，其产业是典型的低原材料消耗、低能耗、高技术附加值的新兴产业。按国际惯例，生物医用材料管理划属医疗器械范畴，材料及终端产品占比为40%～60%。生物医用材料按其使用领域可分为植入及直接连接血液等循环系统的材料和器械等，如人工骨、人工关节、人造皮肤、血管支架、人工心脏瓣膜、牙科植入材料及医用耗材等[57-62]。

随着人口老龄化的加剧、中青年创伤的增加、高技术的注入，以及人类对自身健康的关注度的提高，生物医用材料产业高速发展。2000～2010年，世界生物医用材料市场规模以20%以上的CAGR持续增长，2016年世界生物医用材料市场规模达3680亿美元，2020年预计将达6140亿美元（图1.26），且带动相关产业新增产值达2倍以上，生物医用材料产业正在成为世界经济的一个支柱性产业。即使国际金融危机导致世界经济衰退，美国医疗器械产业市场规模仍保持8%的CAGR，表明其发展受外部环境影响较小，是世界经济中最具生气的高技术朝阳产业，同时对国家经济安全也具有重大意义[63, 64]。

美国是全球最大的医疗器械生产和消费国家，占全球市场份额的40%左右，消费全球产品的37%，市场规模CAGR约8%；欧盟是全球第二大医疗器械市场，占有全球市场份额的29%；亚太地区是全球第三大医疗器械市场，占有18%的市场份额，其中日本是亚太地区医疗技术最先进且发展最快的国家；中国和印度人口众多，医疗保健系统尚未成熟，正在快速发展中，具备巨大的成长潜力与空间。拉丁美洲是另一个成长非常迅速的区域，墨西哥、巴西、阿根廷和智利等国家都逐步向工业化国家过渡，预估未来对医疗器械的需求也将会保持较大增长速度。国际生物医用材料产业主要由下述几大类产品构成[65, 66]。

骨科材料是生物医用材料应用最为广泛的一个领域，全球骨科材料及植入医疗器械市场在近10余年获得了极大的发展。据统计，2016年全球骨科市场规模

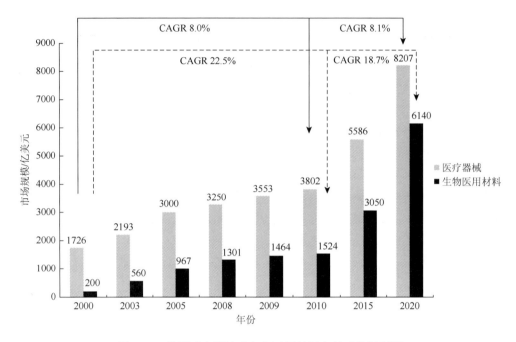

图 1.26　世界医疗器械及生物医用材料市场及发展预测

超 500 亿美元。全球骨科销售收入的 60% 来自美国，20% 集中在欧洲和日本。分布在这些地区的大公司控制了全球的骨科材料市场并掌握了先进的技术。国际骨科材料及植入器械约 70% 的市场份额被表 1.8 所列 10 家公司所占有。

表 1.8　骨科材料和植入器械代表性公司及销售额

国家	公司	2016 年销售额/亿美元	2022 年销售额（预测）/亿美元	2016～2022 年 CAGR/%	主要产品
美国	强生	87.75	101.20	2.3	人工关节、脊柱植入器械、创伤修复材料、软组织修复及关节镜
美国	捷迈邦美（Zimmer Biomet）	72.56	87.66	320	人工关节、脊柱植入器械、创伤修复材料
美国	史塞克（Stryker）	56.34	75.98	5.1	人工关节、脊柱植入器械、创伤修复材料、软组织修复材料及关节镜
美国	美敦力（Medtronic）	29.45	35.21	3.0	脊柱植入器械和骨形成蛋白
英国	施乐辉	20.04	24.23	3.2	人工关节、创伤修复材料、软组织修复及关节镜、运动医疗
美国	Arthrex	17.13	21.74	4.0	运动医疗、关节镜

国家	公司	2016 年销售额/亿美元	2022 年销售额（预测）/亿美元	2016～2022 年 CAGR/%	主要产品
美国	NuVasive	8.87	13.04	6.6	脊柱外科产品
美国	瑞特医疗（Wright Medical）	6.90	12.76	10.8	髋膝关节、肢体植入材料和骨移植替代品
美国	Globus Medical	5.64	9.08	8.3	脊柱植入物产品
意大利	Orthofix International	4.10	4.86	2.9	脊柱内固定产品

心血管系统材料和器械已成为生物医用材料的第二大市场。经过 20 多年发展，心血管系统材料和器械已发展成为生物医用材料一类重要的产业，不仅包括血管支架，还包括人工心脏瓣膜、心脏起搏器、人工心脏、封堵器、植入式除颤器等[67, 68]。

2016 年心血管系统介/植入材料和器械约 80%的市场份额被表 1.9 所列 10 家公司占有。

表 1.9　心血管系统介/植入材料和器械代表性公司及销售额

国家	公司	2016 年销售额/亿美元	2022 年销售额（预测）/亿美元	2016～2022 年 CAGR/%
美国	美敦力	104.98	129.31	3.5
美国	雅培	27.98	97.24	23.1
美国	波士顿科学	53.85	77.25	6.2
美国	爱德华	29.64	48.36	8.5
日本	泰尔茂	21.73	36.22	8.9
美国	强生	18.49	27.39	6.8
美国	戈尔	15.96	21.21	4.9
中国	乐普医疗	5.19	18.00	23.0
日本	旭化成	12.60	17.50	5.6
瑞典	洁定	13.80	16.21	2.7

医用耗材主要包括医用高分子及常规术中耗材和高端术中耗材等，如表 1.10 所示。医用高分子及常规术中耗材涵盖药物存储与输注（液）类医用耗材、血液存储与分离类医用耗材、医用敷料、腹膜透析袋、营养袋及各类医用导管等。医用耗材大多为一次性耗材，使用量和市场空间大。美国是全球医用耗材生产技术最先进也是产量最大的国家，占世界市场份额的 40%。欧洲是第二大生产地区，

占市场份额的 29%。日本、印度、中国及其他亚洲新兴工业国家合计占市场份额的 18%。其他国家和地区约占 13%的市场份额。

表 1.10　主要医用高分子及其年耗量

名称	年耗量/万 t	用途
医用聚烯烃	500	药物存储及输注类耗材
聚氯乙烯、聚酯、聚碳酸酯等	200	血液存储、输注类耗材
羧基纱、聚乙烯醇、聚乳酸、海藻酸钠、壳聚糖、胶原等	约 100	医用敷料
营养袋和各类医用导管普遍采用的乙烯-醋酸乙烯共聚物（ethylene-vinylacetate copolymer，EVA）、聚氯乙烯、聚烯烃、聚氨酯和硅橡胶等	约 100	腹膜透析袋、营养袋、导管等

医用高分子及高端术中耗材包括血液净化材料、眼科材料、伤口护理材料、组织黏合剂、盆底重建及疝修补等软组织修复材料、整形（美容）外科材料等。随着肾病、肝病及自身免疫系统疾病（红斑狼疮、高血脂、类风湿、重症肌无力等）患者的不断增加，对血液净化材料和体外循环系统的需求迅速增长。国际透析产品市场主要被德国费森尤斯（Fresenius）及美国百特（Baxter）等大型公司垄断。

当前国际生物医用材料产业发展具有下述特点。

一是产品和技术更新换代加快、研发经费投入加大。生物医用材料产业是一个新兴的产业，其产品和技术更新换代周期通常仅 10 年左右，为保持技术的先进性和产品的市场竞争力，技术创新能力的提高已是其生存和进一步发展的基础。为此，发达国家的企业在研究与开发方面的投入不断增大，平均研发经费投入已达企业销售额的 9%，最高达 15.3%，仅次于新药研发。此外，鉴于生物医用材料产品上市审批及研发周期长，近年来国际大型公司获取新产品、新技术模式已有变化，更多通过兼并或收购创新型小公司产品和技术来获取可短期内上市的产品和技术。

二是产业高度集中或垄断。不同于我国医疗器械企业"多、小、散"，发达国家医疗器械产业已形成"寡头"统治的局面。发达国家的大规模产品生产及市场运作基本上由大型公司进行，中小企业主要从事新产品、新技术研发，通过向大型公司转让技术或被大型公司兼并取得收益。全球医疗器械总销售额的 60%被排名前 25 位的医疗器械公司瓜分。为提高市场竞争力和保持优势，世界医疗器械行业的兼并和整合一直在进行。

三是产品多元化（多品种）。生物医用材料产业不同于家电或通信行业等，单一产品的市场容量不大，绝大部分单一产品销售额小于 100 亿美元。为提升企业市场竞争力，回避风险，发展壮大企业，国外跨国公司已从最初的较单一产品生产，通过企业内部技术创新和并购其他企业，不断进行产品生产线延伸和扩大，最终实现多品种生产。例如，美国美敦力公司已从最初的心脏起搏器生产发展成为多品类产品生产，涉及心律失常、心衰、血管疾病、人工心脏瓣膜、体外心脏支持系统、微创心脏手术、恶性及非恶性疼痛、运动失调、糖尿病、胃肠疾病、脊柱病、骨科创伤、神经系统疾病及五官科手术治疗等多个领域疾病治疗的产品。美敦力公司 2016 年销售额达到 297 亿美元，较 1970 年公司单一品种年销售额 2.7 亿美元提高到 110 倍，2015～2016 年收入 CAGR 为 3%。

四是企业分布地区高度集中。生物医用材料及植入器械产业是学科交叉、知识密集的高技术产业，其发展需要上、下游知识、技术和相关环境的支撑，多数聚集在经济、技术、人才较集中或临床资源较丰富的地区，如美国聚集于技术资源丰富的硅谷、波士顿 128 号公路高科技园区、北卡罗来纳州研究三角园、孟菲斯、印第安纳州华沙，以及临床资源丰富的明尼阿波利斯及克利夫兰医学中心等；德国聚集于巴州艾尔格兰、图林根州等地区；日本聚集于筑波、神奈川、九州科技园等。产业高度集聚是发达国家生物医用材料产业的重要特点。

五是生产和销售国际化。几乎所有生物医用材料的大型企业均是跨国公司，其销售额的相当部分来自国际市场，如美国强生、波士顿科学、美敦力等销售额近 50%均来自境外市场。再如，美国百特公司在全球 27 个国家建有生产基地，产品销往 100 多个国家。为开拓国际市场，跨国公司通过向境外进行技术和资金输出，在国外建立子公司和研发中心，就地生产和研发。同时，为适应国际贸易的发展，国际标准化组织（International Organization for Standardization，ISO）不断制定并发布生物医用材料和制品的国际标准。

六是发展中国家地位提高。普华永道（Price Waterhouse Coopers，PwC）对具有医疗技术市场巨大潜力的 15 个国家的医疗器械产业实力和创新综合能力进行了评分。评分根据财政刺激、创新资源（教育、人才）、法规环境、需求及患者的支付能力、投资环境五项指标。这五项指标是推动美国医疗科技创新于过去几十年在世界遥遥领先的重要因素。排名显示中国、印度等国家医疗器械产业实力和创新综合能力已开始向发达国家靠拢（图 1.27）。

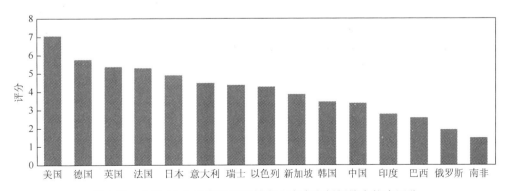

图 1.27　全球 15 个国家医疗器械产业实力和创新综合能力评分

2017 年，我国生物医用材料市场销售额达 550 亿美元，估计 2020 年销售额可达到 1355 亿美元，CAGR 高达 35%，远高于国际市场的 22%，所占世界市场份额从 2010 年的 6.5% 提升至 2017 年的 14%，并预计在 2020 年达到 22%，将有可能超过美国，成长为世界第一大生物医用材料市场（图 1.28）。

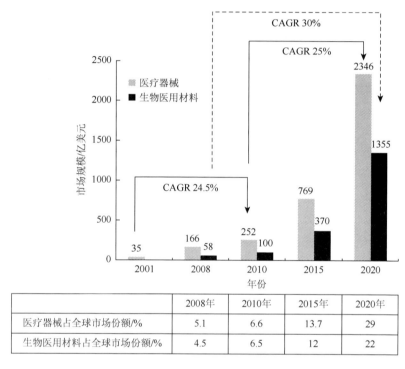

	2008年	2010年	2015年	2020年
医疗器械占全球市场份额/%	5.1	6.6	13.7	29
生物医用材料占全球市场份额/%	4.5	6.5	12	22

图 1.28 我国医疗器械和生物医用材料市场及发展预测

目前全球生物医用材料发展虽然已取得极大的成功，但是应用过程中也暴露出不少问题，特别是其功能和寿命难以满足临床应用的要求，以及日益延长的人的寿命和中青年创伤增加的要求，根本原因在于体内异物的生物学基础研究薄弱。迄今大量使用的 20 余种生物医用材料不是专门为医用发展的材料，基本都是转移借用其他高技术发展的材料。当代材料科学技术、生物学和医学的进展已使生物医用材料基础研究和产业发展到一个新的阶段，正在发生革命。传统（常规）的生物医用材料时代正在过去，可再生人体组织和器官的新一代生物医用材料已成为其发展的方向和前沿，并正处于实现重大突破的边缘。

未来 20 年左右的生物医用材料产业将以可再生人体组织的材料和植入器械为主体，以在其引导下的表面改性（常规）植入器械为补充。为应对生物医用材料正在发生的革命，许多发达国家进行了战略布局，制定了一系列重大举措。支撑生物医用材料研发与产业革命的正在发展的关键技术包括：组织诱导性生物医用材料及组织工程化；介入生物医用材料及医疗器械；生物 3D 打印的生物制造技术；材料表面改性技术；基于生物医用材料基因组研究的新材料设计与表征技术；生物可降解及智能材料设计与制备技术；体外或短期体内试验检验评价新一代材料和植入器械长期生物相容性的模型及新方法等。此外，与信息技术结合的植入性微电子器械也是十分活跃的研究领域。

在组织诱导性生物医用材料及组织工程化方面，新一代生物医用材料发展的关键是赋予无生命的生物医用材料刺激机体再生有生命的组织器官的生物功能。但是常规观念认为这是不可能的。我国科学家率先发现和确证无生命的生物医用材料可以诱导有生命的骨再生，提出机理雏形，独创骨诱导人工骨取证上市，被国际誉为"划时代地宣告再生医学中骨诱导材料的到来"，是对中国和国际骨骼-肌肉系统治理的突破性贡献，引领了生物医用材料产品的研发。近期在此基础上又进一步发现材料可诱导软骨形成，可诱导中枢神经及韧带再生，提出组织诱导生物医用材料，即通过材料自身优化设计，无生命的生物医用材料可诱导形成有生命的组织器官。中国学者对新一代生物医用材料的发展作出了突破性的贡献，开拓了生物医用材料发展的新方向，并处于国际领先地位。对于其他组织工程化产品，美国食品药品监督管理局（Food and Drug Administration，FDA）已批准组织工程化皮肤及软骨等 7 个产品上市，中国国家市场监督管理总局已批准了组织工程皮肤与角膜上市，产业已初步形成。

 重大技术突破专栏

组织诱导性生物医用材料及组织工程化技术

突破组织诱导性生物医用材料设计和制备的工程化技术，将我国原创的骨诱导性生物医用材料设计及其制备技术发展扩大到软骨、皮肤、肌腱、神经、血管、心肌等非骨组织诱导性材料，建立较完整的组织诱导性生物医用材料理论体系，突破非骨组织诱导性材料制备的关键技术，开创无生命的生物医用材料诱导有生命的组织或器官形成的新方向。着手人工肝、肾等组织工程化人工器官研发并获显著进展。优选支架材料并优化其制备工艺，干细胞和成体细胞的提取与体外传代、增殖、模拟生物环境的体外细胞培养，以及生长因子的提取及生物衍生材料免疫原性消除和防钙化技术等关键核心技术。对于组织工程化皮肤而言，发展具有完整结构与功能的全息仿生皮肤和具有原位再生诱导作用的功能性医用新材料。

在介入生物医用材料及医疗器械方面，介入治疗是通过采用一系列介入器械与材料和现代化数字诊疗设备进行的诊断及治疗操作。与传统外科手术相比，进行介入治疗，无须开刀，只需局部麻醉，开 1~2mm 的小口，具有出血少、创伤小、并发症少、安全可靠、术后恢复快等优点，明显减轻了患者所承受的痛苦，降低了手术者的操作难度，手术时间及住院时间显著缩短，费用也明显降低。介入医疗技术一方面取代传统外科手术治疗疾病，提供一种创伤较小的治疗手段，另一方面使一些传统手术难以处理的疾病得以完满解决，为广大患者带来福音。

在介入医疗器械产业发展过程中，用于心脑血管疾病的微创介入治疗是最有代表性的技术之一，相关的介入器械产业发展迅猛，这主要是由于心脑血管疾病已是人类死亡的第一大病因。2017 年世界卫生组织统计显示，心脑血管疾病已成为人类的"第一杀手"，我国心脑血管疾病患者高达 2.9 亿人，每年因病死亡近 300 万人，占所有疾病致死总人数的 40%以上。微创、高效、安全的介入治疗术已成为治疗心脑血管疾病的主要手段，在世界范围内形成了超过 250 亿美元年产值的介入医用材料和器件产业。心脑血管系统介/植入器械已成为生物医用材料的第二大市场，约占国际市场份额的 19%，约占国内市场份额的 28%，2020 年销售额预计可达 800 亿美元。我国心脑血管介/植入器械已开始向高端产品发展，药物洗脱冠脉支架约 80%实现国产替代，心脏封堵器国产化率已达 90%。

目前的心脑血管介/植入器械产品更新换代和技术升级极为迅速。全降解血管支架代表着未来药物洗脱支架发展的新方向；适于介入治疗的人工心脏瓣膜、智能心脏起搏器等新型植入器械已经进入国际市场；组织诱导性心肌补片、小口径人工血管也进入临床应用，对我国心血管介/植入器械的发展提出了更高的要求。

 重大技术突破专栏

高技术心脑血管介/植入技术

在心脑血管疾病微创介入治疗的第四次技术革命浪潮中，抢抓心血管支架由非降解向全降解转变，人工机械瓣膜向人工生物瓣膜和微创介入转换的重大机遇，重点突破新一代心脑血管修复材料和植入器械的关键核心技术，大力研发具有血管组织修复功能的新一代全降解支架、经导管生物瓣膜、封堵器、心肌补片和心脏起搏器等相关产品，创建一批新一代示范企业和产业体系，培育一批具有国际竞争力的高集中度多元化生产的龙头企业以及创新团队，实现我国在心脑血管疾病介/植入产业领域的阶段性跨越式发展；重点发展智能心脏起搏器、人工心脏瓣膜、植入式除颤器、心肌补片等心血管植入器械（现在约 90%依靠进口），以目前上市企业为重点，提升行业生产规模。

在生物医用材料 3D 打印方面，生物 3D 打印（又称生物增材制造）是近几十年发展起来的新型生物医用材料产品加工技术，可将生物医用材料和生物单元按仿生形态学、生物体功能、细胞特定微环境等要求用 3D 打印的方法制造出具有复杂结构、功能和个性化的生物医用材料 3D 结构或生物功能体。生物 3D 打印满足植入器械个性化仿生设计及组织工程化制品（活体器械）制备要求，可视为生物医用材料制备的一项颠覆性技术，已成为生物医用材料设计及先进制造技术发展的重点。与传统加工方式比较，3D 打印采用离散堆积原理，无须使用模具，可高效实现仿生和个性化设计与制造。由于具有这些突出优势，3D 打印技术被誉为"代表 21 世纪第三次工业革命的重要关键技术"[69, 70]。

生物 3D 打印包括下面三个主要的技术范围：一是基于生物医学图像（如 CT、MRI 等）的生理三维建模，即首先基于解剖学数据建立组织和器官的生物三维模型，然后转化为个性化的生物 3D 打印模型，并应用于外科整形、手术规划和个性化假肢设计等领域；二是基于仿生的多尺度生物复杂结构设计，通过生物仿生的设计和建模，建立具有多尺度复杂结构（如梯度结构、非匀质结构）并满足成形制造能力的生物系统模型；三是组织支架和类组织结构体的生物制造技术，包括基于生物 3D 打印的组织支架制造技术、基于直接细胞受控组装的含细胞类组织结构体制造技术、用于再生医学和病理学研究的细胞/器官打印技术和细胞/组织/器官-芯片制造技术等。

 重大技术突破专栏

生物 3D 打印等先进制造技术

在技术和价值高度集中的现代生物医用材料和器械产业中，3D 打印等先进制造技术可为终端产品增值 30%～40%。同时，先进制造技术的广泛应用助生了新型医疗产品和诊断及治疗方式，具有广阔的市场前景。在未来 5～10 年中，需要在以下 2 个生物医用材料和器械先进制造的关键技术中取得突破：产业化生物 3D 打印装备和生产线的开发，包括面向大规模生产的 3D 打印设备的研制以及个性化建模/加工工艺应用软件的研制；应用生物 3D 打印技术开发市场急需的仿生和个性化组织修复产品。以人工骨为代表，硬组织修复产品的外形及微观结构复杂，并且患者个体对植入物匹配要求高，所以拟先以复杂硬组织产品为突破，实现我国具有自主知识产权的生物 3D 打印先进生物制造技术平台的开发，并后续逐步推广至其他复杂组织的开发。拟开发的硬组织产品如下：仿生硬组织修复产品，主要包括仿生骨填充、骨产品、颅骨锁、人工鼻等；个性化硬组织产品，主要包括个性化面颅骨、个性化半月板、个性化种植牙等产品，并计划在全国建立多个生物 3D 打印制造中心，按患者需求实现个性化产品的设计和制造。

（六）重大工程用先进金属材料

高性能金属材料是当今高技术发展不可或缺的关键材料，重大工程用先进金属材料产业的发展水平已经成为一个国家或地区经济社会发展、科技进步和综合实力的重要标志之一，重大工程用先进金属材料主要包括高品质特殊钢、高温合金和新型合金材料（有色金属材料）[71-76]。

近年来，世界钢铁产量增长缓慢，国际钢铁协会（World Steel Association）的统计数据表明，2011 年全球粗钢产量为 15.29 亿 t，同比增长 6.8%，2012 年全球粗钢产量增长低迷，总产量为 15.478 亿 t，同比仅增长 1.2%（图 1.29）。其中，国际钢铁协会 62 个成员粗钢产量合计为 15.179 45 亿 t，占全球粗钢产量的 98.1%。2013 年全球粗钢产量为 16.07 亿 t，首次超过 16 亿 t，比 2012 年增长 3.5%。2013 年我国钢铁工业整体仍保持增长，粗钢产量达到 7.79 亿 t 的高水平，同比增长 7.5%，占全球粗钢产量的 48.5%。2014 年全国粗钢产量为 8.23 亿 t，同比增长 5.6%，占全球粗钢产量的 49.3%（图 1.30）。2015～2017 年全国粗钢产量分别为 8.04 亿 t、

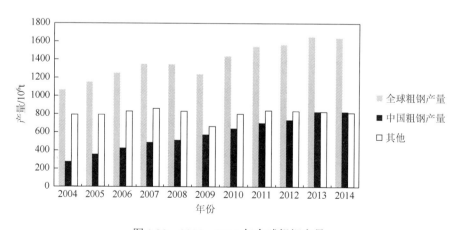

图 1.29　2004～2014 年全球粗钢产量

8.08 亿 t 和 8.32 亿 t，分别占全球粗钢产量的 49.62%、49.58% 和 49.18%。2013 年全国 10 种有色金属产量累计达 4029 万 t，同比增长 2.3%。2014 年全国 10 种有色金属产量为 4417 万 t，增长 9.6%。2015～2017 年全国 10 种有色金属产量累计分别达 5090 万 t、5283 万 t 和 5387 万 t。

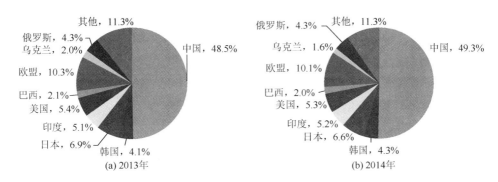

图 1.30　全球 2013 年和 2014 年各经济体粗钢产量比例图

在高品质特殊钢材料方面，2015 年国外特殊钢（不含电工钢）年产量约 8800 万 t，产量和所占钢产量比例也相对稳定且呈缓慢增长趋势。工业发达国家特殊钢产量一般占其钢总产量的 15%～20%，其中瑞典的特殊钢比例高达 45%～50%。特殊钢总体水平最高的国家是日本，其产量和出口量位居发达国家之首。其他一些发达国家在某些特殊钢品种上也各有特色，如瑞典是世界上特殊钢比例最高的国家，斯凯孚（svenska kullager fabriken，SKF）公司的轴承钢、山德维克（Sandvik）公司的工模具钢在国际上具有很高的知名度；法国的不锈钢、精密合金，奥地利的工模具钢，美国和英国的高温合金等都居国际一流水平。国外的特殊钢产品具有尺寸精度高、钢中有害物质少、夹杂控制水平高、使用寿命长、耐热耐腐蚀等优异的使用性能。

海洋工程装备建造商的第一阵营公司主要在欧美国家和地区，它们垄断了海洋工程装备开发、设计、工程总包及关键配套设备供货；而海洋工程装备用钢的生产厂家主要分布在日本和德国，其中的代表厂家为日本 JFE 钢铁（JFE Steel）公司、日本新日铁住金不锈钢株式会社（Nippon Steel & Sumikin Stainless Steel）与德国迪林根钢铁（Dillinger Hütte）公司。国外海洋工程装备用钢开发时间较长，产品更加成熟，主要具有如下特点：①标准专用化。日本 JFE 钢铁公司对海洋平台钢板形成了自己的企业标准系列，如 JFE-HITEN 系列高强钢板、JFE-HITEN 系列良好焊接性及大线能量焊接钢板、低温用钢板及耐海水腐蚀钢板等；美国有针对海洋平台用钢的 API2W 和 2Y 标准，对有特殊要求的钢板，如低温、应变时效、表面质量等进行了规定。②大规格高强度。日本 JFE 钢铁公司海洋平台用钢抗拉强度为 360～980MPa，可以生产厚度达 125～150mm 的特厚板。③特殊使用性能，如大线能量焊接性能、满足寒冷地区使用要求的–40℃以下的低温韧性以及海洋环境耐腐蚀性能等[77]。

 重大技术突破专栏

短流程、高效、清洁的钢铁材料先进制备、成形与加工技术

钢铁材料在可预见的未来仍是我国经济发展过程中用量最大、应用领域最广的不可替代的结构材料，高性能、高品质的先进钢铁材料是推动新能源、海洋工程、交通运输、航空航天等战略性新兴产业发展的基础和保障。随着全社会对绿色、低碳、节能环保意识的提高，要求钢铁结构材料具有高性能、长寿命、减量化生产的特性，同时应满足资源节约、环境友好的要求，高度重视钢铁材料的绿色制造和制造绿色。钢铁材料强韧化的措施向组织细化方向发展，钢铁材料产品的内在质量向提高钢铁材料洁净度和均匀度方面发展，使钢铁材料的性能大幅提高，并促使大尺寸、厚规格的产品进入稳定生产阶段。发展的重点技术包括钢铁生产流程优化简化技术、高效低成本洁净钢冶炼技术、新一代轧制及热处理技术、余热余能高效转化回收与利用技术以及冶金工业废弃物的综合利用和无害化处理新技术等。

在高温合金材料方面，受用户技术发展和经营模式变化的影响，其研发和生产获得了长足的发展。航空发动机提高推重比、增加安全性和经济性，航天器速度超声速倍率的增大，车用发动机降耗减排的高增压等技术进步牵引了粉末高温合金、单晶高温合金、金属间化合物等新材料的发展，且使研发与产业部门更加重视材料的工程化技术研究，以加快新材料进入工业化稳定生产的过程。竞争的压力也驱使发动机用户提高燃料效率，减少油耗的趋势是年平均减少 1%，而这主要依靠空气动力效率、燃烧室设计的改进和由材料使用温度的提高而产生的热力学效率的提高。其中，双性能/双组织涡轮盘因为更符合涡轮盘的工况特点将成为高推重航空发动机的必然选择，而使用温度可达到 1100℃的第三代单晶高温合金高压涡轮叶片和密度只有 4.0g/cm^3 的钛铝金属间化合物低压涡轮叶片将是提高涡轮机效率的重要材料基础[78]。

 重大技术突破专栏

轻质、高强、耐高温、耐腐蚀和耐疲劳的有色金属材料制备技术

高端轻合金材料的技术和产业进步为我国战略性新兴产业提供了重要

的基础材料支撑。当前，高性能化和材料制造一体化成为高效低成本应用轻合金材料和缩短部件研制周期的重要手段，研发的重点包括研制有色金属新材料、改进现有材料、开发材料高效使用技术等三个层面，并以"减量化、再利用、再循环"为原则研发节能型、环保型以及循环型材料，大力推进材料生产、成形加工与部件制造一体化，保障材料技术向下游延伸并加快部件的研发制造。

在有色金属方面，特别是高端轻合金方面，发达国家都非常重视材料的研究发展及产业化技术开发工作。随着我国等发展中国家制造业的兴起，低端有色金属材料的生产加工正逐步转向发展中国家，但日本、美国、德国、俄罗斯等发达国家在新型有色金属材料领域仍然保持技术与资本的领先优势，在一些关系高技术产业的高性能有色金属结构和功能材料上一直占据垄断地位。美铝、德铝、法铝等世界先进企业在高强高韧铝合金材料的研制生产领域占据世界主导地位，是全球航空航天、交通运输等领域轻质高强材料的供应主体；全球钛加工企业经过联合和兼并，已向着集团化、国际化的方向迈进，形成了美国、日本、独立国家联合体（简称独联体）三足鼎立的局面。美国 Timet、RMI 和 Allegen Teledyne 等三大钛生产企业的总产量占美国钛加工总量的 90%，它们也是世界航空级钛材的主要供应商。日本三菱、古河以及美国奥林等企业则主导着全球高强高导铜合金市场，凭借技术先导优势赢得了高额利润[79, 80]。

（七）先进无机非金属材料

先进无机非金属材料是航空航天、核能、信息、高端装备、石油化工、钢铁和有色金属冶炼、新能源、国防军工等各类工业技术领域，特别是尖端工业技术不可或缺的关键基础材料，对航天、新能源装备、轨道交通等优势产业，航空、汽车等战略必争产业，以及重点武器装备的未来发展起独特支撑作用。它已成为衡量一个国家高技术发展水平和未来核心竞争力的重要标志。本书所论述的先进无机非金属材料主要包括高纯超细陶瓷粉体与先进结构陶瓷、特种陶瓷纤维与先进陶瓷基复合材料、高性能碳/碳复合材料和新型耐火材料等。

1. 高纯超细陶瓷粉体与先进结构陶瓷

目前国际上高纯超细氧化铝粉体市场基本被日本大明（Taimei）、日本住友（Sumitomo）、法国 Baikowski 所垄断，如表 1.11 所示。例如，法国 Baikowski 生产的高纯度氧化铝粉体平均粒径 $D50 = 0.6\mu m$、Fe 含量仅 2ppm（$1ppm = 10^{-6}$），其他过渡金属元素如 Ti、Cr、Mn 等也都控制在 1ppm 以下，是世界上 80%半透明氧化铝灯管产品的原料供应商；日本大明生产的纯度达 99.99%以上的氧化铝粉体平均粒径 $D50 = 0.1\sim0.2\mu m$，在不添加烧结助剂下于 1300℃烧结致密，再经 1300℃左右热等静压处理，可以实现透明化，由于烧结温度低，晶粒尺寸小，抗弯强度可达 700MPa 以上，是制备陶瓷金卤灯的管壳、导弹和战机的头罩、红外窗口材料的重要原料。

表 1.11　国际高纯超细陶瓷粉体原料主要供应商

高纯超细陶瓷粉体种类	主要供应商
氧化铝（Al_2O_3）	日本大明、日本住友、法国 Baikowski 等
氮化铝（AlN）	日本德山化工（Tokuyama）
氮化硅（Si_3N_4）	日本宇部兴产（UBE）、德国达泰科（H. C. Starck）
碳化硅（SiC）	法国圣戈班、德国 H. C. Starck、日本屋久岛电工（Yakushima Denko）
碳化硼（B_4C）	德国 H. C. Starck

国外针对高压钠灯、陶瓷金卤灯、导弹头罩、红外窗口、蓝宝石单晶等对高品质氧化铝粉体的需求，重点开展高纯（99.99%以上）、超细（0.2～0.5μm）、单分散、高烧结活性氧化铝粉体产业化关键制备技术研究，形成高品质氧化铝粉体的规模化工业生产，除可满足高品质半透明氧化铝灯管的生产、提高产品附加值外，还可以用于制备大尺寸复杂形状高性能氧化铝陶瓷部件，缓解国内在半导体装备中氧化铝陶瓷部件不能自给的局面，形成从粉体到陶瓷部件及半导体产业的器件或装备产业链。

在先进结构陶瓷材料方面，目前全球先进结构陶瓷材料产业的市场规模在 1200 亿美元左右，且市场规模平均以每年 6%～8%的速度稳步增长。日本、美国、欧盟是当前国际上先进结构陶瓷材料产业最发达的地区，2016 年的结构陶瓷产业产值分别为 209.4 亿美元、475.6 亿美元和 311.6 亿美元。从材料种类来看，技术要求较低、工艺稳定性高、生产成本较低、技术成熟度高的氧化铝、氧化锆、董青石等氧化物陶瓷占据 70%以上市场份额，而技术要求高、生产成本高、工艺稳定性差、技术成熟度较低的氮化硅、碳化硅、氮化硼、氮化铝等非氧化物陶瓷产业规模较小，仅有少数国际知名公司形成了有影响力的产业规模。据统计，美国先进结构陶瓷市场产额的年增长速度达 8%，应用以电气电子器件产业为主，如图 1.31 所示，而陶瓷基复合材料产业表现出最高的年增长速度（＞13%）。多家跨国公司均集中于陶瓷基复合材料在航空航天及国防领域的应用研究。而在先进结构陶瓷材料的全球产业类别中，应用最为广泛的应为氮化硼、碳化硅、氮化硅、氮化铝等体系。

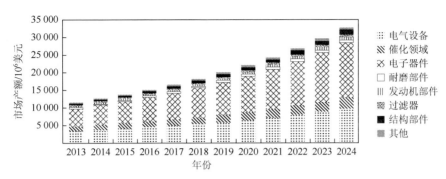

图 1.31　2013～2024 年美国先进结构陶瓷市场产额

资料来源：Grand View Research 公司

氮化硼基陶瓷的力学性能、高温耐热性、抗热震性、耐烧蚀性能、介电透波性能、抗熔融金属侵蚀性能和可加工性等十分优异，而且可以通过晶粒排列的织构化赋予明显各向异性，在航空航天、电子、冶金、机械、能源等领域具有重要应用前景，因此受到各国材料科技工作者和工业界的重视。2017 年，NASA 与美国纽约州立大学宾汉姆顿分校合作进行有关超声速飞机的研究，并确定以氮化硼纳米管（boron nitride nanotube，BNNT）为机身涂覆材料，能承受比目前用于飞机的纳米碳管高 2 倍的温度。与此同时，美国宾夕法尼亚州立大学研制出了一种氮化硼纳米片和介电聚合物的复合材料。这是一种新型的轻质复合材料，可应用在柔性电子设备、电动汽车和航空航天的储能方面，并且在高温度运行状态下的适应性远远高于目前的商用聚合物。此外，这种基于聚合物的超薄材料可使用相应的工业技术生产。

氮化硅陶瓷作为综合性能最好的结构陶瓷之一，其高温力学性能、介电性能、稳定性及抗雨蚀性等可满足飞行速度＞6Ma（1Ma≈340m/s）的热力环境对天线罩材料的要求，被称为最有希望的高温透波材料。然而，介电常数偏高是致密氮化硅陶瓷的一个不足之处，这将导致天线罩壁厚容差小，给罩体加工带来很大困难。这个问题通过氮化硅陶瓷成分和结构的设计得到了有效解决，即制备以 β-Si$_3$N$_4$ 棒状晶为主晶相的多孔氮化硅陶瓷及其夹层结构材料，可以在保持较高的力学性能的同时，有效降低材料的介电常数，改善介电性能。美国波音公司通过反应烧结氮化硅制备出了多倍频宽带天线罩。罩壁结构分为两层，内层为多孔层，厚 10.35mm，密度为 0.6～1.8g/cm^3，相对介电常数为 2.24～2.50；表层为高致密度氮化硅，厚度仅 0.76mm，其相对介电常数为 5。这种致密表层与多孔内层的组合结构具有良好的抗雨蚀和防潮性能，同时降低了介电常数，可使天线罩满足宽频透波的要求。美国将多孔氮化硅陶瓷天线罩成功应用于PAC-3 导弹。以色列也开发出一种由低密度（1.0～2.2g/cm^3）多孔内层和高密度

（2.8～3.2g/cm³）氮化硅表层组成的复合天线罩，相对介电常数在 2.5～8.0，损耗角正切小于 0.003，耐雨蚀和耐烧蚀性能好，可承受 1600～1850℃的高温。其中，外部高密度氮化硅采用液相无压烧结方法制备，质地坚硬且不透水；内部多孔结构则是通过反应烧结过程中气体的逸出而形成的，主要成分是氮化硅和氮氧化硅。

碳化硅陶瓷具有耐腐蚀、高导热、高强度、耐高温等综合性能，在苛刻环境下的热交换领域具有独特的应用优势。碳化硅陶瓷具有优异的耐高温和耐腐蚀性能，即使在高温下也能长时间工作于热的气体和液体环境、氧化和腐蚀性气氛及强酸强碱中。同时，由于碳化硅陶瓷的热导率高达 120～180W/(m·K)，为金属钽的 2 倍多，不锈钢的 5 倍，镍合金的 10 倍，玻璃的 15 倍，聚四氟乙烯的 50 倍，这使它作为热交换管具有优异的传热性能。国际上最早获得工业应用的碳化硅热交换器大多采用反应烧结碳化硅陶瓷材料生产。近年来，为满足越来越高的应用要求，国外一些研究机构成功开发了无压烧结碳化硅热交换器，如法国圣戈班公司和德国 ESK 公司等。目前，碳化硅陶瓷热交换器已经在国际上成功开发并获得工业应用，然而碳化硅陶瓷热交换器的关键制造技术完全被国外跨国公司所控制，主要的核心部件（如碳化硅陶瓷热交换管、热交换板和块孔模块等）均被法国圣戈班公司和德国 ESK 公司所垄断。2007 年，德国西格里（SGL）公司与 ESK 公司合作成立排他性战略联盟，共同开发板式和块孔式碳化硅陶瓷热交换器，产品目标定位于更高温度、更高压力、腐蚀环境更加苛刻或带有颗粒冲蚀条件的高端热交换器，目前已经成功商业化生产。

在航空航天领域，轻量化光学部件是高分辨空间遥感系统的核心器件，其口径及性能对光学系统的性能起决定性作用。同传统的熔石英或微晶玻璃相比，碳化硅陶瓷材料具有更加优异的力学和热学性能，因此，近 20 年来碳化硅陶瓷已成为空间遥感系统轻质光学部件的优选材料，使用轻量化碳化硅光学部件已成为空间遥感系统的发展趋势。目前，国际上突破大尺寸轻量化碳化硅光学部件研制技术的机构主要有法国 Boostec、德国 ESK 等，其中法国 Boostec 具备 3.5m 口径碳化硅光学部件研制能力，德国 ESK 具备 0.6m 口径碳化硅光学部件研制能力。

2. 特种陶瓷纤维与先进陶瓷基复合材料

特种陶瓷纤维和先进陶瓷基复合材料一直吸引着技术发达国家投入巨资进行研究。目前，对特种陶瓷纤维和先进陶瓷基复合材料的研究，美国和西欧侧重于航空航天及国防应用，日本则力求把它应用在核能工业上。近年来发达国家和地区开发了最高使用温度 1400℃的 SCS 系列和 Nicalon 系列碳化硅纤维、长期使用温度 1400℃的氧化铝纤维和防核辐射的氮化硼纤维，同时美国把先进陶瓷基复合材料技术列入重点投资项目，在一些高等学校和杜邦等一批大型公司中集中力量研究特种陶瓷纤维强韧陶瓷基复合材料热结构件。

在航空发动机领域，碳化硅纤维增强碳化硅陶瓷基复合材料（CMC-SiC）在西方发达国家被列为发动机材料的发展重点，并投入巨资进行研究。目前，国际上 CMC-SiC 产品在航空发动机领域主要用于第三代和第四代军用发动机，如 M88、F100、F414、F110、F119 等。国外在航空发动机用 CMC-SiC 构件的研制与应用考核方面，基于先易后难（先静止件后转动件，从低温到高温，从尾喷管到燃烧室再到涡轮）的发展思路，充分利用推重比 10 一级发动机的考核验证作用，优先发展中温（700～1000℃）和中等载荷（低于 120MPa）静止件（如尾喷管密封片/调节片和内锥体构件），在此基础上发展高温（1000～1300℃）和中等载荷静止件（如燃烧室内/外衬、火焰稳定器及涡轮外环、导向叶片等），更高温度（高于 1300℃）和更高载荷（高于 120MPa）用构件（如涡轮转子和涡轮叶片）还处于研制阶段。在航天发动机领域，法国 SAFRAN 旗下斯奈克玛（SNECMA）公司与法国国家航空航天研究院合作论证的第一个计划中，采用 SNECMA 固体推进剂分公司的压缩空气和渗入技术，对长 1m 的冲压发动机燃烧室进行了长时间持续的性能验证试验。由美国联合技术研究中心（United Technologies Research Center，UTRC）设计，法国 SNECMA 公司制造的 Novoltex C/SiC 吸气式预燃室、非冷却燃烧室浮壁、进气口前缘后缘，于 2001 年装在 UTRC 冲压发动机试验装置上，以 7Ma 的飞行条件成功地通过试验验证。法国 SNECMA 公司设计的陶瓷基复合材料尾喷口在 2015 年 6 月 16 日搭载在 CFM56-5B 发动机上完成了首次商业飞行。CFM 公司是通用电气公司和法国 SNECMA 公司合资成立的公司，已向波音和空客提供了 2.5 万余台中型客机用喷气发动机，其经典之作 CFM-56 是全球装机最多的一款发动机产品，堪称传奇（图 1.32）。CFM 公司针对单通道客机的新

图 1.32　采用 CMC-SiC 制造的飞机发动机

一代发动机 LEAP-X 已经于 2016 年投放市场，该发动机将配备由陶瓷基复合材料制造而成的高压涡轮导向叶片。这被业内公认为商用发动机制造技术的又一次革新。

在超轻结构和热防护领域，C_f/SiC 高温大面积防热系统已在美国 X 系列高超声速飞行器上成功试飞，如 C_f/SiC 在 X-38 地面返回舱上用作机翼前缘和头锥帽、头锥裙部及下颚板、机体副翼和组合襟翼。此外，欧洲 Hermes 航天飞机的面板、小翼、升降副翼和机身舱门，英国 Hotel 航天飞机和法国 Sanger 航天飞机的热防护系统等也采用了 C_f/SiC 材料。目前，C_f/SiC 大型超轻结构太空反射镜在国内外均处于研发阶段，主要集中于解决超轻结构设计和反射性能等。

在刹车领域，目前国际上 C_f/SiC 材料的应用主要集中在民用汽车、高速列车方面，刹车材料性能对比如表 1.12 所示。飞机方面的应用报道较少，美国 C_f/SiC 飞机刹车盘已进入试车考核与飞行验证阶段。在汽车刹车方面，目前国际上 C_f/SiC 刹车材料已经实现批量生产，作为汽车标配零件主要应用于布加迪威龙（Bugatti Veyron）、法拉利（Ferrari）和兰博基尼（Lamborghini）等高级跑车上；作为汽车选配零件主要应用于阿斯顿·马丁（Aston Martin）、奥迪（Audi）、宾利（Bentley）、梅赛德斯-奔驰（Mercedes-Benz）、保时捷（Porsche）、雪佛兰（Corvette ZR1）和日产（Nissan GT-R）等车上。

表 1.12　C_f/SiC 刹车材料与传统刹车材料性能对比

属性		粉末冶金（第一代）	碳/碳（第二代）	C_f/SiC（第三代）
重量		重	轻	轻
高温性能		差	好	好
比热容		小	大	大
摩擦性能	稳定性	差	较好	好
	湿态衰减	小	大	小
	静摩擦系数	高	低	高
生产周期		短	长	短

在光伏和电子领域，德国、俄罗斯、美国等国家在晶体生产炉中采用了 C_f/SiC 加热及隔热保温部件，其使用性能较石墨有很大提高。德国 SGL 公司已开始 C_f/SiC 热场产品的批量生产，主要用于各种高温炉的发热、隔热保温及结构部件。

在核能核电领域，与传统核材料的性能对比，陶瓷基复合材料同样具有巨大的优势，如表 1.13 所示。欧洲、美国、日本等已经开展 SiC$_f$/SiC 用于与核反应直接接触的第一壁构件，以及核燃料棒包壳的研究工作，目前仍处于研制阶段。

表 1.13 陶瓷基复合材料与传统核材料的性能对比

性能	Zr 合金	SiC$_f$/SiC 复合材料
中子吸收性能	小	小
应用温度	300～400℃	>1000℃，可用于新一代堆，提高核利用率
事故状态下的反应	900℃以上开始肿胀、破裂，发生从密排六方结构到体心立方结构的相变；1200℃以上与水蒸气发生反应，生成氢气，导致爆炸	无相变，事故下可承受温度达 1650℃
使用寿命	3 年	50 年，可小型化，可防止核扩散

3. 高性能碳/碳复合材料

时至今日，高性能碳/碳复合材料已进入成长期，正向大构件、低成本、用途多样化方向发展，2020 年国际总需求量将超过 160 万 t。近年来，碳/碳复合材料的应用从航空航天领域扩展到结构件、医疗等领域（图 1.33）。例如，乌克兰于 20 世纪末研制出了用于生产单晶硅的碳/碳复合材料坩埚。此后，韩国、欧洲、美国等国家和地区也在高温热场领域使用了碳/碳复合材料制品。美国 HTV-2 飞行器采用了目前世界上最大、最复杂的碳/碳复合材料结构，是整体承力热防护结构的首次工程化应用，大幅度提升了美国国防和工业界碳/碳复合材料研制及生产水平。在航空航天领域，高温下的长时间、防氧化、抗烧蚀性能是碳/碳复合材料服役可靠性的决定因素。国外利用基体改性和涂层技术，将难熔金属陶瓷相与碳/碳复合材料结合，形成不同结构和性能特点的防氧化、耐烧蚀碳/碳复合材料，并已取得实际应用。

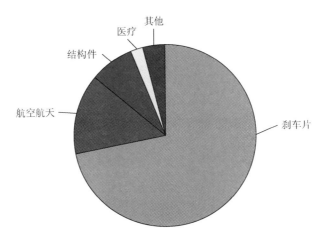

图 1.33 世界碳/碳复合材料在各个应用领域的消耗比例示意图

4. 新型耐火材料

目前国际上主要的耐火材料（包括耐火原料和制品）企业有奥地利奥镁（RHI）公司、英国维苏威（Vesuvius）公司、日本黑崎播磨株式会社（Krosaki Harima）、日本品川白炼瓦株式会社（Shinagawa）、德国 LWB 公司、英国摩根热陶瓷（Morgan Thermal Ceramics）公司、法国圣戈班公司、巴西的巴西镁业（Magesita）公司、美国安迈（Almatis）公司、挪威埃肯（Elkem）公司等，其中奥镁公司和维苏威公司为世界超大规模耐火材料企业，年销售收入折合人民币超过 100 亿元，其他企业的年销售收入折合人民币 20 亿～50 亿元。

近年来，随着以中国为代表的发展中国家的产业结构调整及经济发展速度放缓，国外耐火材料行业发展有以下趋势：①通过并购整合与资本运作，进一步发展和壮大现有的大型耐火材料跨国集团。20 世纪 90 年代中后期以来，国际上耐火材料主要生产国先后进入了资产重组和结构调整阶段，企业出现大型化、综合化、跨国化和垄断化的趋势。②组建和壮大的大型跨国集团向全产业链整合方向发展。大型耐火材料企业集团不仅通过并购整合与资本运作向国际化发展，生产集约化程度不断提高，而且将耐火材料产业延伸到上游的矿山、下游的用户，正在形成全产业链，提高其综合盈利水平。③完善耐火材料生产线的技术体系建设，实现耐火材料的供货大承包。大型耐火材料企业集团依托自身完善的产品线，向下游用户企业提供整体耐火材料解决方案和全程服务，提高单一品种耐火材料的技术门槛，对中小型耐火材料企业形成挤出之势。例如，维苏威公司将我国某钢铁公司使用的耐火材料实现全承包经营的模式。④加大新产品、新技术、新装备的研发投入，不断提高其创新能力。大型耐火材料企业集团根据冶金、材料、有色金属、建材等行业的技术进步，为了保持其技术竞争力，都保证足够的自主研发投入，如奥镁公司每年的研发投入折合人民币 3 亿元左右，保持其技术领先性，同时和有关大学及研究机构开展合作，实现信息、科技和人力资源共享。⑤注重节能环保产品开发，日益重视低能耗、低污染、低排放的生产技术和产品开发与应用，同时资本和研发中心逐渐向发展中国家转移。

（八）高分子及复合材料

高分子及复合材料以其高比强度、轻质、耐温、耐腐蚀、绝热、绝缘等特点成为经济社会与国防工业发展中不可或缺的关键材料。高分子及复合材料主要涉及通用塑料、工程塑料、橡胶、合成纤维、高性能玻璃纤维、碳纤维、高性能树脂基结构复合材料以及结构功能复合材料等[81-85]。

目前高分子材料已成为工业、农业、国防、科技和日常生活等领域不可缺少的重要材料。从 2014 年世界化工新材料的产业结构来看，工程塑料和特种工程塑料的产值占世界化工新材料总产值的 31.6%，居第一位；高端聚烯烃树脂紧随其后，其产值占世界化工新材料总产值的 22.0%。其中，美国的产业结构中，高端聚烯烃树脂遥遥领先，其产值占美国化工新材料总产值的 41.4%，工程塑料和特种工程塑料位居第二，产值占美国化工新材料总产值的 28.0%；美国在高性能分离膜材料、工程塑料和特种工程塑料、高端聚烯烃树脂、新型特种胶黏剂等领域全面处于领先水平。西欧的产业结构中，工程塑料和特种工程塑料产量为 515t，占西欧化工新材料总产量的 40.4%，遥遥领先；聚氨酯材料和高端聚烯烃树脂的产量分别占西欧化工新材料总产量的 26.0% 和 24.1%，这主要因为工程塑料和特种工程塑料在航空领域的应用量加大。从产业发展水平看，西欧的聚氨酯材料处于领先水平，高性能分离膜材料、工程塑料和特种工程塑料、高端聚烯烃树脂、新型特种胶黏剂等具有较高的水平。日本的高端聚烯烃树脂的产量占日本化工新材料总产量的 57.3%，位居第一；工程塑料和特种工程塑料的产量占日本化工新材料总产量的 29.6%，位居第二。除了上述发达国家，俄罗斯在高性能橡胶、韩国在特种聚酯、沙特阿拉伯在工程塑料、巴西在高端聚烯烃如 EVA 树脂和超高分子量聚乙烯（ultra high molecular weight polyethylene，UHMWPE）等上均具有一定的水平和优势。总体上，发达国家和金砖国家产业结构调整步伐快，高性能、功能化的高分子材料发展迅速，从国际上主要化工公司看，基本上是保持大宗的通用型聚合物业务，如高端聚烯烃专用料，同时快速发展高附加值、功能化的特种高分子材料，如高性能聚烯烃、工程塑料和特种工程塑料等，从研发、生产或并购多渠道扩大高端高分子材料业务。由于全球汽车和运输、电子电气和医疗行业的需求不断增长，未来高性能工程塑料将成为工程塑料增长最快的部分。截至 2016 年底，亚太地区（不包括日本）工程塑料的市场规模约为 271 亿美元，预计到 2026 年底市场规模将达 617 亿美元，将成为全球工程塑料最具吸引力市场，将占全球 40% 左右的市场份额，这归因于中国、印度、印度尼西亚、泰国、马来西亚等国家的汽车、电子电气、医疗和建筑等终端用户行业的需求增长。

在橡胶材料方面，世界橡胶工业历经 160 余年的发展，如今已成为许多国家重要的产业，其产业格局的变化与全球与地区经济发展形势密切相关。国际橡胶研究组织（International Rubber Study Group，IRSG）发布的统计数据显示，2011～2014 年全球橡胶消耗量从 2550 万 t/年增加到了 2760 万 t/年，CAGR 超过 2.5%，充分体现全球经济复苏对橡胶制品需求增长的推动。从 2015 年开始，在全球经济复苏乏力、国际贸易保护主义严重的大环境下，世界橡胶工业发展受挫，全球橡胶消耗量甚至出现了负增长；2016 年的发展态势略有好转，全球橡胶消耗量达 2710 万 t，比 2015 年增加了 1.6%。在世界市场上，橡胶产品已形成了以轮胎为中心，以工业、建筑用品为重点，包括胶鞋、胶布等日用制品以及医疗卫生、文化体育等各大类的产品群体，涉及国民经济、人民生活以及国防军工、尖端高科技等方面，广泛用于减震、密封、粘接、耐磨、防腐、绝缘、导电等诸多领域，大多为橡胶与纤维、金属、塑料所牢固结合构成的橡胶复合体。从区域来看，世界橡胶材料和制品产业进一步向以中国为代表的亚太地区转移。从 2010 年开始，我国超越美国，成为世界最大的橡胶工业制造业大国，主要产品产量都位居世界前列。在整个橡胶制品中，从用胶量来说，以轮胎最大，占 50% 以上，工业、医药卫生、文化体育三者占到 30%，日用制品以胶鞋为代表，约占 10%。轮胎行业的发展可以从一个侧面反映出全世界橡胶材料及制品产业格局变化趋势。IRSG 指出，以亚洲为中心的橡胶消费增长缘于该地区作为"世界工厂"的地位，至少就轮胎而言，亚洲汽车轮胎产量占世界汽车轮胎总产量的 59.6%，而销售额则占了 2014 年同类轮胎总销售额的 37.8%。发达国家的橡胶工业经过 160 多年的发展已逐渐形成了企业结构向集团化、国际化发展；生产技术向高新技术方向发展；营销方式向电子商务方面发展；市场竞争以品牌为核心进行发展的趋势。以美国为代表的发达国家开始兴起建立跨国橡胶企业的浪潮。金砖国家包括中国、俄罗斯、巴西、印度、南非五个成长前景看好的新兴市场国家。在橡胶工业方面，金砖国家成员各自具有优势。俄罗斯具有丰富的石油气资源，因而是合成橡胶工业大国，其中异戊橡胶出口量最大，同时相应的橡胶配套工业也较为发达；巴西的橡胶产业则主要以亚马孙热带雨林地带为中心，其橡胶产业的重点在于橡胶树的栽培和中初级别的橡胶加工产业；南非不生产天然橡胶也不生产合成橡胶，相应的橡胶配套工业也较为落后，国内的橡胶制品大部分需要进口，橡胶工业比较薄弱[86, 87]。

高性能合成纤维方面，从 20 世纪 60 年代开始研发并推广的高性能纤维，使传统纺织工业产生了巨大变革。高性能纤维是指有高的拉伸强度和压缩强度、耐摩擦、高耐破坏力、低密度等优良物性的纤维材料，它是近年来纤维高分子材料领域中发展迅速的一类特种纤维。目前高性能纤维的代表品种主要有聚对苯撑苯并双噁唑纤维、聚芳酯纤维、聚酰亚胺纤维、聚苯硫醚纤维、聚芳醚腈纤维、聚醚醚酮纤维、聚[2, 5-二羟基-1, 4-苯撑吡啶并双咪唑]纤维、芳纶等。美国杜邦对位芳纶（Kevlar 系列 K-29/49/119/129/149）产量 3 万 t/年，占全球 50% 的产能。日本、荷兰、韩国、俄罗斯和德国也具有芳纶的生产能力。俄罗斯与中国的 Armos 芳纶力学性能和价格高，主要用于国防领域[88, 89]。

碳纤维方面[90-93]，目前全球最主要的 7 家小丝束碳纤维供应商的市场占比情况是：日本东丽公司占 35%～40%、帝人东邦（Toho Tenax）公司占 23%、三菱丽阳（Mitsubishi Rayon）公司占 14%；美国赫氏（Hexcel）公司占 12%、氰特工业（Cytec）公司占 8%；中国台湾地区台塑集团和德国 SGL 公司合计占 3%～8%。日本 3 家企业的碳纤维占全球 72%～77% 的市场份额，其中东丽公司产能最大，产品性能最好，是全球最大的碳纤维供应商。美国的两家企业市场占有率为 20%，其中赫氏公司拥有 40 多年为美国军用飞机开发应用碳纤维的经验，能够自主生产碳纤维，是美国企业中高模量碳纤维技术的领导者；氰特工业公司以碳纤维的后续产品预浸料为主，碳纤维产品性能和研发能力低于赫氏公司。台塑集团及 SGL 公司的产品性能略低于日本和美国的水平。目前碳纤维市场以 15% 的速度快速增长，日本企业占世界市场的 49%。大丝束碳纤维增长速率达到 25%，已占碳纤维市场份额的 25%，美国和日本企业占大丝束碳纤维市场份额的 76%。日本 2014 年研制成功 T1100G 碳纤维，拉伸强度为 6.6GPa，弹性模量为 324GPa；美国 2015 年研制成功碳纤维，拉伸强度为 5.8GPa，弹性模量提升到 375GPa。碳纤维核心技术仍然被美国和日本控制。基于专用原丝的碳纤维主流生产技术仍处于美国和日本垄断局面，并已进入相对沉寂的技术成熟期，立足于纺织级原丝的低成本碳纤维生产技术再次对主流生产技术形成冲击，在碳纤维工业应用中异军突起。基于纺织级腈纶原丝的技术路线成为低成本工业级碳纤维主流，原材料价格降低 50%，如卓尔泰克（Zoltek）公司、SGL 公司和雅柯斯（AKSA）公司等，成本逼近 10 美元/kg。

碳纤维及其复合材料方面，碳纤维及其复合材料作为整个复合材料产业技术核心和价值核心，世界碳纤维年用量约 8 万 t，生产线年产能约 13.5 万 t，市场价值约 25 亿美元；碳纤维复合材料年用量约 11 万 t，市场价值约 200 亿美元，至 2020 年将保持 10% 以上的年增长。碳纤维用量排名前三位的领域分别是风电（约 23%）、宇航与国防（约 18%）、体育休闲（约 17%），至 2020 年汽车将与风电并驾齐驱，带动碳纤维及其复合材料产业快速增长。

在全球航空结构复合材料（碳纤维复合材料）市场中，大型商用飞机占据了 67%，支线飞机占 12%，军用飞机占 12%，直升机约占 6%（图 1.34）。大型商用飞机的高产量和复合材料高使用比例，使其需求量占比较大，随着大量采用复合材

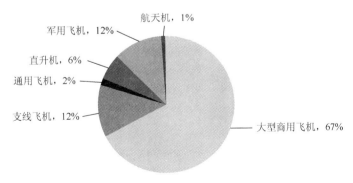

图 1.34　航空航天碳纤维复合材料的需求行业分布情况

料的 B787 和 A350 飞机的批量生产,以及提高复合材料用量的波音和空客系列飞机的改进改型,2018 年达到 75%以上,这一比例还将进一步提高。

从 2010 年开始,碳纤维及其复合材料产业发展呈现出以下特点和趋势:①在大飞机复合材料受到广泛关注之后,风电和汽车为碳纤维产业的发展注入了新的活力,推动碳纤维产业发展跨入以工业应用为主的新阶段(图 1.35)。2016 年,以 Vestas 为代表的风电复合材料市场规模接近 22 亿美元,以 BMWi3 为代表的汽

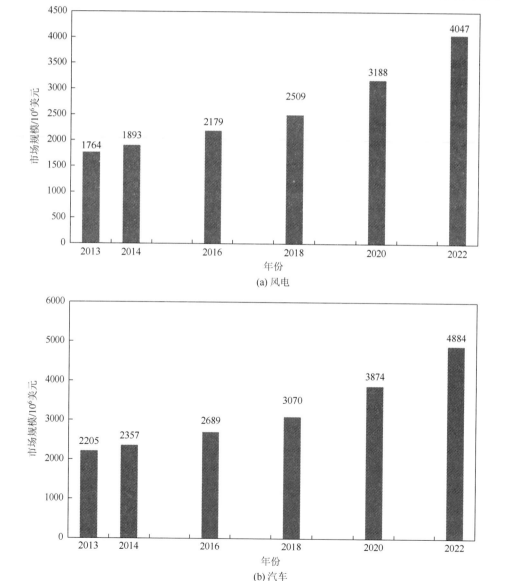

图 1.35　风电和汽车行业碳纤维复合材料市场规模

车复合材料市场规模超过 26 亿美元。②工业级碳纤维成本逼近 10 美元/kg 的目标，但较高的原材料成本及复合材料制造成本造成碳纤维复合材料尚难规模替代传统结构材料。

在结构功能一体化复合材料方面，目前结构功能一体化复合材料及应用技术研究以欧洲、美国、日本等发达地区和国家为主，并处于绝对领先水平，研发的相关材料已具备批量稳定生产能力、质量保证能力和维修保障能力。发达地区和国家在装备上通过长期使用考核，积累了丰富的工程应用经验，已形成较完整的产业链，在高性能透波树脂、低频和宽频吸收材料、功能性增强纤维、高导电高导热等材料以及设计、制造、检测、评价等方面均已有相对完整的技术体系。金砖国家和"一带一路"沿线国家等新兴经济体与发达国家均存在较大差距，相关材料的研究基础薄弱，未形成产业链和产业布局，主要是跟踪发达国家技术发展趋势，开展相关材料和技术的研发，只在部分领域初步实现材料的验证和评价。中国与俄罗斯在结构功能一体化复合材料技术和应用研究方面处在这些国家的前列，在结构隐身、系列化透波、导电复合材料、防隔热功能材料方面具备一定的材料自主保障能力，但与发达国家相比仍存在较大差距，未形成规模化产业。结构吸波复合材料向耐高温、宽频段、多频谱兼容发展，已实现装备稳定应用，支持 F-22/F-35 等航空装备生存能力提升 4～10 倍。结构抗弹一体化树脂基功能复合材料技术趋于成熟，已经开始得到应用。芳纶增强抗弹复合材料在美国 M1 系列，俄罗斯 T-72 和 T-80，以及日本 90 式坦克中得到广泛应用，每年应用的芳纶超过 1.5 万 t。结构防热功能复合材料均以抗烧蚀性能良好的酚醛体系作为首选树脂基体，发展了高硅氧/酚醛、碳/酚醛和先进碳/酚醛三代材料，满足了航天器件的热防护需求[94-96]。

三、引发产业变革颠覆性技术

颠覆性技术最早由美国哈佛商学院教授克莱顿·克里斯滕森提出，指的是对某个应用领域或行业产生颠覆性效果的技术。颠覆性技术既可能是基础性研究或原理性突破产生的新技术，也可能是对现有技术的跨领域、跨学科的创新性应用，往往具有强大的变革性，会重构应用领域的体系和秩序。颠覆性技术已成为经济社会发展和军事变革的重要推动力量，是世界科技强国的战略竞争前沿，将在我国由大变强阶段发挥重要的技术支撑作用。近年来，世界主要国家都对新科技革命具体发生的领域以及率先突破的技术展开深入分析。2013 年，麦肯锡公司发表的研究报告提出了 12 项改变世界的颠覆性技术，兰德公司于 2015 年发表的《2020年的全球技术革命》研究报告提出了 16 个未来应用最广泛的科技领域。这些研究结果有助于推动新兴产业的发展，给产业转型升级带来新的重大机遇[97]。

（1）量子技术。量子科技在保障国家安全、社会发展等方面发挥着极其重要的作用，未来将在支撑国民经济可持续发展和保障国家战略安全等重大需求方面作出实质性的贡献。世界很多国家和学术机构已经把量子科技确立为优先发展的战略性领域。欧盟2018年启动总额为10亿欧元的量子技术项目，希望借此促进包括安全通信网络和通用量子计算机等在内的多项量子技术的发展。英国政府2014年1月正式通过了5年资助总金额达2.7亿英镑的量子技术研究专项，并已经在量子罗盘方面取得实质性的进展。美国在量子科技方面的总体投入居世界第一，其各种项目和计划的资助方不乏美国国防部高级研究计划署（Defense Advanced Research Projects Agency，DARPA）、NASA，核心的研究机构包含三大战略武器的国家实验室（如桑迪亚国家实验室、劳伦斯·利弗莫尔国家实验室和洛斯·阿拉莫斯国家实验室等）等，这充分显示了量子科技与国家安全的紧密联系。量子信息潜在的商业价值也吸引了来自谷歌、英特尔、AT&T、贝尔实验室、IBM、微软、惠普、西门子、日立、东芝等世界著名公司的大量资本投入。随着探索量子世界的手段和技术不断突破（如突破标准量子极限的精密测量），人们发现了许多新的量子效应。这些发展不仅使得人们能够基于精密实验重新探索量子力学的基本问题，而且可以将量子技术直接应用于如信息和能源科学的研究及国防和国家安全等领域。

（2）颠覆性医疗技术。医学科技与现代信息技术、材料科技、电子技术、自动化仪器、机器人及人工智能等的深度融合极大地促进了医学科技发展。智慧医疗（个性化健康保障与移动互联、电子工程及大数据时代的交叉融合）、免疫治疗技术（重大疾病治疗的颠覆性突破）、再生医学前沿技术（再生介植入医疗）、基因编辑及未来遗传设计技术等，将更准确深入地揭示人体生理构造与疾病发生发展的全过程，也将带来疾病诊断和治疗模式的突破，使得医学科技向个性化、精准化、微创化、智能化、集成化和远程化发展。这些突破在疾病诊治方面展示出广阔的发展前景，蕴含着巨大的社会和经济效益。

（3）超材料制备及其规模化技术，主要包含电磁超材料大规模产业化，布局智能化超材料的研发应用及其在声学、热学、力学领域的研究应用。未来10年，电磁超材料将在原理摸索和工程应用相结合的基础上，实现大规模产业化。在隐身作战方面，随着各类隐身结构件及隐身电磁窗设计技术的不断成熟，武器装备在红外波段的隐身性能全面提高。同时，电磁超材料的设计、仿真和加工能力将大幅提升，工作频谱将从微波进一步拓展到毫米波、太赫兹、光波段等；超材料的形式也由无源被动向智能可控、数字化可编程等主动方式演变。在天线方面，低成本、轻量化的共形天线设计技术将更为成熟，具备低副瓣、宽频带、低色散、可变覆盖范围等超出传统天线性能的超材料新型天线将全面走向应用。基于陶瓷和纳米材料等新体系的电磁超材料将日趋成熟，电磁超材料的应用广度和深度将不断拓展。在智能化超材料方面，超材料微结构单元或群体将具备自感知、自决策、可控响应等功能，通过与数字网络系统深度融合，形成材料级的信息物理系统（cyber-physical systems，CPS），并结合大数据技术，实现材料领域的质变。未来 10 年，智能超材料技术将完成工程产品的全面转化，并在复杂电磁环境下联合智能作战平台以及超材料智能物联网等方面实现广泛应用。此外，超材料研究和应用也将延伸到声学、热学、力学等领域，并将成为未来的产业发展重点。未来 10 年，基于声学超材料的新型隔声技术有望应用于飞机、坦克、指挥所等装备的声学隐身；声学超材料有望让潜艇穿上"隐声衣"，用于降低声呐探测能力，以实现潜艇的减震降噪。热学超材料具有可控热辐射和可控热传导的特异性能，从而实现热学隐身；"热幻象伪装术"还能使作战单元躲避敌方热/红外探测仪侦测。力学超材料因负泊松比、负压缩转换等特性，在耐疲劳发动机零件、防震动蒙皮、航空航天轻质高强结构等领域有广泛的应用前景。

（4）超宽禁带半导体材料制备技术。在 AlN 单晶方面，AlN 单晶的尺寸逐步放大，从 2005 年的 10mm 直径逐步发展到现在的 2in，未来 10 年将可能出现 3in 和 4in 产品。晶体质量逐步提高，点缺陷抑制技术逐步成熟，禁带宽度逐步趋于理论值，应用验证步伐加快。在单晶金刚石方面，美国、日本、欧洲等国家和地区相继把高质量金刚石晶体材料的制备作为重点开发与应用的突破口。目前，国外进行金刚石单晶制备及器件开发的研究单位主要有英国元素六（ES）公司、日本产业技术综合研究所、日本物质材料研究所、美国卡耐基研究院地球物理实验室、美国空军研究实验室（Air Force Research Laboratory，AFRL）、美国 DARPA、美国 Scio Diamond 公司和美国 SP3 Diamond Technologies 公司等。其中元素六公司致力于生产电子级金刚石，而日本产业技术综合研究所致力于大尺寸单晶金刚石生长研究，美国 Scio Diamond 公司致力于克拉级宝石金刚石的制备，美国 SP3 Diamond Technologies 公司致力于多晶金刚石膜的制备及应用。美国 AFRL 和美国 DARPA 则着重于金刚石上 GaN 的功率放大器方面的研究工作。未来单晶金刚石行业的发展将依赖于高质量、大尺寸单晶金刚石的制备，以实现单晶金刚石在半导体领域的应用。在 β-Ga_2O_3 晶体方面，目前主要的研发国家有日本、德国和印度等，日本 Waseda 大学、Tohoku 大学、Nippon 公司等多个研究组开展单晶研究工作，主要采用浮区法和导膜法进行生长，单晶直径达 1～2in。日本信息通信研究机构的研究小组、田村制作所及其子公司光波公司对 β-Ga_2O_3 单晶衬底的晶体管市场给予充分肯定。田村制作所指出目前已实现 2in β-Ga_2O_3 衬底产业化，计划推出 4in 产品，并将继续开发 6in 的产品。日本针对低损耗、高功率 β-Ga_2O_3 单晶衬底 LED 照明产业方向展开了大量研究。另外，超宽禁带半导体材料中 AlN 和 β-Ga_2O_3 材料技术相对易于突破，产业化前景明朗。预计未来 5～10 年，业界将突破 3in AlN 单晶材料和 4in β-Ga_2O_3 单晶材料制备技术，并实现万片量产规模。未来10~15年将突破3in以下金刚石单晶材料和2in以下氮化硼单晶材料制备技术，同时，AlN 和 β-Ga$_2$O$_3$ 单晶材料将实现量产并得到大规模应用，大尺寸 AlN 和 β-Ga$_2$O$_3$ 单晶材料取得技术突破。

（5）超导材料制备技术及应用。超导材料具有常规材料所不具备的零电阻、完全抗磁性两个基本特性。利用超导材料这两个基本特性可以制造高场强超导磁体、零电阻输电和高性能量子超导电子学器件，在能源、医疗、交通、科学研究及国防军工重大工程等方面有重要的应用价值和巨大的开发前景。随着"十三五"期间我国智能电网、高端医疗装备制造、加速器和核聚变大科学装置发展规划相继公布，未来10年我国超导材料与技术的应用需求将持续增长，预计到2020年我国超导材料与技术将全面进入产业化阶段。我国亟待加速低温超导产业的升级、高温超导产业的发展，以及室温超导体的基础研究等工作，实现超导技术在电力、能源、交通、医疗和国防领域的规模应用，促进我国超导材料和应用技术产业升级、培育新的经济增长点。

（6）石墨烯及二维材料制备技术。石墨烯作为未来发展的重要潜在的颠覆性材料，近年来受到世界各国的广泛关注。2013 年，欧盟推出了迄今为止最大研发计划——"石墨烯旗舰计划"，准备在 10 年内投入 10 亿欧元，推动石墨烯从实验室走向实际应用。中国对石墨烯的发展也高度重视，早在 2012 年，就将其列入《新材料产业"十二五"发展规划》。《中国制造 2025》规划将石墨烯和其他三种材料列为前沿新材料。预计未来 5~10 年，石墨烯相关产品可能涉及电子领域的高性能传感器、柔性显示屏、柔性电子器件，石墨烯浆料领域的石墨烯导电油墨、防腐涂料，能源领域的高性能电池、超级电容器、太阳能电池及风力发电机叶片，环境领域的污水处理、海水淡化及大气污染治理，高性能材料领域的高强度橡胶和塑料，医药领域的药物输送和临床检测等。探寻石墨烯以外的其他新型二维材料是凝聚态物理与材料科学领域研究的前沿。正如石墨烯，大尺寸高质量的其他二维材料制备对探索二维极限下新的物理现象和性能非常重要，并且对未来电子、光电子器件的研究具有巨大价值。以硫化钼为代表的过渡金属硫化物及过渡金属碳化物、磷烯、硅烯、锗烯、铪烯、锡烯、氮化硼、硒化铟等二维材料在近些年都取得了一定的研究进展，极大地提高了二维材料的性能，拓展了二维材料的应用[98]。未来在实际应用中，发展大规模、低成本、结构与性能可调控的石墨烯及二维材料工程化制备技术将成为关注重点。

（7）高性能高分子及复合材料制备技术，如结构序列长度可精密调控新型聚烯烃多嵌段共聚物高分子材料。美国康奈尔大学 Coates 课题组发明了长寿命催化剂制备高分子量的聚乙烯/全同聚丙烯嵌段或多嵌段共聚物，高效增容使多相催化剂所得的聚烯烃回收改造高值材料成为可能。新型催化聚合体系制备序列长度可精密调控的聚烯烃多嵌段共聚物，使热力学不相容的体系具有良好的界面性能，对于废旧塑料回收及高性能化具有颠覆性的发展。关于碳纤维高性能化和低成本技术，高性能碳纤维强度和模量协同提升，实现拉伸强度接近 6000MPa，拉伸模量达到 400GPa，将支撑新一代高性能复合材料的研发；基于纺织级腈纶原丝的工业级低成本碳纤维，将支撑碳纤维复合材料在交通、能源等民用领域的规模应用，促进碳纤维复合材料规模化。关于高性能热塑性树脂基复合材料技术，热塑性复合材料具有高轻质化、高抗冲击、耐高温、多功能、易修复、可回收的典型特征。耐高温高性能热塑性树脂可弥补热固性树脂在冲击韧性和耐高/低温等方面的不足，与未来新一代高强高模碳纤维进行复合，有望满足第三代先进复合材料高强-高模-高韧的性能要求。关于高性能多功能一体化复合材料技术，宽频结构隐身、透波、导电一体化复合材料技术的发展和应用，对于提高武器装备的隐身、探测等关键性能，提升装备的作战效能具有关键作用，将支撑和引领下一代装备的发展。

（8）增材制造技术。相对于传统的等材与减材制造技术，增材制造技术不受模具制作或加工工艺限制，解决了复杂结构零件的成形困难问题，并明显减少了加工工序，缩短了加工周期。零件、构件结构越复杂，增材制造的优势越显著。因此，欧美发达国家和地区纷纷制定了推动增材制造技术的国家战略和规划，西方媒体甚至将增材制造技术誉为将带来下一次工业革命的新技术。例如，Klammert等改进了部分打印工艺，制备了孔隙率达 38.4%（体积分数）钙磷石（$CaHPO_4 \cdot 2H_2O$）陶瓷坯体，抗压强度达 23.4MPa，使增材制造多孔生物陶瓷支架临床应用更近一步。专门从事增材制造技术咨询服务的沃勒斯（Wohlers）协会在 2012 年度报告中指出：航空零件制造和医学应用是增材制造增长最快的领域。预计 2019 年产能将达到 60 亿美元。增材制造技术正处于发展期，具有旺盛的生命力；随着技术发展，增材制造技术将在航天、航空、航海、核工业、交通、能源、建筑、医疗，以及国防与工业装备领域展现广泛的应用前景与潜力。

第二章 "十二五"以来我国新材料产业发展经验及存在的问题

一、"十二五"以来我国新材料产业发展经验

（一）注重突破核心技术

新材料创新能力增强，核心技术不断取得突破。大直径硅材料在缺陷、几何参数、颗粒、杂质等控制技术方面不断完善，300mm 硅材料可满足 45～65nm 技术节点的集成电路要求，已成功研制 450mm 硅单晶。功能晶体材料经过多年的发展，偏硼酸钡[Ba(BO$_2$)$_2$，BBO]和三硼酸锂（LiB$_3$O$_5$，LBO）等紫外非线性光学晶体研究居国际领先水平并占据 80%的国际市场份额；氟代硼铍酸钾（KBe$_2$BO$_3$F$_2$，KBBF）是国际上唯一可实用的深紫外非线性光学晶体，并在我国首先成功用于先进的科学仪器；Nd:YAG、掺钕钆镓石榴石（Nd:GGG）和 Nd:YVO$_4$ 等激光晶体主要技术指标达到国际先进水平，实现了千瓦级全固态激光输出；我国在国际上首次实现了激光自倍频晶体的实用化和商品化，所开发的各种小功率绿光模组获得广泛应用。白光 LED 光效达到 160lm/W，芯片国产化率达到 75%，制造和应用达到世界先进水平。太阳能电池关键技术指标达到国际先进水平，光伏发电成本从 4 元/(kW·h)降低到 0.7 元/(kW·h)以下。锂离子电池正极材料、负极材料、电解液均能满足小型电池要求。通过开展超高分子量聚乙烯纤维、卤化丁基橡胶以及高性能驱油聚合物等技术的工业化开发，明显缩小了我国化工材料产业与发达国家的差距。T300 级碳纤维进一步实现了稳定生产，单线产能提高到 1200t，T700 和 T800 级碳纤维关键技术得到突破，实现了批量供货能力，已开始应用于航空航天装备。逐步攻克了用于制造核岛主设备的 SA508-3-1 和 SA508-3-2 合金钢大锻件、316LN 和 F6NM 不锈钢大锻件、690 镍基合金 U 形管等材料技术，并成功应用于核岛主设备制造。研制出强度大于 800MPa 的快速凝固喷射沉积铝合金和新一代高强高韧高淬透性铝合金，综合性能达到国际先进水平；开发出具有自主知识产权的铜带、铜管拉铸技术以及铜铝复合技术。海底管线钢 X65、X70、X80 及厚壁海洋油气焊管、化学品船用中厚板均已实现国产化，自主研制的 2205 型双相不锈钢已成功应用于化学品船。拓扑绝缘体材料、高温超导材料、石墨烯等二维材料、大飞机专用第三代铝锂合金、大尺寸石墨烯薄膜块状纳米材料、分离膜材料、

LTCC、钽铌铍合金、非晶合金、高磁感取向硅钢、二苯基甲烷二异氰酸酯、立方氮化硼、间位芳纶等新材料的研发、生产与应用技术已达到或接近国际先进水平。发布了国家标准《电磁超材料术语》,基于超材料与超射频技术开发的新型卫星通信产品获得了首届中国电子信息博览会创新奖。原为进口产品垄断市场的中高端生物医用材料产品,近年来逐步实现了国产替代,例如,心血管支架国产化率已达 80%以上,骨创伤生物医用材料及器械 70%以上实现国产化。一批生物医用材料前沿产品,几乎与国际同步或领先投入临床应用或取证上市,如国际领先的可诱导骨再生的骨诱导材料、微创介入人工心脏瓣膜、心脏封堵器等产品已相继取证上市,一批结构组织工程化产品正在临床试验中,标志我国生物医用材料科技创新已从跟踪仿制发展到原始创新阶段。关键技术的不断突破和新材料品种的不断增加促进我国高端金属结构材料、新型无机非金属材料、高性能复合材料保障能力明显增强,先进高分子材料和特种金属功能材料自给水平逐步提高。

(二)围绕国家重大工程需求推动发展

新材料产业的发展为我国能源、资源环境、信息领域的经济社会的发展提供了重要的技术支撑和物资保障。经过"十城千辆节能与新能源汽车示范推广应用工程"等示范工程及相关政策的支持,2016 年我国新能源汽车产量达 51.7 万辆,位居世界第一,预计 2020 年我国新能源汽车的市场保有量将达到 500 万辆,2030年有望达到 1500 万辆。膜材料在海水淡化方面已经获得应用,初步形成了反渗透海水淡化的生产能力,成为我国沿海地区供水安全保障体系的重要组成部分。稀土永磁材料在电子信息、风电、节能环保等领域的应用规模稳步扩大;新型墙体材料、保温隔热材料等新型建材逐渐成为建筑工程的主流应用;集成电路及半导体材料、光电子材料等在电子信息产业的应用水平逐步提高;第三代铝锂合金成功实现在大飞机上应用,石墨烯在触摸屏、功能涂料等领域初步实现产业化应用;生物医用材料、纳米材料应用已取得了积极进展;高性能钢材料、轻合金材料、工程塑料等产品结构不断优化,有力地支撑和促进了高速铁路、载人航天、海洋、能源装备、探月、超高压电力输送、深海油气开发等国家重大工程建设的顺利实施以及轨道交通、海洋工程装备等产业的"走出去"。

(三)适应经济社会发展,壮大产业规模优势

近年来,随着我国经济社会由高速转向高质量发展,战略性新兴产业迅速崛起,重大和高端装备用钢铁材料、新一代信息技术、生物医药、新能源等重点产业及其新业态加速成长壮大,部分领域产业规模已居世界前列[99]。作为战略性新兴产业先

导的新材料产业，2016 年总产值已达 2.65 万亿元（图 2.1），其中稀土功能材料、储能材料、复合材料、光伏材料等产能居世界前列，2017 年达到 3.1 万亿元，预计到 2020 年可达 4 万亿元。2016 年，我国粗钢产量达到 8.1 亿 t，10 种有色金属产量达到 5283.17 万 t，平板玻璃产量达到 7.7 亿重量箱，水泥产量达到 24 亿 t。2016 年中国光伏新增装机容量为 34.54GW，连续 4 年居全球首位。锂离子电池的产业规模持续扩大，中华人民共和国工业和信息化部（简称工信部）统计数据显示，2017 年全国规模以上电池制造企业累计主营业务收入为 6538.3 亿元，同比增长 26.45%，实现利润总额为 422.3 亿元，同比增长 19.17%。其中锂离子产品主营业务收入为 3749.3 亿元，同比增长 34.47%，实现利润总额为 285.8 亿元，同比增长 25.8%。

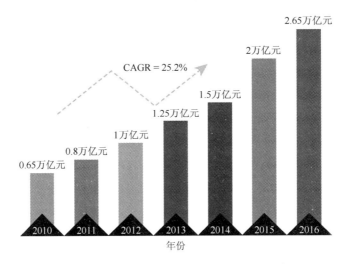

图 2.1　2010～2016 年中国新材料产业规模

（四）依据地区优势形成区域发展特色

近年来，国家相关部门为提高材料产业发展水平，在原有地域空间上进行资源整合，积极推动产业基地建设，材料产业的区域特色逐步显现，形成了长江三角洲（简称长三角）、珠江三角洲（简称珠三角）、环渤海地区三大石油化工基地和上海、南京、宁波、惠州、天津等具有国际水平的工业化园区。钢铁材料方面，形成了东北（龙头企业：东北特殊钢集团有限责任公司等）、华北（龙头企业：天津钢管集团股份有限公司等）、华东（龙头企业：中信泰富特钢集团、宝钢特钢有限公司等）、华中（龙头企业：大冶特殊钢股份有限公司等）、西南（龙头企业：攀钢集团有限公司等）等区域发展格局。此外环渤海、长三角、珠三角地区依托自身的产业优势、人才优势、技术优势形成了较为完整的新材料产业体系。中、西部地区则基于原有产业基础或资源优势，发展本地区的新材料产业，具有代表性的有：天津、青岛、宁波等地的化工新材料产业，深圳、威海的生物医用材料产业，包头的稀土新材料产业，云南和贵州的稀贵金属新材料产业，广西的有色金属新材料产业，重庆、西安、金昌、长株潭城市群、宝鸡及太原等地的航空航天材料、能源材料及重大装备材料产业，徐州、洛阳、连云港的硅材料产业等。

（五）加强宏观指导至关重要

"十二五"以来，我国政府高度重视新材料产业的发展，随着《"十二五"国家战略性新兴产业发展规划》和《新材料产业"十二五"发展规划》等国家层面战略规划的出台，工信部、中华人民共和国国家发展和改革委员会（简称国家发展改革委）等国家有关部委相继发布了新材料产业以及其支撑的其他战略性新兴产业的相关"十二五"发展规划，包括节能环保、环境保护、工业节能、环保装备、电子信息制造、集成电路、软件与信息服务、物联网、互联网、医药、高端装备制造、可再生能源、风电发展、太阳能发电、生物质能发展等领域相关规划，如《海洋工程装备制造业中长期发展规划》《节能与新能源汽车产业发展规划（2012—2020年)》，如表2.1所示。中华人民共和国科学技术部（简称科技部）发布了相关科技发展专项规划，包括《国家"十二五"科学和技术发展规划》《绿色制造科技发展"十二五"专项规划》《半导体照明科技发展"十二五"专项规划》《"十二五"绿色建筑科技发展专项规划》《洁净煤技术科技发展"十二五"专项规划》《海水淡化科技发展"十二五"专项规划》《新型显示科技发展"十二五"专项规划》《国家宽带网络科技发展"十二五"专项规划》《中国云科技发展"十二五"专项规划》《医学科技发展"十二五"规划》《服务机器人科技发展"十二五"专项规划》《高速列车科技发展"十二五"专项规划》《"十二五"制造业信息化科技工程规划》《太阳能发电科技发展"十二五"专项规划》《风力发电科技发展"十二五"专项规划》《智能电网重大科技产业化工程"十二五"专项规划》等。此外，2016年还出台了《"十三五"国家科技创新规划》《"十三五"国家战略性新兴产业发展规划》等专项规划，分别为未来一段时期我国新材料产业的发展重点和发展内容指明了方向。

为贯彻实施制造强国战略，加快推进新材料产业发展，国务院于2016年12月23日成立国家新材料产业发展领导小组，国务院副总理马凯担任组长，领导小组负责审议推动新材料产业发展的总体部署、重要规划，统筹研究重大政策、重大工程和重要工作安排，协调解决重点难点问题，指导督促各地区、各部门扎实开展工作。2017年2月28日，成立国家新材料产业发展专家咨询委员会，旨在为我国新材料产业发展提供咨询和建议。

表 2.1 我国与新材料产业相关的发展规划

年份	发展计划	涉及新材料相关领域
2010	《国务院关于加快培育和发展战略性新兴产业的决定》	高性能复合材料、先进结构材料、新型功能材料
2011	《当前优先发展的高技术产业化重点领域指南（2011 年度）》	纳米材料、核工程用特种材料、特种纤维材料、膜材料及组件、特种功能材料、稀土材料等
	《国家"十二五"科学和技术发展规划》	新型功能与智能材料、先进结构与复合材料、纳米材料、新型电子功能材料、高温合金材料、高性能纤维及复合材料、先进稀土材料等
2012	《新材料产业"十二五"发展规划》	特种金属功能材料、高端金属结构材料、先进高分子材料、新型无机非金属材料、高性能复合材料、前沿新材料
	《半导体照明科技发展"十二五"专项规划》《高品质特殊钢科技发展"十二五"专项规划》《高性能膜材料科技发展"十二五"专项规划》《医疗器械科技产业"十二五"专项规划》《节能与新能源汽车产业发展规划(2012—2020 年)》《有色金属工业"十二五"发展规划》等	半导体照明材料、高品质特殊钢材料、新型轻质合金、膜材料、生物医用材料、锂离子动力电池材料
2013	《能源发展"十二五"规划》《国务院关于加快发展节能环保产业的意见》《大气污染防治行动计划》《国务院关于促进光伏产业健康发展的若干意见》	太阳能电池材料、锂离子动力电池材料
2014	《国家集成电路产业发展推进纲要》《国务院办公厅关于加快新能源汽车推广应用的指导意见》《关键材料升级换代工程实施方案》《关于加快推进工业强基的指导意见》	大尺寸硅、光刻胶等集成电路关键材料，锂离子动力电池材料，信息功能材料，海洋工程材料，节能环保材料，先进轨道交通材料
2015	《中国制造 2025》	特种金属功能材料、高性能结构材料、功能性高分子材料、特种无机非金属材料和先进复合材料
2016	《工信部 发改委 科技部 财政部关于加快新材料产业创新发展的指导意见》	先进基础材料：高品质钢铁材料、新型轻合金材料、工业陶瓷及功能玻璃材料等；关键战略材料：耐高温及耐蚀合金、高性能纤维及复合材料、先进半导体材料、生物医用材料等；前沿材料：石墨烯、增材制造材料、智能材料、超材料等
	《国家发展改革委 工业和信息化部关于实施制造业升级改造重大工程包的通知》	先进金属材料、先进有机材料、先进无机非金属材料、先进复合材料、前沿材料
	《"十三五"国家科技创新规划》	先进结构材料技术、先进功能材料技术和变革性的材料研发与绿色制造新技术
	《"十三五"国家战略性新兴产业发展规划》	高强轻合金、高性能纤维、特种合金、先进无机非金属材料、高品质特殊钢、新型显示材料、动力电池材料、绿色印刷材料，稀土、钨钼、钒钛、锂、石墨等特色资源，石墨烯材料、纳米材料、智能材料、仿生材料、超材料、低成本增材制造材料和新型超导材料，空天、深海、深地等极端环境所需材料
2017	《"十三五"材料领域科技创新专项规划》	高性能碳纤维与复合材料、高温合金、军工新材料、宽禁带半导体材料、新型显示技术、特种合金、稀土新材料和新一代生物医用材料等
	《新材料产业发展指南》	先进基础材料、关键战略材料、前沿新材料

二、我国关键新材料领域"十二五"以来发展情况

（一）信息功能材料

半导体硅材料方面，我国 2014 年销售额约为 40 亿元，约占全球份额的 4%。直径 200mm 硅片已实现大批量生产,直径 300mm 硅单晶抛光和外延片可达 65nm 线宽集成电路应用水平，制定了 12 项与 300mm 硅材料相关的国家标准/行业标准（表 2.2）。新一代直径 450mm 单晶技术已进入研发阶段，于 2002 年首次拉制成功，进入工程化阶段还需进一步攻关。国内已开发出 200mm 绝缘衬底上的硅（silicon-on-insulator，SOI）制备技术，100～150mm SOI 年生产能力达 3 万片，但尚未应用于极大规模集成电路。与国际上垄断性硅企业明显不同，国内硅企业多属中小企业，生产规模不大、资金和技术实力不强。半导体硅材料产业区域已呈现集聚态势，产业分布主要位于环渤海地区和长三角地区。两个地区各自在 200mm 硅片产业方面有良好的布局，环渤海地区的北京在 300mm 硅片技术开发和产业规划方面走在全国前列，上海也开始推动 300mm 硅材料产业发展。在硅及硅基材料发展的基础上，我国集成电路产业"十二五"期间得到显著提升，集成电路产量不断增长，2017 年中国集成电路产量为 1564.9 亿块，销售额达到 5411.3 亿元。

表 2.2 我国与 300mm 硅材料有关的标准

序号	标准编号	标准名称
1	YS/T 679—2008	非本征半导体中少数载流子扩散长度的稳态表面光电压测试方法
2	GB/T 6618—2009	硅片厚度和总厚度变化测试方法
3	GB/T 13387—2009	硅及其它电子材料晶片参考面长度测量方法
4	GB/T 13388—2009	硅片参考面结晶学取向 X 射线测试方法
5	GB/T 24578—2015	硅片表面金属沾污的全反射 X 光荧光光谱测试方法
6	GB/T 14264—2009	半导体材料术语
7	GB/T 26068—2010	硅片载流子复合寿命的无接触微波反射光电导衰减测试方法
8	GB/T 26067—2010	硅片切口尺寸测试方法
9	GB/T 29504—2013	300mm 硅单晶
10	GB/T 29508—2013	300mm 硅单晶切割片和磨削片
11	GB/T 29506—2013	300mm 硅单晶抛光片
12	GB/T 29505—2013	硅片平坦表面的表面粗糙度测量方法

　　我国半导体照明产业起步虽较晚，但发展迅速，国际上形成了美国、日本、欧盟领跑，韩国和中国快速发展的产业格局。产业链相对完整，产业已形成规模。据国家半导体照明工程研发及产业联盟（China Solid State Lighting Alliance，CSA）统计，"十二五"期间，我国半导体照明产业规模 CAGR 超过 20%，2008 年总产值为 425 亿元，2009 年达 600 亿元，包括芯片和封装内的总增长为 30.2%；2010 年为 900 亿元，增长 45.1%；2011 年为 1210 亿元，增长 30%；2012 年为 1520 亿元，增长 23.1%；2013 年我国半导体照明产值为 2068 亿元，增长 34.2%；2014 年我国半导体照明产值为 2852 亿元，增长 37.9%；2015 年产业规模超 4245 亿元，预计到 2020 年，产业规模将超过 1.3 万亿元，是整个产业链上增长最快的环节。随着 LED 照明性能快速提升和产品价格大幅下降，我国半导体照明应用市场规模不断扩大，其中上游外延芯片、中游封装和下游应用市场规模分别为 80 亿元、320 亿元和 1520 亿元。85%以上的 LED 企业和 90%以上的产值集聚在珠三角、长三角、环渤海与闽南金三角（简称闽三角）四大区域。珠三角封装和应用国内规模最大，企业多，在国内外市场表现活跃；长三角产业投资活跃，人才集中；环渤海研发机构集中，服务优势突出，国际交流集中；闽三角产业链完整，有硅衬底的自主技术，外延及芯片产业化规模较大，台湾地区企业转移比较多。广东、江苏等产业发达区域开始实施 GaN 衬底和外延、SiC 电力电子器件的产业化。国内技术水平与国际领先者还存在一定差距。在政府引导和支持下，国内照明级 LED 芯片技术研究、开发及产业化工作取得了长足进步。特别是在"十五"国家科技攻关计划"半导体照明产业化技术开发"和"十一五"国家 863 计划"半导体照明工程"项目的引导下，国内各大 LED 制造商及研究所大力投入对功率型照明级 LED 芯片技术的开发。"十二五"期间，LED 技术水平不断提升，产业化逐步深入，缩小了与国际领先业者的差距。目前我国功率芯片封装白光光效突破 120lm/W，功率芯片封装红光光效达到 60～70lm/W，SiC 基 LED 芯片封装白光光效突破 120lm/W。

　　新型显示材料是我国当代电子信息产业的重要支柱。我国新型显示产业历经 10 年的发展，已经进入快速发展期，产业投入近 3000 亿元，产业规模超过 1000 亿元，形成了包括薄膜晶体管（thin film transistor，TFT）、有机发光二极管（organic light-emitting diode，OLED）等比较丰富完善的产业链，多条高世代液晶面板生产线相继投产，2012 年底的统计数据表明，我国液晶面板供应自给率已经突破了 20%，全球市场占有率达到 10%，国际贸易逆差为 140.5 亿美元，同比下降 20.6%。在国际平板显示产业发展趋缓的形势下，我国产业呈现出逆势而上的发展势头，2015 年我国自产面板在全球面板市场占有率达到 25%。技术上，已掌握了 TFT 液晶显示器件的大规模生产技术，拥有大规模显示面板的生产能力，并培养了一大批技术骨干。目前，12in 低温多晶硅和 31in 金属氧化物的有源矩阵有机发光二极管（active matrix OLED，AMOLED）全彩显示屏、30in 基于打印技术的氧化物 AMOLED 全高清全彩显示屏等已开发成功。

2015 年中国 TFT 液晶显示器产能情况如表 2.3 所示。

表 2.3　2015 年中国 TFT 液晶显示器主要生产线状况

公司	地点	世代	基板尺寸/mm	采用技术	产能		产品	备注
					10^3 片/月	万 m^2/年		
京东方科技集团股份有限公司	成都	4.5	730×920	α-Si	45	31	中小尺寸	
	北京	5	1 100×1 300	α-Si	70	120	中小尺寸	
	鄂尔多斯	5.5	1 300×1 500	LTPS	60	140	中小尺寸	5 000 片/月，用于 AMOLED
	合肥	6	1 500×1 850	α-Si	101	336	电视、监视器、笔记本和平板电脑	
	北京	8.5	2 200×2 500	α-Si	120	792	电视为主	
	合肥	8.5	2 200×2 500	IGZO	90	594	电视为主	设计产能 90 000 片/月
	重庆	8.5	2 200×2 500	IGZO	51	337	电视为主	设计产能 90 000 片/月
天马微电子股份有限公司	上海	4.5	730×920	α-Si	115	93	中小尺寸	
	成都	4.5	730×920	α-Si				
	武汉	4.5	730×920	α-Si				
	上海	5	1 100×1 300	α-Si	78	134		
	厦门	5.5	1 300×1 500	LTPS	30	70		5 000 片/月，用于 AMOLED
昆山龙腾光电有限公司	昆山	5	1 100×1 300	α-Si	110	189	监视器、笔记本和平板电脑	
熊猫电子集团有限公司	南京	6	1 500×1 800	α-Si	90	292	电视、监视器、笔记本	
	南京	8.5	2 200×2 500	IGZO	60	396	电视、监视器、笔记本和平板电脑	
深圳市华星光电技术有限公司	深圳	8.5	2 200×2 500	α-Si	130	858	电视为主	
	深圳	8.5	2 200×2 500	α-Si	100	660	电视为主	
深超光电（深圳）有限公司	深圳	5	1 200×1 300	α-Si	90	168	中小尺寸	

续表

公司	地点	世代	基板尺寸/mm	采用技术	产能		产品	备注
					10^3 片/月	万 m^2/年		
苏州三星电子有限公司	苏州	8.5	2 200×2 500	α-Si	110	726	电视为主	
乐金显示（中国）有限公司	广州	8.5	2 200×2 500	α-Si	120	792	电视为主	
友达光电（昆山）有限公司	昆山	8.5	2 200×2 500	α-Si	50	330	电视为主	
总计						7 058		

注：LTPS 指低温多晶硅（low temperature poly-silicon）；IGZO 指铟镓锌氧化物

高 k 栅介质方面，我国在金属-氧化物-半导体（metal-oxide-semiconductor，MOS）器件中采用新结构、引入新型铪基氧化物高 k 栅介质等方面开展了一些研发工作。研究了新型高 k 栅介质和金属栅电极材料与金属-氧化物-半导体场效应晶体管（MOS field-effect transistor，MOSFET）器件集成工艺、可靠性等问题，涉及材料工程、界面工程、工艺整合与集成技术和模型模拟等方面工作，对更小特征尺寸下集成电路性能的提高起到了举足轻重的作用。目前，国内高 k/金属栅技术已经应用于 22nm 技术节点互补金属-氧化物-半导体（complementary MOS，CMOS）工艺方案。16nm 及其以下技术节点的技术攻关正在进行。

光电功能材料方面，"十二五"期间，我国功能晶体产业渐趋稳定，其中非线性光学晶体的产业已成国际市场的主体，占有 80%以上的市场份额。激光晶体除供国内产业需求外，还进行出口。中国光学光电子行业协会统计，我国在各类工业领域中全固态激光器的用量明显增加，2012 年仅激光医疗、打标、材料加工、激光雕刻和军事等五个领域的应用产品规模为 60 亿元。以最常用的 YAG 晶体为例，据统计，2006～2012 年国内 YAG 系列激光晶体市场销售额平均增速超过 30%，2012 年 YAG 系列激光晶体市场销售额达到 27 905 万元。这主要得益于全固态激光技术、固体大功率脉冲激光焊接技术和设备的普及。我国非线性晶体产业发展多年，BBO、LBO 和 KTP 晶体的生产量占国际市场的 80%。高抗光损伤阈值的 KTP 晶体、大尺寸的 BBO 晶体以及大量晶体器件仍靠从发达国家进口；晶体生长、加工、镀膜的先进设备发展相对滞后，工业化生产和装备制造能力较弱。我国实现了高质量、大尺寸 BGO 晶体的批量化生产，为欧洲核子研究组织和通用电气公司等科研生产机构提供了大量的高质量 BGO 晶体，在国际上处于先进水平。以蓝宝石为代表的衬底晶体产业发展很快，国内有多家企业投产，规模和产量较大，不断有新的企业建立和投产，形成一个新的产业热点，并经历了一个马鞍形发展的过程。但是，除蓝宝石产业外，我国的功能晶体产业普遍规模较小，整体水平处于国际产业链中的前端，产品多为原晶或经简单加工的一般器件。

自旋电子学材料研究方面，国内高校与研究所在自旋电子学材料基础研究方面取得了一些国际有影响力的研究成果，主要集中在巨磁阻（giant magneto resistance，GMR）、庞磁阻结构，稀磁半导体，多铁性材料和有机磁分子材料，以及新型磁存储器件。研制出巨磁阻传感器芯片和传输速度大于100MHz的高速磁电耦合器，可用于磁盘等信息技术产品与通信领域。新型磁存储器研究取得有国际影响的成果，成功地设计、制造成纳米环形、椭圆形存储元件。研制出了新型磁电控制三极管和集成电路，其创新包括：纳米环形隧道结的加工制备技术，小电流实现磁矩反转，电流驱动下弱信号检测。有机单分子磁矩研究取得了国际有影响的进展，对我国进一步发展自旋电子学和磁电子器件、电路产业创造了条件。高灵敏度隧道磁电阻（tunnel magneto resistance，TMR）磁敏传感器、自旋纳米振荡器、磁逻辑和自旋晶体管等器件设计获得中国发明专利授权40余项和美国及日本国际专利授权5项。在国际上首次设计和制备出外直径为100nm环状磁性隧道结存储单元，并采用自旋极化电流直接驱动的新型 4 bit×4 bit 纳米环形MRAM原理型演示器件，其纳米环形MRAM等多种设计具有自主知识产权。相对国外，我国自旋电子学研究虽有一定的基础与成果，但尚需加强原创性的研究。我国在研究成果转化，尤其在产业化方面基础薄弱，与国外差距甚大，急需国家大力支持，研发和生产出有自主知识产权的自旋芯片。

红外探测材料方面，近几年来随着物联网技术的蓬勃兴起，我国红外探测材料与器件呈现出迅速发展的态势，相关技术迅速从军用领域向民用领域拓展。国内制冷探测器（包括 InSb 和 HgCdTe）达到的水平如下：中波（3～5m）阵列有256×256、512×512、320×256 和 640×480，长波（8～12m）阵列针对不同焦距的焦平面阵列有160×160、320×240、384×288，但性能尚待稳定，需要改进大尺寸 CdZnTe 衬底单晶片的制备工艺，保证大面积组分的均匀性，降低外延层中的缺陷密度等。国内开展了非制冷红外探测器的研制，已有部分产品面世。非制冷红外探测芯片原来主要从美国、法国等国家进口，但近几年我国取得了较大进展，低成本非制冷红外探测材料和器件通过与微机电系统（micro-electro-mechanical systems，MEMS）技术的结合，整体技术水平得到了较大提升，并已开始进入产业化阶段。目前光读出型 MEMS 非制冷红外传感芯片已进入产业化中试阶段。开展了非晶硅薄膜晶体管（α-Si TFT）型非制冷红外探测器研究，其工艺与集成电路完全兼容。此外，还开展了 α-Si 电阻型非制冷探测器以及铝和 SiN_x 微悬臂热膨胀型非制冷探测器的研究。

（二）新能源及节能环保材料

太阳能电池材料方面，"十二五"以来，中国太阳能发电产业快速发展，2017年我国新增装机容量为53GW，同比增长超过53.6%，连续5年位居世界第一，累计装机容量达到130GW，连续3年居全球首位，2011～2025年国内光伏年度新增装机规模见图2.2；2017年1～11月光伏装机出口16GW，占总产量的59%，出口额为131.1亿美元。

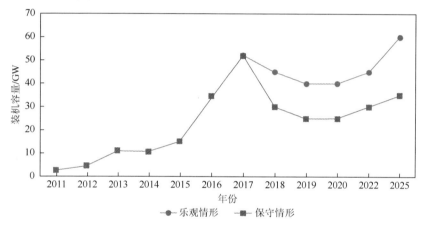

图 2.2 2011～2025 年国内光伏年度新增装机规模

2017年商业化的电池组件转换效率分别为：单晶硅21.3%、多晶硅19%、CIGS 15.7%、CdTe 12.8%；硅基薄膜6%～10%。晶体硅组件已降至0.31美元/W左右，薄膜组件成本降到0.33美元/W左右。我国光伏安装及发电成本变化见表2.4。

表 2.4 我国光伏安装及发电成本变化情况

项目	2010 年	2011 年	2012 年	2013 年	2014 年	2015 年	2016 年
累计装机/GW	0.80	3.50	8.00	20.9	31.5	46.6	81.1
组件价格/(元/W)	13.0	9.0	4.5	4.2	4	3.5	2.7
系统价格/(元/W)	25.0	17.5	10.0	9.0	8.0	7.0	6.0
组件寿命/年	30	30	>30	>30	>30	>30	>30
光伏电价/(元/(kW·h))	2.00	1.15	1.00	<1.00	0.8	0.7	0.6

我国2017年多晶硅产量为24.2万t，同比增长24.7%，进口15.9万t，进口

量约占市场需求的 40%，进口额约 20 亿美元。国内产多晶硅主要供应太阳能电池市场，电路级多晶硅几乎 100%依赖进口。多晶硅产业基础研究亟须加强，产品质量尚需提高，生产能耗还需进一步降低，副产物综合利用需进一步加强，大型装备和配套材料仍需进口，我国多晶硅历年产能与产量见图 2.3，多晶硅生产成本降低情况见图 2.4。

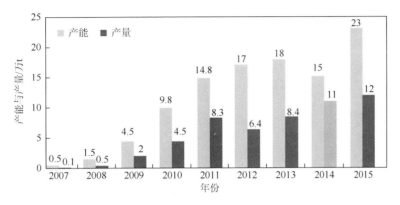

图 2.3　我国多晶硅产能与产量

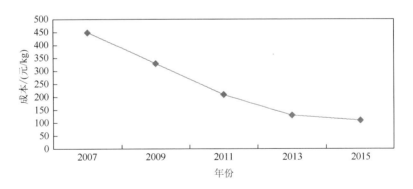

图 2.4　我国多晶硅生产成本降低情况

在太阳能光热发电技术领域，"十一五"期间国家 863 计划设立了"太阳能热发电技术及系统示范"重点项目，重点研究太阳能塔式热发电关键技术；同时建立太阳能热发电实验系统和实验平台，探索大规模低成本商业化电站的技术途径。2010 年，科技部又启动了国家 973 计划"高效规模化太阳能热发电的基础研究"项目。在太阳能吸热/热电转换/储热材料、聚光装备、槽式真空管、不同形式的吸热器、碟式斯特林发电系统、塔式高温热发电系统设计等领域都有了较大进步。在光热发电领域的初步成果包括：益科博能源科技有限公司的 1MW 太阳能光热发电厂（位于海南三亚）成功发电，北京市科学技术委员会重大项目"太阳能热发电技术研究与示范基地建设"已通过验收，兰州大成科技股份有限公司太阳能光热产业基地顺利并网发电。掌握了槽式和线性菲涅尔式集热场核心技术，具备为几十兆瓦级槽式、线性菲涅尔式光热电站集热场及换热系统供应全部关键件的产能，以及承担建设和调试大型集热场及换热系统的能力。"十二五"期间，加大了10MW级太阳能塔式热发电技术、分布式太阳能热发电技术、太阳能储热技术等相关技术的研发和规模化利用。国家能源局报告，2017年中国光伏发电新增装机容量为53.06GW，其中，光伏电站为33.62GW，同比增长11%；分布式光伏为19.44GW，同比增长3.7倍。截至2017年12月底，全国光伏发电累计装机容量达到130.25GW，其中，光伏电站为100.59GW，分布式光伏为29.66GW。中国光伏行业协会报告，2017年我国多晶硅产量为24.2万t，同比增长24.7%；硅片和电池片产量分别为188亿片和68GW；组件产量约为76GW，占全球组件产量的71%。

锂离子电池材料方面，中国化学与物理电源行业协会统计，2016年中国离子锂电池销售额约为1115亿元，其中动力电池销售额为605亿元，同比增长65.8%，动力电池市场占比达54.26%。从产量上来看，前瞻产业研究院数据显示，2016年中国锂离子电池的产量达到78.42亿只，同比增长40%，其中动力电池产量达到29.39GW·h，超过3C［即计算机（computer）、通信（communication）、消费电子（consumer electronics）］成为最大的消费端。2016年锂离子蓄电池出口额约为68.41亿美元，2015年出口额约为64.94亿美元，同比增长了5.34%。我国2016年出口额在前十位的锂离子动力电池企业如表2.5所示。

表2.5　2016年我国锂离子动力电池企业出口额前十位

序号	企业名称	出口额/美元
1	索尼电子（无锡）有限公司	306 179 814
2	深圳市比亚迪锂电池有限公司	214 923 935
3	宁德新能源科技有限公司	193 668 149
4	天津三星视界有限公司	146 435 431
5	无锡松下电池有限公司	116 944 584
6	东莞新能源科技有限公司	79 626 811
7	杭州南都电源销售有限公司	39 936 529
8	星恒电源股份有限公司	38 936 789
9	哈尔滨光宇电源股份有限公司	37 006 011
10	常州高博能源材料有限公司	31 689 181

工信部公布的数据显示，2016 年我国新能源汽车的产量、销量分别为 51.7 万辆和 50.7 万辆，同比增长 51.7%和 53%，其中纯电动汽车产量、销量分别为 41.7 万辆和 40.9 万辆，同比增长 63.9%和 65.1%。随着各级政府新能源汽车产业政策的不断增加，我国新能源汽车发展迅速，而作为电动汽车核心部件的动力电池市场需求也将快速增长，锂离子动力电池市场发展正式进入黄金期。

中国化学与物理电源行业协会对国内 44 家锂离子动力电池企业 2016 年度的产量、销量和销售收入进行了统计分析，2016 年 44 家锂离子动力电池企业共生产各类锂离子动力电池 466.68 亿 W·h，销售 433.54 亿 W·h（含出口），实现销售收入 786.31 亿元。其中，销售磷酸铁锂电池 277.97 亿 W·h，占比 64.1%；销售三元及多元复合材料电池 135.18 亿 W·h，占比 31.1%；销售锰酸锂电池 11.95 亿 W·h，占比 2.75%；销售钛酸锂电池 8.93 亿 W·h，占比 2%。

2015 年我国锂离子动力电池出货量达到 17.0GW·h，2016 年达到 30.5GW·h，相较于 2015 年增加近 80%。2015 年锂离子蓄电池出口量约为 14.91 亿只，2016 年锂离子蓄电池出口量约为 15.17 亿只，与 2015 年相比，同比增长了 1.74%。

材料方面，《2017 年中国锂电池正极材料行业研究报告》统计数据显示，2016 年，中国锂电池正极材料总体产量达到 16.2 万 t，同比增长 51.4%。其中磷酸铁锂产量为 5.7 万 t，镍钴锰三元材料产量为 6.1 万 t，钴酸锂产量为 3.5 万 t，锰酸锂产量为 0.9 万 t。

2016 年中国锂电池隔膜厂商产量为 9.29 亿 m^2，同比增长 33.03%，其中，湿法隔膜厂商进一步放量，多数湿法扩张企业及从干法隔膜转向湿法隔膜企业开始逐步放量，2016 年中国锂电池湿法隔膜产量达到 3.9 亿 m^2，占比为 42%，超越干法单拉隔膜，成为隔膜市场主要供应类型[100-103]。

在燃料电池材料方面，经过近十多年的持续研发，培育了若干从事燃料电池及相关零部件开发和生产的小微型企业，燃料电池产业链已具雏形，燃料电池汽车、通信基站用燃料电池备用电源进展较大。燃料电池汽车在 2008 年北京奥运会及 2010 年上海世博会上进行了示范运行，建成 4 座示范性加氢站。"十二五"以来，上汽集团开始集成我国研发基础，领军燃料电池汽车研发，启动了产品开发规划，2014 年进行环中国示范运行，到 2015 年底完成 100 辆小批量样车制造。2014 年 3 月 28 日，上海汽车集团股份有限公司和德国大众汽车集团签署《关于开展燃料电池汽车和混合动力技术合作的联合声明》。2009 年迄今，中国移动通信集团有限公司、中国联合网络通信集团有限公司（简称中国联通）和中国电信集团有限公司分别在上海、广州、武汉、黑龙江、江苏等省市进行了近百台示范。2013 年底中国联通招标 119 台燃料电池备用电源，这是我国首次商业化采购燃料电池，标志着我国燃料电池备用电源商业化市场开始启动。"十二五"期间，国家 863 计划设立相关项目，研究低铂高性能车用燃料电池电堆技术，在原材料方面，重点研究高活性和稳定性、低铂含量的合金或核壳催化剂及其制备工艺，开发低成本膜电极组合和双极板关键技术及其工艺装备。虽然通过项目支持，我国燃料电池关键基础材料技术取得了很大的进步，但是作为低温燃料电池两大关键基础材料的纳米催化剂和质子交换膜材料基本都采用进口原材料，国产材料只在小范围应用。新型纳米催化剂只限于实验室开发，即使是传统铂碳催化剂，产品性能不稳定，仍然没有解决批量生产的问题。2008 年我国成立了全国燃料电池及液流电池标准化技术委员会（SAC/TC 342），对口国际电工委员会燃料电池标准化技术委员会（IEC/TC 105），积极参与国际燃料电池相关标准的制定，专门讨论制定与燃料电池相关的国家标准，公布的标准如表 2.6 所示。然而我国与氢能相关标准的工作仍然非常欠缺，我国尚无具有第三方公正地位的国家级氢能检验检测中心，基础数据匮乏，还没有一项关于储氢材料及系统的国家标准，现有的氢气安全使用标准不适合氢燃料电池发展的需要，氢燃料电池使用及市场准入标准偏少，严重限制了氢燃料电池的推广。

表 2.6　我国燃料电池相关标准制定与修订情况

编号	标准号/计划号	标准名称
1	GB/T 30084—2013	便携式燃料电池发电系统安全
2	GB/Z 21742—2008	便携式质子交换膜燃料电池发电系统
3	GB/T 23645—2009	乘用车用燃料电池发电系统测试方法
4	GB/T 33978—2017	道路车辆用质子交换膜燃料电池模块
5	GB/T 31886.1—2015	反应气中杂质对质子交换膜燃料电池性能影响的测试方法　第 1 部分：空气中杂质
6	GB/T 31886.2—2015	反应气中杂质对质子交换膜燃料电池性能影响的测试方法　第 2 部分：氢气中杂质
7	GB/T 31037.1—2014	工业起升车辆用燃料电池发电系统　第 1 部分：安全
8	GB/T 31037.2—2014	工业起升车辆用燃料电池发电系统　第 2 部分：技术条件
9	GB/T 27748.1—2017	固定式燃料电池发电系统　第 1 部分：安全
10	GB/T 27748.2—2013	固定式燃料电池发电系统　第 2 部分：性能试验方法
11	GB/T 27748.3—2017	固定式燃料电池发电系统　第 3 部分：安装
12	GB/T 27748.4—2017	固定式燃料电池发电系统　第 4 部分：小型燃料电池发电系统性能试验方法
13	GB/T 34582—2017	固体氧化物燃料电池单电池和电池堆性能试验方法
14	GB/T 28817—2012	聚合物电解质燃料电池单电池测试方法
15	GB/T 28183—2011	客车用燃料电池发电系统测试方法
16	GB/T 25319—2010	汽车用燃料电池发电系统技术条件
17	GB/T 29838—2013	燃料电池模块
18	GB/T 28816—2012	燃料电池术语
19	GB/T 23751.1—2009	微型燃料电池发电系统　第 1 部分：安全
20	GB/T 23751.2—2017	微型燃料电池发电系统　第 2 部分：性能试验方法

续表

编号	标准号/计划号	标准名称
21	GB/Z 23751.3—2013	微型燃料电池发电系统 第3部分：燃料容器互换性
22	20130687-T-604	微型燃料电池发电系统通用安全要求
23	GB/T 33983.1—2017	直接甲醇燃料电池系统 第1部分：安全
24	GB/T 33983.2—2017	直接甲醇燃料电池系统 第2部分：性能试验方法
25	GB/T 31036—2014	质子交换膜燃料电池备用电源系统安全
26	GB/T 31035—2014	质子交换膜燃料电池电堆低温特性试验方法
27	GB/T 20042.1—2017	质子交换膜燃料电池 第1部分：术语
28	GB/T 20042.3—2009	质子交换膜燃料电池 第3部分：质子交换膜测试方法
29	GB/T 20042.4—2009	质子交换膜燃料电池 第4部分：电催化剂测试方法
30	GB/T 20042.5—2009	质子交换膜燃料电池 第5部分：膜电极测试方法
31	GB/T 20042.6—2011	质子交换膜燃料电池 第6部分：双极板特性测试方法
32	GB/T 20042.7—2014	质子交换膜燃料电池 第7部分：炭纸特性测试方法
33	GB/T 20042.2—2008	质子交换膜燃料电池 电池堆通用技术条件
34	GB/T 33979—2017	质子交换膜燃料电池发电系统低温特性测试方法
35	GB/Z 27753—2011	质子交换膜燃料电池膜电极工况适应性测试方法

节能玻璃材料方面，到"十二五"末，我国浮法玻璃产量连续 20 年世界第一。截至 2017 年底，浮法玻璃年产量已达到 10 亿重量箱，相当于 5mm 厚玻璃 40 亿 m^2，且产量每年以 10%的速率增长，占全世界总产量的 50%以上。"十二五"期间，以低辐射节能玻璃为代表的建筑节能玻璃产品发展迅猛，浮法在线低辐射和阳光控制节能玻璃生产线共计 25 条，其中在线低辐射节能玻璃生产线 5 条。离线磁控溅射节能玻璃生产线已超过 130 条，截至 2017 年底，总年产量约为 1.5 亿 m^2，占玻璃总产量的 4%左右，节能玻璃材料产业规模达到了每年 300 亿元。但是，与发达国家相比，我国节能玻璃材料产业技术还有一定的差距，主要表现在工艺流程、制造设备、产品设计、材料性能、能源消耗、自动化水平、产品质量等方面。现有的节能玻璃产品品种单一、适用范围窄、部分技术和装备依赖进口，难以满足我国节能玻璃材料产业高速发展的要求。目前节能玻璃材料产品按功能和应用主要可分为低辐射节能玻璃、阳光控制节能玻璃、中空玻璃、真空玻璃等。低辐射节能玻璃具有红外反射率高（2.5～25μm 中远红外线反射比达 75%以上）、辐射率低等特点，能有效地阻断室内外的辐射传热，具有很高的保温节能效果，是当今世界公认的综合节能效果较好的建筑玻璃品种之一。阳光控制节能玻璃又称热反射薄膜，对于可见光有适当的透射率，对红外线有较高的

反射率，对紫外线有较高的吸收率，即对 0.3～2.5μm 波长的近红外线有较强的反射及吸收，可以有效地屏蔽室外热量进入室内，具有很好的遮阳效果。中空玻璃是目前节能玻璃的主流产品，将两片或多片玻璃以有效支撑均匀隔离开，周边用结构胶密封，间隔空腔内是空气或其他气体。经建筑节能效果的估算，若窗体采用 6mm 白玻 + 12mm 空气 + 6mm 阳光控制中空玻璃，节能效率为 15%～20%，平均每年每平方米窗玻璃节电约为 50kW·h。尽管近年来节能玻璃在我国发展迅速，但是国内建筑行业的资源利用率不高，在这方面与国外的技术水平相比还有一定距离。

膜材料方面，近几年来，中国膜产业的产值以年均 20% 以上的速度增长，远高于全球 8%～9% 的平均增速。2014 年中国膜行业产值突破 1000 亿元。近年来，由于国产的微滤膜、超滤膜、部分反渗透膜、气体分离膜、电池隔膜等产品具有质量不断提高、性能良好、价格低廉、服务及时等优势，大批产品和工程进入国际市场，国外公司也纷纷采用。

（三）稀土及功能陶瓷材料

我国稀土磁性材料、稀土发光材料、稀土储氢材料等功能材料的产量约占世界总产量的 80%，位居全球之首，基本形成了以稀土功能材料和应用为龙头的稀土产业格局。然而，稀土功能材料领域的核心知识产权被日本、美国等国家垄断，我国基本处于跟踪研发的水平。近年来，我国稀土永磁企业的技术及装备水平不断提升，高端产品比例及国际竞争力不断提高，与日本和欧洲相关企业的差距正逐步缩小。但总的说来，我国在创新能力、技术与装备水平和核心知识产权等方面与日本和欧洲相比仍存在相当大的差距。

稀土永磁材料方面，中国已成为全球最大的稀土永磁材料生产国，2017 年我国烧结钕铁硼磁体产量约 14 万 t，占全球总产量的 85% 以上。统计表明，2017 年全国有稀土永磁生产企业 130 余家，其中年生产能力超过 3000t 的企业 7 家，年生产能力为 1000～3000t 的企业 20 家左右，年生产能力为 500～1000t 的企业 40 家左右，形成以沪浙、京津、山西、内蒙古、山东和赣州等地区为主要产业基地的稀土永磁产业格局。我国的稀土永磁产品已开始应用于计算机硬盘驱动器、汽车零部件（点火线圈、电动助力转向装置、气囊传感器）、电动汽车永磁驱动电机、MRI、风力发电机、微特伺服机电机和手机等。近年来，我国稀土永磁材料的生产装备有了长足的进步，例如，国产速凝薄片炉和氢破碎炉已在许多磁体生产厂使用。近几年，新能源汽车、风力发电、节能家电等低碳经济产业的发展给稀土永磁产业发展带来了新的动力。2010 年，中国风电延续了迅猛的发展势头，当年新增装机容量为 1600 万 kW，累计装机容量达到 4182.7 万 kW，比上年增长约 62%，首次超过美国，跃居世界第一。其中，直驱永磁式风力发电机装机 3000 台左右，装机容量达 500 万 kW，约占新增装机容量的 30%，使用烧结钕铁硼磁体超过 3300t。2011 年风电新增装机容量为 1763 万 kW，累计装机容量达到 6236 万 kW。"十二五"期间，稀土永磁风力发电机对高性能钕铁硼磁体的需求量达到 302 万 t。混合动力车型是新能源汽车的主流，混合动力车的发电机采用稀土永磁同步电机，每台电机需使用烧结钕铁硼磁体 1~3kg，若按 CAGR 为 20%粗略估算，"十二五"期间全球累计新增混合动力车超过 800 万辆，对高性能钕铁硼磁体的需求为 1.2 万~2.4 万 t。近年来，以低碳综合技术为发展方法的绿色经济发展模式已经成为家电产品进一步发展的趋势。稀土永磁变频电机是节能家电的重要部件，以变频空调机为例，平均每台稀土永磁变频电机使用钕铁硼磁体 100g，2011~2015 年，变频空调产量 CAGR 为 35%，其中稀土永磁变频空调产量年增长率从 50%逐年增长至 100%，累计稀土永磁变频空调产量达 28 000 万台，使用约 2.8 万 t 钕铁硼磁体。节能家电产业未来的持续发展必将为稀土永磁产业的高速发展提供广阔的市场空间。近两年，尽管全球经济形势低迷，但稀土永磁产业仍在快速发展，确保了新能源汽车、智能制造、机器人、智能手机和家电等新兴领域的发展势头，2017 年我国烧结钕铁硼磁体产量达到 14 万 t，预计 2020 年将接近 20 万 t。

稀土发光材料方面，我国稀土发光材料产量现占全球的 80%左右，我国是世界第一的发光材料大国，但节能灯用三基色荧光粉、彩电用阴极射线显像管（cathode ray tube，CRT）荧光粉和长余辉等低附加值荧光粉总计占全部产量的 95%以上，在白光 LED、PDP 等高端发光材料领域的市场占有率很低或接近空白。白光 LED 应用最为广泛的铝酸盐、硅酸盐系列荧光粉的专利和制备技术在有研稀土新材料股份有限公司和大连路明发光科技股份有限公司等取得突破；有研稀土新材料股份有限公司率先开发成功高温常压制备氮化物荧光粉技术，小批量产品质量与国外先进水平接近；但氮化物/氮氧化物系列荧光粉的核心专利技术仍未获得实质性突破。利用国产荧光粉封装的 LED 的光效、显色指数和寿命接近国际先进水平，国产白光 LED 荧光粉的市场占有率近 1~2 年快速增加，2012 年占国内市场的 25%左右。3D 技术在 PDP 上的显示效果和优势比在液晶显示器上更加明显，但 3D 显示技术的出现突然和发展速度超过预期，制作 3D 显示器件的核心材料——荧光粉尚未得到系统开发和研究，目前主要沿用的是 2D-PDP 显示用荧光粉。3D 显示技术对荧光粉提出了更高亮度、更细粒径（2~4μm）、更短余辉（<4ms）、更宽显示色域的要求。国内普遍采用固相法制备的荧光粉无法满足需要。目前年需求 700t 的 PDP 荧光粉市场几乎 100%被日亚化学工业株式会社（Nichia）和根本特殊化学株式会社（Nemoto）等日本企业垄断。液晶显示用冷阴极荧光灯管（cold cathode fluorescent lamp，CCFL）背光源用三基色荧光粉基本仍然沿用节能灯用三

基色荧光粉，然而这种组合导致液晶显示颜色还原效果欠佳，开发新型的宽色域型稀土三基色荧光粉、改变荧光粉的色坐标范围是实现液晶显示器的宽色域显示的一个重要途径。此外，用传统固相法生产的荧光粉尺寸过大，经破碎处理得到的荧光粉产品的粒度、光效和稳定性等综合性能难以满足 CCFL 制作需要和性能要求。因白光 LED 背光源技术快速发展，全球 CCFL 荧光粉的市场近 1～2 年急剧萎缩，其主要由日亚化学工业株式会社、根本特殊化学株式会社等国外企业控制，但近年来彩虹集团有限公司等国内主要的荧光粉厂商已开始进入市场。陶瓷金卤灯是集普通金卤灯的良好光色性能和钠灯优秀的光效于一身的优质光源，在道路及户外照明领域发展前景看好。我国陶瓷金卤灯产品的质量尚待提高，突出地表现为卤化物发光药丸中水、氧杂质含量高，产品一致性差，制成的金卤灯的寿命一般短于 5000h。经过"十五"和"十一五"期间的发展，我国利用自身的稀土资源优势，已经发展成为节能照明与信息显示用稀土发光材料研究及生产大国。近年来，日本、美国、欧盟及韩国等国家和地区相继开始推行禁用白炽灯计划，中国于 1996 年启动实施中国绿色照明工程，并在 2011 年 11 月 1 日由国家发展改革委等五部委联合下发《关于逐步禁止进口和销售普通照明白炽灯的公告》，决定从 2012 年 10 月 1 日起，按功率分阶段逐步禁止进口和销售普通照明白炽灯，这都为节能灯的发展提供了良好机遇。飞利浦产业调查预测，2015 年和 2020 年，整个半导体照明产值将分别达到 800 亿欧元和 1000 亿欧元。根据 TrendForce 旗下全球显示器研究部门 WitsView 的数据，2012 年，全球 LED 液晶电视的渗透率约为 70.3%，而笔记本电脑液晶显示器几乎全部采用 LED 背光源。随着 PDP 技术的发展，其价格急剧下降，这在一定程度上减少了 PDP 电视的市场推广难度。2012 年全球 PDP 荧光粉年需求总量为 500～700t，因 PDP 显示器上的 3D 显示效果更好，松下、三星和长虹等 PDP 生产商基本都将原来的 2D-PDP 转向 3D-PDP，这也为 PDP 技术的发展提供了动力，PDP 荧光粉的需求量也呈稳步增长态势，在"十二五"期间保持 800～1000t/年的需求量。在未来 5～10 年，随着白光 LED 在照明及液晶显示器背光源领域的迅速发展，白光 LED 荧光粉的需求量将继续呈迅速增长态势。

　　稀土催化材料方面，汽车尾气净化催化剂是稀土催化材料的一个重要应用领域，可大幅降低贵金属用量，提高催化剂活性，延长催化剂使用寿命。我国汽车尾气净化催化剂厂家众多，但是国产的汽车尾气净化催化剂市场占有率仍较低，国外独资或合资等高档汽车仍采用国外催化剂。2015 年全球汽车尾气净化催化剂产量突破 1.70 亿套，稀土用量突破 7200t（来源于 BCC Research）。中国汽车工业协会统计，2015 年中国汽车产销量达 2500 万辆，稀土在净化催化剂中的用量突破 2200t。机动车尾气净化催化剂朝欧Ⅴ、欧Ⅵ、超低排放，甚至零排放方向发展。在石油催化裂化催化剂方面，我国 70%以上汽油、30%以上柴油来自催化裂化。

2015 年石油催化裂化催化剂全球产量突破 110 万 t，稀土用量突破 22 000t。目前我国石油催化裂化催化剂每年产量约为 20 万 t，国产催化剂占国内市场份额的 90%以上。

稀土储氢材料方面，我国已成为世界最大的镍氢电池和储氢合金负极材料生产基地，但在镍氢电池的高端市场，日本和美国仍然占据着主导地位。在储氢合金材料方面，近年来，中国稀土储氢合金的年产量基本维持在 9 000～11 000t，总体消费水平较为稳定。为了满足新一代电动汽车对动力电池的需求，开发高能量密度、高功率密度、低自放电率、长寿命、可快充及宽温区等高性能的新型镍氢电池成为主要研究方向。但国内在高容量、低自放电率储氢合金方面的研究和应用相对滞后。日本三洋（Sanyo）公司已开发出容量超过 400mAh/g 的新型稀土储氢合金，国产储氢合金的容量虽由 280mAh/g 提高到 340mAh/g，但电池前 6 个月自放电率大于 15%，产品稳定性和一致性与国外同类产品也存在较大的差距，难以满足高性能镍氢电池的需求。储氢合金材料是影响镍氢电池低温性能的主要因素，现有镍氢电池–30℃放电率不足 60%，循环寿命还有待进一步延长。随着电动汽车、电动自行车及电动工具的迅速发展，高性能稀土储氢合金粉在动力电池上应用的比例将不断增加。日本野村综合研究所分析，镍氢电池由于技术成熟，至 2020 年锂离子电池的应用比例将上升至 40%，镍氢电池仍将占 60%，高功率镍氢电池成为今后发展的趋势，预计 2020 年世界稀土储氢合金市场需求量将达到 5 万 t，国内现有的储氢合金产量将不能满足市场需求，因此稀土储氢合金材料的生产、研究、应用有着良好的市场前景。

2013 年我国以陶瓷元件为主体的电子元件行业重点企业共实现销售收入 15 979 亿元，同比增长约 8%；实现利润总额 784 亿元，同比下降 1.31%；出口额达到 760 亿美元，同比增长 9.5%。从产值来看，我国电子元件产业规模仅次于日本和美国，位居全球第三，从产品产量来看，我国电子元件产业规模已跃居世界第一，其中产量位居世界第一的产品有阻容元件、磁性材料、压电器件等。在产业技术方面，已经形成了一批拥有国际先进水平的功能陶瓷及其元器件产品生产基地，在高端产品上已经可以与国际领先水平的大企业相抗衡。相关领域的研发得到了国家 863 计划、国家 973 计划、国家自然科学基金重大/重点项目等的持续支持。同时，通过产学研结合，加速研究成果的转化，提升了企业自主创新能力，有力地推动了我国功能陶瓷及其相关产业的发展。由广东风华高新科技股份有限公司和清华大学牵头，联合 20 家大中型企业、研究机构和高校组建的无源元器件与集成省部产学研创新联盟对于推动功能陶瓷材料研究开发与产业的结合发挥了重要作用。

MLCC 方面，我国 MLCC 行业规模较大，在国际竞争中占有一席之地。然而，由于全球顶级的 MLCC 制造厂商如日本太阳诱电、村田制作所、京瓷、TDK 和韩国三星电机等大型企业把产能向中国转移，陆续在中国建立了制造基地，国内MLCC产量一半以上在外资和合资企业生产。由于缺少自主知识产权和先进工艺设备，高性能陶瓷粉体、电极浆料、先进生产设备都大量依赖于国外厂商。从市场情况看，MLCC消费主要集中在亚洲，占全球的75%，而中国占到50%以上。目前，国内市场高端MLCC的需求主要依赖进口，随着移动通信产品等整机制造业的不断扩张，我国MLCC产品需求仍在迅速增长。

片式电感器方面，我国从20世纪90年代初开始开发、生产片式电感器及相关材料。目前已基本建立起了一个传统与新型产品兼顾、具有相当经济规模、在国际市场占据一定地位的电感器行业，产量约占世界总产量的15%。其中深圳顺络电子股份有限公司、山东同方鲁颖电子有限公司等企业已经凭借材料和工艺方面的技术优势在国际竞争中占有一席之地。然而，我国大陆地区片式电感器生产厂商的大部分产品是载波检测（data carrier detect，DCD）、个人电脑（personal computer，PC）、数字电视及MP3、MP4等一些较低档的数码产品。应用于通信领域和汽车电子领域的这类基础元件主要被日本、韩国和我国台湾地区的企业所垄断。我国大陆地区片式电感器生产厂商低端市场的价格战造成了利润空间的萎缩。目前，全球市场对片式电感器的需求在不断增长，市场结构也在不断变化，尤其是移动/无线通信的增长速度惊人。以手机为代表的移动通信产品的生产厂家大部分在中国，而其他应用的片式电感器件由国外供货。计算机和汽车电子也是国内对高端片式电感器产品需求增长较快的领域。未来若干年，我国在高端片式电感器方面的市场缺口相当大。高性能压电陶瓷及元器件方面，我国大陆地区较大的压电陶瓷企业数量较多，但多数企业是中小企业，产品结构以低端产品为主，如点火器、蜂鸣器以及少量的滤波器、换能器等。尽管在过去几十年中我国大陆地区压电陶瓷的研究开发取得了一批有自主知识产权的技术成果。但从目前行业的总体情况看，其市场竞争力、产业技术水平亟待提高，产品结构有待升级。随着信息技术、新能源技术、生物医学以及航空航天技术迅速发展，一些新型压电陶瓷器件的应用市场将迅速打开，成为压电陶瓷器件的市场主体。

高介电耐高压高储能密度介电陶瓷材料方面，我国高储能密度的介电材料还处于研发阶段，相关的产业、技术与装备水平、核心技术知识产权、重点产品、检测评价标准等还未建立和完善。未来10年全球介电陶瓷材料在太阳能/风能电站变电系统、电动汽车电池、民用超级电容器领域的市场需求预计3000亿～4000亿美元，我国大功率电容器储能器件企业占全球25%～30%的份额。未来10年我国将形成至少每年100亿元的大功率介电储能电容器的市场。

微波电磁介质材料方面，我国微波电磁介质的研究开发起步较早，始于20世纪60～70年代，基本上与发达国家同步，早期主要围绕国防军工上的关键微波器件的需求开展研究开发和生产。近十几年来，形成了若干个一定规模的企业，但在技术水平、产品品种和生产规模上有较大差距。以移动通信、无线互联网、无线传感网，以及卫星通信与定位系统为代表的无线信息技术迅速发展，对高性能微波器件提出了更高的要求。而微波器件的核心介质材料仍然主要依赖进口。仅移动通信手机生产一项，每年需要进口的天线、滤波器的器件就需要上千亿元。

半导体陶瓷材料方面，目前国内半导体陶瓷及相关敏感器件的生产企业较多，但以中小型企业为主，企业的成立时间多数在 20 世纪 90 年代，以民营企业与外资企业为主体。外资企业纷纷以独资或合资的方式在国内建立了生产基地，其技术优势明显且产品性能优良，在国内高端市场上占据着主导地位，且每年的出口量也较多。从技术方面看，国内生产工艺较为落后，在生产设备、检测设备、原材料、质量控制等方面还存在较大不足，导致产品线比较单一，尤其是在高端市场，无法满足市场的需求，产品结构以中低端为主。从未来需求方面看，物联网和传感网的迅猛发展将带来我国半导体陶瓷传感器需求的爆炸式增长，目前国内半导体陶瓷敏感器件为 50 亿只左右，未来还面临较大的发展空间。

LTCC 产品方面，"十二五"期间，我国 LTCC 技术发展较快。初步形成了一批 LTCC 无源集成产品生产基地，同时建成了多条以军用无源集成产品研发为目标的 LTCC 工艺线，LTCC 产品年产值近百亿元。

（四）前沿新材料

超导材料方面，我国在"十二五"期间对超导材料研究与应用技术开发给予了持续支持，特别是近 10 年的集中支持使我国的超导技术研发一直保持与世界同步，在超导材料制备、应用开发与产业化方面取得一系列突破和重要成果。在 Bi-2223 长带、YBCO 涂层导体、MgB_2 线带材、MgB_2 低温超导线材、超导强电和弱电应用等领域形成了一批具有自主知识产权的技术，相关材料和应用装置性能已达到国际先进水平。以 NbTi 合金和 Nb_3Sn 合金为主的低温超导材料具有优良的机械加工性能和超导电性，是目前最主要的实用化超导材料，我国 2011 年已具备高性能 NbTi 和 Nb_3Sn 超导线材量产能力。2007 年国际热核聚变实验堆（International Thermonuclear Experimental Reactor，ITER）计划正式实施，为我国低温超导材料制备技术和产业化进程带来千载难逢的发展机遇。此外超导 MRI 正在向高磁场、短腔和开放型发展，因此对超导材料的均匀性和载流性能提出了更高要求，低温超导材料产业需要进行升级。我国聚变工程堆项目已进入筹备阶段，目前的低温超导材料性能不能满足需求，开发具有更高力学性能和更高磁场载流性能的材料并实现产业化生产已成为迫在眉睫的任务。高温超导材料在材料基础研究和工艺研究方面都有长足进展，材料性能已基本满足应用需求，国际上该领域发展重点是低成本、大规模的批量制备技术。在材料研究方面，日本住友已实现了临界电流超过 200A 的 Bi-2223 带材的产业化生产，我国目前尚有相当大的差距。在 MgB_2 研究领域，千米长线的批量化制备技术已趋成熟，使绕制大口径 MgB_2 超导磁体成为可能，我国于 2011 年建成继美国、意大利之后国际上第三条千米级 MgB_2 超导线材中试线。YBCO 涂层导体制备技术及其应用开发仍然是超导领域研究的重中之重，以美国 Superpower 公司为代表的研发机构在单根带材的临界电流和长度上不断创造世界纪录，已经可以批量提供数百米至千米的产品，我国于 2014 年成功制备出长度达到千米量级的带材，综合性能达到国际先进水平，该类材料的应用研究也已展开。目前我国高温超导材料大规模应用的瓶颈问题是材料价格过高，需要进一步提高技术成熟度、提升产业化能力，并改善材料综合性能，从而提高材料性价比。在实用化超导技术方面，超导应用技术伴随着材料制备技术的突破、材料性能的不断提高以及低温系统成本的不断降低，目前在国际上已处于大规模应用突破前的准备期，我国在超导技术领域开始接近国际先进水平。2012 年我国研制出室温孔径 50cm 的世界首台制冷机直冷 0.6T 新型 MgB_2 超导 MRI 系统，意大利 ParaMed 公司于 2013 年开始 MgB_2 超导 MRI 系统销售，液氢供应危机为该类材料在医疗领域的应用展示了光明的前景。2012 年我国突破了高电压等级三相铁心型超导限流器设计及制造关键技术，完成目前世界上电压等级最高、容量最大的 220kV 超导限流器，并在天津石各庄电站挂网运行。2012 年我国制备出 1000kW 高温超导电动机并实现满功率稳定运行，标志着我国成为国际上少数几个掌握高温超导电机关键技术的国家。2012 年我国制备出满足 1GHz 通信用要求的高带边陡峭度、低插损超导滤波器，并在 16 个省市的通信设备投入长期应用，标志着我国成为继美国之后第二个实现超导滤波器产业化的国家。2013 年我国突破了大电流超导电缆设计、制造机系统集成控制技术，研制成功目前全世界传输电流最大、长度 360m、载流能力 10kA 的高温超导直流电缆，并在河南中孚实业股份有限公司投入工程示范应用。总体来看，我国在超导物理、超导材料和超导电力技术的研究方面已有很好的基础，铁基超导等若干研究方向甚至达到国际领先水平。但是实用化超导材料，特别是高温超导材料的批量化制备技术开发尚显薄弱，产业化更是落后于发达国家。在以 MRI/NMR 为代表的最主要超导应用领域仍缺乏核心技术，无法与通用电气、西门子等跨国公司竞争。高温超导强电和弱电应用目前处于演示阶段，实用化超导材料的规模化制备和高端医疗设备、分析仪器、科研装备等应用方面与国外先进水平仍存在明显差距，导致相关材料和装备仍主要依赖进口，例如，2014 年仅 MRI 我国就进口 400 台。目前，我国超导材料面临着提高自主创新能力、提高应用水平、追赶世界领先水平的重要任务。

石墨烯材料方面，近年来我国对石墨烯材料的重视程度日益提高。2007～2016 年，科技部基础研究和国家自然科学基金关于石墨烯相关研究的资助经费超过 10 亿元。随着国际石墨烯研究和工业化开发的进行，国内石墨烯研究和产业化进程逐渐展开，且在主要研究领域均有涉猎，整体接近国外先进水平，部分领域处于领先水平并掌握自主知识产权。据不完全统计，目前全国有 80 多家研发机构 1000 多支团队涉足石墨烯研究。2015 年 11 月 30 日，工信部、国家发展改革委和科技部等三部委联合发布《关于加快石墨烯产业创新发展的若干意见》，计划在 2020 年形成完善的石墨烯产业体系，实现石墨烯材料标准化、系列化和低成本化，在多领域实现规模化应用。在利好政策和无限广阔的应用前景面前，石墨烯在全国范围内正呈现出蓬勃发展之势，尤其是常州、无锡、青岛、宁波、深圳、重庆、德阳、北京、上海等地正在加快石墨烯的产业化布局。目前石墨烯粉体产能约 3000t，已经有数家企业具备了年产百吨以上的生产能力，其中包括常州第六元素材料科技股份有限公司 100t 氧化石墨烯生产线、宁波墨西科技有限公司 500t 生产线、鸿纳（东莞）新材料科技有限公司 1 万 t 含石墨烯 4%～6%（质量分数）的浆料生产线（折合粉体 500t）、青岛德通纳米技术有限公司年产 5000t 高纯石墨烯浆料生产线（折合粉体 300t）、唐山建华科技发展有限责任公司 100t 氧化石墨烯生产线等。石墨烯薄膜产能约 150 万 m^2/年，主要有三家企业，其中重庆墨希科技有限公司产能 100 万 m^2/年，常州二维碳素科技股份有限公司产能 20 万 m^2/年，无锡格菲电子薄膜科技有限公司产能为 8 万 m^2/年。整体来看，我国石墨烯研发基本上以国家 973 计划和国家自然科学基金支持下的基础研究为主；产业以地方政府支持下、民间资本和制造业企业投资下的传统产业升级转型为主。但总体上看，石墨烯材料产业还存在不少问题，如基础研究原创性不足，虽然国内在石墨烯论文数量上全球领先，但是从质量上来看与国际先进水平存在一定的差距。国内学者论文的平均被引用次数还不到美国的一半（去除自引，国内每篇论文平均被引用 10 次，美国为 30 次），表明国内基础研发在原创性上同国外相比有很大的差距。另外，虽然中国石墨烯相关专利申请量位居世界第一，但与美国相比引用率较低，说明在专利的原创性上美国已经抢占先机。此外，欧洲、美国、日本、韩国等在将石墨烯应用于信息、生物、光电等战略高技术领域投入较大。一批大型企业如 IBM、英特尔、三星、洛克希德·马丁、巴斯夫、诺基亚等在国家资金的支持下，在这些领域深耕，进行专利战略布局。特别是三星集团在石墨烯领域整个产业布局上不仅具有清晰、统一的远景规划，在具体实施上也做到了循序渐进，重点突破，尤其是在自己所擅长的电子器件、光电显示和新能源等领域，已经形成战略主动。目前，我国在这些战略高技术领域的布局、规划仍未形成，研发投入较少，国内企业也很少涉足。在这些领域我国已形成战略被动。另外，高端产业较少也是一个亟待解决的问题。我国石墨烯产业的发展是从中小制造业企业转型和海外留学人员回国创业起步的，资金基本上以制造业企业和创投资金为主，地方政府起到了平台作用，大力扶持产业发展。国家出台政策及时，但在资金上投入很少。正是基于这种背景，研发及产业化方向也以短期盈利为目的，否则难以生存。截至 2017 年 2 月在工商部门注册的含有石墨烯业务的企业有 2059 家,经调研分析，已经开始从事石墨烯相关业务的有 533 家,主要经营石墨烯在纺织、锂离子动力电池、铅酸电池、防腐涂料、散热材经营料以及大健康等产业的转型升级产品。

超材料方面，"十二五"期间，我国超材料领域的科研机构、大学和企业对超材料源头技术创新及产业发展进行了开创性探索，在超材料基础前沿理论、关键应用技术、大规模快速设计方法、复杂微结构制备、先进测试技术、器件开发和工程化应用等领域已取得一些突破。国家 863 计划、国家 973 计划、国家自然科学基金等科技计划对超材料研究给予了有力支持。现阶段清华大学、深圳光启高等理工研究院、哈尔滨工业大学、西北工业大学等单位在光子晶体、负介电常数材料、电流变液软材料，以及左手超材料等领域已取得多项成果。部分科研机构也已制造出高性能超材料器件和产品。然而，尽管超材料在中国取得长足发展，但尚未建立超材料技术开发和产业化的完备体系。此外，由于制备工艺和设备不完善，复杂微结构加工条件难以满足产业化需求。现阶段我国部分结构复杂的超材料器件仍需通过手工完成，由此带来制备效率低、制备成本高、精细加工能力弱、可重复性差等问题，制约了我国超材料大规模产业化应用。作为新兴学科，当前超材料在测试技术规范、测试标准、产品标准等方面尚属空白，一定程度上阻碍了超材料科学研究成果快速转化为大规模产业化产品，不利于推动超材料产业有序化、规范化发展，阻碍了超材料进一步产业化和大规模应用。

超宽禁带半导体材料方面，与国际先进水平相比，我国在超宽禁带半导体材料技术领域尚有不小差距，材料制备技术不成熟，应用研究尚未起步，中国电子科技集团公司第四十六研究所研制出直径 35mm 单晶材料，中国科学院物理研究所研制出直径 20mm 准单晶材料，中国科学院半导体研究所研制出直径 10mm 单晶材料。但结晶完整性和晶体质量与国外先进水平差距较大，尚无法应用于器件研制。主要问题在于：①AlN 单晶材料研制难度极大，核心生长技术待突破；②国外先进公司均有三四十年的研究历程，国内起步晚，最长不过十年；③我国在"七五"期间就已经启动关于金刚石膜的重大关键技术项目，但是金刚石膜在高温半导体和探测器等应用领域表现欠佳。与国外相比，国内微波等离子体化学气相沉积（microwave plasma chemical vapor deposition，MPCVD）设备和技术发展缓慢，电子级金刚石在国内还未出现，相关的电子学应用和探测器应用研究也未开展。目前仅有少数几家科研机构从事该领域研究，其中具有代表性的有西安交通大学、吉林大学、北京科技大学等。国内 β-Ga_2O_3 单晶材料尚处于生长工艺研究阶段，应用研究尚未启动。国内对浮区法生长研究较多，在单晶生长、掺杂机制及光电学性能方面已有很多报道，中国科学院上海光学精密机械研究所等单位已能制备 10mm 左右 β-Ga_2O_3 单晶。近年来，中国科学院上海硅酸盐研究所和中国科学院上海光学精密机械研究所开展了导膜法生长片状 $\beta\text{-}Ga_2O_3$ 单晶研究，但在晶体尺寸、成晶率、晶体质量方面与国外研究仍有较大差距。2014 年山东大学采用常压提拉法成功生长出 $\beta\text{-}Ga_2O_3$ 晶体，并就相关技术申请了专利。目前超宽禁带半导体材料虽然取得了一定的进展，但发展的基础尚显薄弱。国家在超宽禁带半导体材料方面研发投入少且分散，顶层设计不够，导致自主开发能力薄弱。未来有关超宽禁带半导体的共性技术研发及其平台建设、标准体系、检测体系、基础设施配套以及后续的中试和产业化工作亟待列入规划，统筹安排，加大投入。

（五）高端生物医用材料

"十二五"期间，我国生物医用材料市场以高达30%以上的 CAGR 持续增长，远高于国际市场（CAGR 为 15%），2015 年销售额达 235 亿美元。

驱动我国生物医用材料产业高速发展的主要因素是：①人口老龄化。2017年，我国 60 周岁以上的老年人口达到 2.4 亿人，占总人口的 17.33%。人口老龄化导致对生物医用材料的需求大量增加。②中青年创伤增加。目前我国创伤住院人数在总住院人数中已达第四位。③国民医疗支出增长。经济持续增长，人民生活水平提高、健康意识增强，以及生活方式与疾病变化，导致了新的需求。特别是医疗改革政策的实施，促进了居民医疗支出的增长。表 2.7 为我国城镇和农村居民医疗保健支出情况。④产业进步。行业技术创新能力和技术层次提升，促进产业向价值链上游转移。例如，我国冠脉支架的国产化率已从 2001 年的 10%提高至 2013 年的 80%，骨创伤器械 71%实现国产化等。

表 2.7　我国城乡居民医疗保健支出　　　　　　　　单位：元

年份	城镇居民		农村居民	
	人均消费支出	人均医疗保健支出	人均消费支出	人均医疗保健支出
2000	4 998.0	318.1	1 670.1	87.6
2005	7 942.9	600.9	2 555.4	168.1
2010	13 471.5	871.8	4 381.8	326.0
2015	21 392.0	1 300.0	9 223.0	850.0

资料来源：《中国卫生统计年鉴》《我国城乡居民医疗保健支出现状分析》

目前，全国生物医用材料生产企业 2000 余家，主要分布于长三角、珠三角和环渤海等三大集聚区。其中珠三角以研发生产综合性高技术医疗器械为主，包括有源植入性微电子器械、动物源生物医用材料和人工器官等；长三角主要开发生产以出口为导向的中小型医疗器械，特别是骨科器械和牙科器械等；环渤海地区主要从事高技术数字化医疗器械的研发生产，在医用高分子耗材、医用金属及植入器械等方面具有优势。三个集聚区企业数量已占全行业企业总数的21.02%，销售额占全行业总销售额的80%以上。此外，成都—重庆地区是新兴的产业集聚区，在组织诱导性材料及表面改性植入器械方面具有优势。国内90%以上为中小型生产企业，但龙头企业已开始萌生，近十家生物医用材料生产企业已在证券市场上市。通过拓宽和延伸产品生产线、兼并其他企业和扩展海外市场，一些有实力的公司已开始实施多元化生产。例如，2013年6月，国内医疗器械公司——微创医疗科学有限公司以2.9亿美元现金收购美国瑞特医疗公司旗下的人工关节部门，成为迄今为止中国医疗器械行业最大的跨国收购案例。2012年11月22日乐普（北京）医疗器械股份有限公司以11.33亿元收购陕西秦明医学仪器股份有限公司44.64%的股权，进军心脏起搏器等业务；次年，又以3.9亿元收购河南新帅克制药股份有限公司60%的股权，丰富并完善的产品线与研发平台为乐普（北京）医疗器械股份有限公司未来发展奠定基础。

"十二五"期间销售额为1亿元以上的生物医用材料和医疗器械的国内上市公司及其产品见表2.8。

表2.8　"十二五"期间国内具有代表性的大型生物医用材料、医疗器械上市公司及其产品

公司	主要产品
山东威高集团医用高分子制品股份有限公司	一次性耗材、骨科材料、血液净化耗材
乐普（北京）医疗器械股份有限公司	支架、封堵器、心脏瓣膜和介入配件
微创医疗科学有限公司	药物流脱支架、心血管支架、电生理器械、骨科器械、糖尿病器械等
普华和顺集团公司	一次性耗材（静脉输注器械）、过滤器、骨科植入物（脊柱、创伤和关节）
广州阳普医疗科技股份有限公司	一次性耗材、临床护理领域系列产品
先健科技（深圳）有限公司	封堵器、腔静脉过滤器及覆膜支架
冠昊生物科技股份有限公司	生物型硬脑（脊）膜补片、胸普外科修补膜、无菌生物护创膜

在许多国际生物医用材料前沿产品，如组织诱导性骨和软骨、组织工程制品、植入性生物芯片、脑刺激电极、生物人工肝等方面我国几乎与国际同步投入研发或临床应用，为发展新一代产业奠定了基础。一些原为进口品垄断市场的中高端产品，如心血管支架、心脏封堵器、生物型硬脑（脊）膜补片、骨创伤修复器械等，"十二五"期间已逐步实现了国产替代，国产品价格通常比进口品低30%～50%。

　　在新一代具有刺激组织再生功能的生物医用材料前沿研发方面，我国科学家作出了重要贡献。除国际独创的可诱导骨再生的骨诱导材料已取证上市外，相继发现材料可诱导软骨和神经形成，并已进入临床试验，开辟了生物医用材料科学与产业发展的新方向。介入治疗的人工心脏瓣膜等已进入临床试验，一批结构组织工程化产品正在临床试验中，标志我国生物医用材料科技创新已从跟踪仿制发展到原始创新。2011年1月～2014年7月，国家食品药品监督管理局①医疗器械技术审评中心对部分国内外生物医用材料创新产品进行了技术审评。国产创新型产品已批准上市24件，在审5件，批准临床试验15件。

　　生物医用材料的使用直接关系人的生命安全。生物安全性和可靠性是其临床应用关注的首要问题。我国政府十分重视医疗器械和生物医用材料产品的质量，国务院于2017年修订了《医疗器械监督管理条例》，国家市场监督管理总局正制定一系列规章和规范性文件，以及市场准入及上市后监督管理规范，并尽量使之与国际接轨，促进行业的国际化和实现医疗器械国际贸易的真正平等。为完善生物医用材料产品标准，确保产品质量，截至2016年国家相继建立了13个与生物医用材料相关的技术标准化委员会，负责标准的制定和修订，已制定和颁布医疗器械行业标准1189个、国家标准293个，特别是在组织工程化产品质量控制方面，我国已发布8个标准，处于国际先进水平。医疗器械检验机构是行政管理的技术支撑。目前经国家市场监督管理总局认可的医疗器械检测机构已达到50家，基本满足了我国医疗器械检测和监督管理的需要。为确保产品质量的安全性和可靠性，从2008年起，国家市场监督管理总局对生物医用材料和植入器械的第三类医疗器械强制要求建立与执行药品生产质量管理规范（good manufacturing practices，GMP）质量管理体系，使产品标准和生产的质量管理符合国际规范，确保产品的质量和安全有效。通过一系列措施的颁布和执行，我国生物医用材料的监督管理日趋完善，并正在加速与国际接轨。

　　与此同时，产业国际市场地位不断提高，医疗器械进出口贸易逐年增加。2013年进出口贸易总额达343.2亿美元，同比增长14.17%；其中，出口额为193.4亿美元，同比增长9.95%；进口额为149.8亿美元，同比增长20.13%；贸易顺差为43.6亿美元（图2.5）。出口额已占医疗器械总销售额的56%，出口国家和地区达217个，出口的低端医用耗材已占全球低端医用耗材市场份额的60%～70%。

　　我国生物医用材料产业主要由下述几大类产品构成（表2.9）。

　　在骨科材料及植入器械方面，国内骨科医疗器械行业的发展仅有20多年，但发展速度非常快，尤其是近10年来国内产品基本能覆盖各类的骨外科疾病，但关

———————
　① 现更名为国家市场监督管理总局

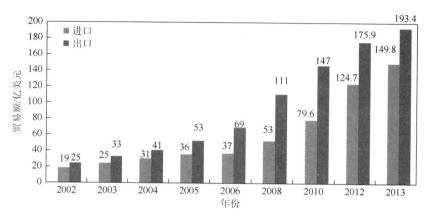

图 2.5　2002～2013 年我国医疗器械进出口贸易统计

表 2.9　国内生物医用材料市场的主要产品类别及其销售额

类别		2013 年销售额/亿美元	2013～2020 年CAGR/%	2015 年销售额/亿美元	2020 年销售额（预测）/亿美元
骨科材料及植入器械		22	26	35	113
心血管系统介/植入材料和器械		41	24	70	173
医用耗材	医用高分子及常规术中耗材	49	23	74	210
	眼科耗材	10	26	16	51
	血液净化材料及体外循环系统耗材	9	28	15	50
牙科耗材		9	27	12	41
其他		12	25	15	48
总计		152	25	237	686

节、脊柱等技术门槛高的产品 70%以上仍依靠进口。表 2.10 为 2013 年国内几大类骨科材料与植入器械销售额及其增长情况。

表 2.10　几大类骨科材料与植入器械销售额及其增长情况

类别	2013 年销售额/亿元	2013～2020 年CAGR/%	2015 年销售额/亿元	2020 年销售额（预测）/亿元
人工关节	39	26	62	197
脊柱植入体及相关器械	32	27	51	168
创伤修复材料	36	24	55	161
生物性骨科材料	8	30	13	48
合计	115	25	181	574

2009 年，外资企业占中国骨科器械 56%的市场份额，主要包括强生、美敦力、辛迪思、史塞克等。目前，本土企业技术水平和市场份额不断提升。创伤修复器械 60%以上已实现国产化。另外，近些年骨科企业的合资并购发展迅速，2010 年美国捷迈公司出资 3.5 亿元收购了国内人工关节领域的北京蒙太因医疗器械有限公司（简称蒙太因）。2012～2013 年，三家上市企业中的常州市康辉医疗器械有限（简称康辉）和创生控股有限公司（简称创生）两家被美国美敦力公司和美国史塞克公司收购。

在心血管系统介/植入材料和器械方面，随着心血管疾病患病率的不断提高和人均收入水平的增加、社会医疗保险支付比例的扩大，我国心血管介入器械行业市场，特别是心血管支架市场发展势头迅猛。冠脉支架植入数量 2011 年已达 65 万套，较 2002 年增长 15 倍，且产品已向高端发展，药物洗脱冠脉支架国产化率已超 80%，改变了以前 90%以上支架依靠进口的局面，封堵器也已实现90%自给。在未来 5～10 年中，中国心血管支架介入器械市场规模 CAGR 将达到 20%以上。

在医用耗材方面，我国是医用高分子及常规术中耗材生产、使用及出口大国，产销量位居世界第一。但是我国相关产品价值低，企业规模小，产值超过 1000 万元的企业不超过 10%，销售额大于 1 亿元的企业不足 200 家，且用于制造产品的原料，如医用聚丙烯、耐辐射高分子材料等依靠进口，完整的产业链有待形成。高端术中耗材，如血液净化材料、眼科软性人工晶状体、透明质酸、玻璃体充填物的硅油、口腔材料、乳房假体、术后防粘连膜、合成高分子手术缝线等 90%依靠进口，本土产业远不能满足临床需求。

当前，我国高端生物医用材料产业的发展落后发达国家 10～15 年。主要问题如下。

（1）市场竞争力弱。产业规模小、技术装备落后、规模化生产尚未形成、缺乏市场竞争力。相当部分的技术装备停留于 20 世纪 80 年代水平，不仅不能保证产品质量，而且难以形成规模化生产，远不能满足全民医疗保健的基本需求。

（2）高端产品依赖进口。我国生物医用材料科学与工程研究虽已进入国际先进水平，但成果工程化、产业化水平低，技术高端产品 70%以上依靠进口。2010年本土企业研发经费平均仅占企业销售收入的 1.77%。2011 年医疗器械对外贸易出口额虽已达 167 亿美元，但外企占 50%，三资企业占 83%，且 50%出自对外加工贸易。本土企业仅生产中、低端产品，高端产品的关键核心技术基本上为外商所控制，70%的高端产品依靠进口。

（3）完整的产业链尚未形成。我国已向全球提供 60%～70%的低端医用耗材，是国际最大一次性无菌注射器生产国，2011 年生产 85 亿套，出口 35 亿套。但是迄今为止，尚无医用级金属、高分子及其他高分子等基础原材料专门供应商，也无通用基础原材料的国家或行业标准，从源头上妨碍了产业链的形成。

（4）外资化趋势明显。缺乏产业化接轨机制，风险投资出口狭窄，融资渠道不畅通，导致生物医用材料新产品、新技术产业化困难，企业技术改造资金缺乏，致使生产装备落后、产品质量不高、稳定性差。近年来，国外风险投资机构和大型跨国企业陆续收购、兼并或控股发展稍好的民营企业，如蒙太因、康辉、创生等，加上国外大企业及财团在中国大规模建厂，实施就地生产，我国本土生物医用材料和植入器械产业发展已成为需要十分关注的问题。

（5）管理机制有待完善。以生物医用材料为主研发的医疗器械多为植入性产品且复杂多样，现行法规政策对其前期研发和临床试验要求、审评、审批环节多，致使生物医用材料类医疗器械产品从开始研发到获得批准上市周期过长，影响创新医疗器械产品尽早上市、造福患者。另外，管理部门缺乏协调机制，未能形成统一的全面规划和管理机制，曾出现我重复立项、多头管理问题，这些问题都亟待解决，以促进国内生物医用材料产业的发展。

（六）重大工程用先进金属材料

金属材料是人们赖以生存的物质基础，包括钢铁及铜、铝、镁、钛等常用有色金属等，是我国国民经济建设、国防建设的基本保障，也是支撑当今高技术产业发展不可或缺的关键材料，其产品涉及种类多、技术附加值高、产业关联度高。本书所述的重大工程用先进金属材料主要指节能环保、新能源、高端装备制造等战略性新兴产业以及现代交通运输、航空航天、海洋工程等重大装备及工程的主体构架材料，即高品质特殊钢（包括高温合金）、新型合金（包括铝、铜、镁、钛等有色金属）等先进金属材料。其中包括节能环保产业所用不锈钢，高端装备制造业所用工程机械用钢，工模具钢、轴承钢、齿轮钢、弹簧钢等特殊钢，新能源产业风电、核电用特殊钢及水电、火电用钢，现代交通运输用钢铁及有色金属材料，航空航天用有色金属材料及发动机用高温合金等材料，海洋工程（包括海洋平台、特殊船舶及油气管道等）所用钢材，发电与输变电装备用电工钢等[104]。

"十二五"期间，我国的金属材料产业取得了举世瞩目的成就，无论钢铁还是常用有色金属，都接近全球产量的一半。2015～2017 年全国粗钢产量分别为 8.04 亿 t、8.08 亿 t 和 8.32 亿 t，占世界粗钢产量的 49.62%、49.58% 和 49.18%。2015～2017 年全国 10 种有色金属产量累计分别达 5090 万 t、5283 万 t 和 5378 万 t，连续十多年位居世界第一。金属材料产业的飞速发展为战略性新兴产业和国家重大工程建设及重大装备制造提供了重要的原材料保障，有力地促进了我国国防工业及国民经济建设。目前钢铁材料除少数大类品种外，其他钢材的自给率都达到了100%，22大类钢材品种中有18类钢材国内市场占有率达到95%以上，关键钢材产品如汽车用钢、管线钢、硅钢、船板等钢材的产量大幅提高。一些钢材包括板材、管材已打入了美国、日本、西欧和韩国等发达国家及地区的市场。我国有色金属品种也基本满足国内经济发展需求，多种新研制的轻合金材料已实现批量生产和应用，钛合金大规格棒材用于国际航空制造业，铜及铜合金复杂管材、大型铝合金型材进入国际市场并占据主导地位。

在高品质特殊钢材料方面，近年来，我国特殊钢产业取得了举世瞩目的成就。不锈钢、轴承钢、齿轮钢、模具钢、高速钢等产量均居世界第一。但我国特殊钢产业的整体发展水平和产品质量与先进国家相比，仍有很大差距。根据战略性新兴产业的需求，现对能源、交通、海洋以及航空航天用先进钢铁材料进行阐述。先进能源用钢主要包括风电、水电、核电装备用钢。我国已具备风电用宽厚板、高级别 ϕ80mm 风电轴承用钢（GCr15SiMn）的批量生产能力，偏航轴承总成和风叶主轴轴承总成还在研制之中。目前国内生产风力发电机用轴承钢的企业有江阴兴澄特种钢铁有限公司、湖北新冶钢有限公司、宝钢特钢有限公司等。自主生产的 600MPa 级压力钢管能满足使用要求，800MPa 级压力钢管正在开发中。基本掌握了水电、核电装备所用的大型不锈钢铸锻件的生产技术，改变了大型不锈钢铸锻件依赖进口的局面。现代交通用钢包括高速轨道用钢和汽车用钢。高速轨道用钢主要有列车转向架、车轮、掣肘、轴承、弹簧及钢轨。目前我国自主研制的微合金化车轮用钢已成功用于时速 200km 的列车，时速高于 200km 的车轮用钢正在研发中；对于高端车轴用钢 S38C，我国正处于工业试验阶段；车辆轴承用钢的高端产品 GCr18Mo 能够立足国内生产；高速铁路弹簧钢研究已有重大突破，有望实现国产化；高速铁路用钢轨的产能已达到世界第一，质量也处于国际先进水平。我国的钢轨生产厂家主要是鞍钢集团有限公司（简称鞍钢集团）、包头钢铁（集团）有限责任公司等国有大型企业。在汽车用钢方面，强塑积在 20GPa·%的第一代汽车用钢和强塑积在 60GPa·%的第二代汽车用钢均可实现国产化，强塑积在 30~40GPa·%的第三代高性能汽车用高强度钢的研发已接近国际先进水平。我国的高强度汽车用钢生产厂家主要是中国宝武钢铁集团有限公司（简称宝武钢铁集团）、鞍钢集团、首钢集团等企业。海洋用钢主要包括海洋平台、海底油气管线、特种船舶用钢。目前屈服强度 355MPa 以下平台用钢基本实现国产化，占平台用钢量的90%；海底管线钢 X65、X70、X80 及厚壁海洋油气焊管均已实现国产化；化学品船用中厚板已实现国产化，自主研制的 2205 型双相不锈钢已成功地应用在化学品船上；液化天然气（liquefied natural gas，LNG）船用 9%Ni 钢和液化乙烯储罐用 12Ni19 钢已经能够批量生产。我国海洋工程用钢的主要生产厂家为宝武钢铁集团、鞍钢集团、首钢集团、河钢集团舞钢公司、南京南钢钢铁联合有限公司、湖南华菱湘潭钢铁有限公司、济钢集团有限公司等，目前这几个生产厂已具有年产 50 万 t 以上海洋工程用钢的生产能力。在航空航天用钢方面大部分都已实现国产化，但大型客机的轴承、连接螺栓、着陆齿轮等部件所用的结构钢仍需进口。大推重比运载火箭系统壳体、动力连接装置、星箭或船箭解锁包带等部件用特殊钢，以及各类空间环境设施用高品质特殊钢还有待于进一步开发。

高温合金材料是航空航天、武器装备等国防工业不可或缺的新材料，同时是交通运输、能源动力等民用工业领域中的关键材料，其研究和应用水平是衡量一个国家材料科学发展综合实力的重要标志[105]。我国高温合金产业经过了 60 多年的发展，在航空发动机、战略导弹等武器装备应用上都取得了很大进展。在变形高温合金方面，形成了国内牌号 GH4169 及相应的技术条件和标准，基本满足了我国航空航天领域对 GH4169 合金的需求。但在 GH4698 涡轮盘锻件的批量生产过程中还存在显微组织控制困难、成品率偏低以及成本偏高的问题。在铸造高温合金方面，已经发展了第一代、第二代单晶合金，并逐渐走向工程化应用。第三代、第四代单晶合金尚处于研制阶段，基本满足了我国先进航空发动机研制的迫切需求。但大型单晶叶片的研制工作刚刚起步。在粉末高温合金方面，目前国内的研究主要集中于前三代粉末高温合金的应用研究，第四代粉末高温合金研制处于探索阶段。国内粉末高温合金行业代表企业有宝钢特钢有限公司、抚顺特殊钢股份有限公司、攀钢集团江油长城特殊钢有限公司、北京钢研高纳科技股份有限公司、沈阳中科三耐新材料股份有限公司、北京航空材料研究院、中国航发沈阳黎明航空发动机有限责任公司、西安航空动力股份有限公司等。

高性能有色金属结构材料主要包括高性能铝合金、镁合金、钛合金等轻型合金材料，高强高导铜合金材料以及钨钼等难熔硬质合金材料，是我国发展大飞机、信息技术、高速铁路、海洋工程等国家重大工程的基础[106, 107]。我国是有色金属材料的生产消费大国，产量已连续十多年居世界首位。2017 年，全国 10 种有色金属产量为 5378 万 t，比上年增长 3%，其中，铜产量为 889 万 t，增长 7.7%，提高 1.7 个百分点；电解铝产量为 3227 万 t，增长 1.6%，提高 0.3 个百分点；铅产量为 472 万 t，增长 9.7%，提高 4 个百分点；锌产量为 622 万 t，下降 0.7%；氧化铝产量为 6902 万 t，增长 7.9%，提高 4.5 个百分点。通过引进消化与自主制造相结合，我国有色金属产业装备水平已达到世界一流，其中大型冶炼与电解装备，连轧与连铸连轧装备，挤压、轧制与锻压设备等单机规模和整体数量都处于世界前列，取得了一批具有自主知识产权、达到国际先进水平的成果。例如，我国新一代高强高韧高淬透性航空铝合金研究及其工程化制备技术取得突破进展，铝合金大型特种型材及其挤压工模具研究开发取得成功；开发了具有我国自主知识产权的铜带、管拉铸技术以及铜铝复合技术等；大型钛合金铸锭和锻件研制生产取得明显进展，产品打入国际市场；新一代高强高导铜合金材料及其电子引线框架铜带产业化关键技术研究取得突破,达到万吨级产业规模。但是,我国有色金属新材料核心技术还比较落后,尚没有建立有特色的完整合金牌号体系,具有自主知识产权并取得国际注册的新材料和热处理制度较少。我国有色金属企业已遍布全国,形成了数千家国有企业、民营企业和合资企业大小不一、技术水平差别较大的市场化竞争局面[108]。我国重大工程用先进有色金属材料主要由国有大型骨干企业研制生产,其中中国铝业集团有限公司与北京有色金属研究总院联合研制的新一代高强高韧铝合金和镁合金基本满足了我国航空航天重大工程新材料需求,以宝钛集团有限公司为首的钛合金骨干企业为国家重大工程研制和提供了一批重要钛合金材料。我国钨钼业形成了地勘—采选—冶炼—加工—科研开发比较完整的工业体系;硬质合金及钨钼材加工等工艺技术和设备仪器的档次显著提升,部分产品质量达到国际先进水平;钨丝与掺杂钨丝制取和加工方面的主流技术及装备已达到世界先进水平;电子束熔炼加工电子级细晶钼开发成功并得到应用。

(七)先进无机非金属材料

1. 高纯超细陶瓷粉体与先进结构陶瓷材料

精细陶瓷的原料陶瓷粉体具有小批量、多品种的特点,并向着易烧结和高纯度的方向发展。然而国内高纯超细陶瓷粉体产业化技术问题依然较大,生产工艺不稳定,产品性能的重复性差、可靠性低,成本高,导致应用范围较窄,而高端原材料大部分依赖进口,受制于人。

在氧化物陶瓷粉末产业方面,近年来我国在氧化铝、氧化锆等氧化物陶瓷粉体方面取得了较大进展,基本能够满足国内氧化物陶瓷耐磨蚀件、密封件、光纤套管等陶瓷产品的需要。但在透明陶瓷、高压钠灯、金卤灯、LED 荧光粉等高端应用领域,产品质量存在明显差别,表明国产粉体质量依然无法完全满足高端领域的产业要求。例如,国产纯度 99.99%的氧化铝亚微米粉体约 200 元/kg,日本大明纯度 99.99%的氧化铝亚微米粉体约 2000 元/kg。在非氧化物陶瓷粉末产业方面,国产氮化硅、氮化铝、碳化硅、碳化硼等非氧化物陶瓷粉体的产业水平与国外的差距更加明显,国产粉体仅能满足常规工业领域耐高温、耐磨蚀等非氧化物陶瓷部件的研制需求,但在航天用轻量化碳化硅光学部件、舰船用大型高强度高韧性碳化硅密封部件、核反应堆用碳化硼中子吸收部件、高硬度碳化硼防弹装甲部件、电子领域用高热导高绝缘氮化铝、LED 照明用高效氮化硅基荧光粉、高导热氮化硅陶瓷基板等领域所用原材料依然依赖进口。

我国是碳化硅、碳化硼等粉体原料的最大生产国和出口国。由于碳化硅、碳化硼等非氧化物陶瓷粉体均是通过高温冶炼工艺制备的,不仅电力消耗量巨大，而且环境污染严重，欧洲、美国等发达地区及国家近年来已逐步关停初级产品冶炼工厂，国外公司从中国购买初级产品、利用掌握的先进技术进行深加工处理，提高产品附加值后再供应国际市场。例如，法国圣戈班公司从中国购买碳化硅初级产品的价格约为 1 万元/t，深加工后再返销中国市场的高纯超细碳化硅粉体价格约为 13 元/t；德国 H. C. Starck 公司从中国购买碳化硼初级产品的价格约为 4.5 万元/t，深加工后再返销中国市场的高纯超细碳化硼粉体价格超过 40 万元/t，增值 10 倍以上（图 2.6）。

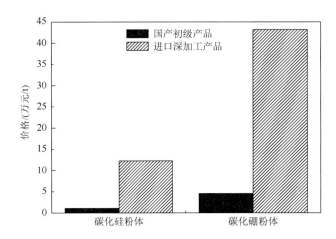

图 2.6　国产陶瓷粉体初级产品与进口深加工产品价格对比

此外，由于这些高端粉体在国防军工领域具有重要应用，通常作为战略物资，不仅受到严格的技术封锁，而且发达国家对这类产品出口中国市场均实行较严格的国家安全审查制度，时刻面临禁运风险。为此，科技部也已安排此领域的国家重点研发计划，支持其产业化开发研究。

相较于陶瓷原料粉体，先进结构陶瓷材料产业方面整体呈现的现状是材料门类和产品规格多，构件尺寸大，结构形式复杂，精度、可靠性等性能要求高，应用范围广泛。由于受到原料品级以及设备水平的影响，该领域在国内的发展现状相较于国外有差距，也有突破。

以氮化物陶瓷为例，氮化物陶瓷是近 20 多年来迅速发展起来的新型工程结构陶瓷。其中，以氮化硅陶瓷的发展最为迅猛。氮化硅陶瓷制品的种类很多，应用也日益广泛，可作为燃气轮机的燃烧室、晶体管的模具、液体或气体输送泵中的机械密封环、输送铝液的电磁泵的管道和阀门铸铝用永久性模具、钢水分离环、高导热陶瓷基板等。氮化硅摩擦系数小，特别适合作为高温轴承，其工作温度可达 1200℃，比普通合金轴承的工作温度提高 2.5 倍，而工作速度是普通合金轴承的 10 倍；使用陶瓷轴承还可以免除润滑系统，明显减少对铬、镍、锰等原料的依赖。氮化硅作为高温结构陶瓷最引人注目的就是在发动机制造上获得了突破性进展。美国用热压氮化硅制成的发动机转子成功地在 5000r/min 的转速下运转很长时间。在高导热陶瓷基板方面，日本东芝公司已实现热导率达 90W/(m·K)、抗弯强度达 650MPa 的氮化硅基板产业化。除成型技术不成熟外，国内原材料的质量尚不能满足高导热陶瓷基板的生产要求。

尽管在诸多材料性能中存在明显的差距，但是近年来国内的先进陶瓷材料体系也取得了突破性进展。研制出新型绿色无污染液体推进系统用长时间抗氧化 SiBCN 系陶瓷喷管，已通过地面热真空试验考核，现正在开展系列化、不同推力喷管的研制（图 2.7）。此外，发明了具有自主知识产权的新型氮化硼基复合陶瓷材料体系（图 2.8）。

图 2.7 采用 SiBCN 陶瓷组装后的燃烧室样件

图 2.8 某型磁聚焦型霍尔推进器用新型氮化硼基复合陶瓷通道样件、样机及工作羽流

近年来，越来越多的先进结构陶瓷材料逐渐从国防航天领域过渡到民用领域，其代表性产品为陶瓷手机外壳。随着 5G 通信、无线充电以及 OLED 的发展，智能手机外观件去金属化趋势已经明确。2016 年开始，玻璃、陶瓷等非金属材料将逐步替代金属材料，成为手机外观件主流。相比金属和钢化玻璃，陶瓷材料绝大部分的物理特性其实更为出色。例如，莫氏硬度为 8.5，接近蓝宝石，远超金属和钢化玻璃。相对其他材料而言，陶瓷外观件硬度更高，不容易产生刮痕，同时质感出色，且不存在金属材料信号屏蔽的问题。

近年来，越来越多的厂商在产品设计时采用陶瓷材料，以谋求产品的差异化。2016 年陶瓷背板第一次被主流机型的主流机款采用。预计 2019～2020 年，中国手机市场陶瓷外观件需求分别为 85.7 亿元、179.9 亿元，CAGR 达 134%。

随着 3D 打印技术的发展，3D 打印技术也越来越多地应用于先进结构陶瓷材料的制备，如最早的 3D 喷墨打印机，而后随着工艺的不断发展，光固化、挤出成型等逐渐用于制备陶瓷材料。3D 打印在陶瓷材料方面的应用已有很多（图 2.9），其同致密化工艺结合能够实现复杂形状陶瓷材料的近尺寸制备。例如，德国埃尔朗根-纽伦堡大学采用分层实体制造（laminated object manufacturing，LOM）结合反应熔渗技术得到 Si-SiC 复相陶瓷；英国帝国理工学院采用自动注浆成型（robocasting）工艺结合无压烧结工艺制备了各种形状的 SiC 和 Al_2O_3 陶瓷；美国 NASA 采用光固化结合裂解的方法实现了各种复杂形状多孔陶瓷材料的制备，相关成果于 2016 年发表在 *Science* 上。国内在该领域的研究虽然起步较晚，但是也取得了一定的成果，尤其是在生物陶瓷方面，这也为后续降低材料成型成本，以及直接成型大尺寸复杂构件奠定了基础。

图 2.9　采用 3D 打印技术制备的 Si_3N_4 陶瓷部件

2. 高性能陶瓷纤维与先进陶瓷基复合材料

高性能陶瓷纤维具有高强度、高模量、耐高温、抗氧化、可编织等特性，是制备耐热、承载复合材料构件不可或缺的原材料,在高推重比发动机、高马赫数飞行器、耐高温催化剂载体等军工和民用领域具有广阔的应用前景。其中,透波型陶瓷纤维,包括 BN 纤维、SiBN 纤维、Si_3N_4 纤维等,是制备飞行器承载-防热-透波窗口与天线罩的关键原材料;不透波型陶瓷纤维,如 SiC 纤维、SiBCN 纤维等,可用于制备高推重比发动机的耐热部件,以及导弹的尾翼和燃气舵等,也可用于汽车尾气净化催化剂载体、熔体过滤器和高温传送带等民用领域。但这些高性能陶瓷纤维生产技术均受到国外的严密技术封锁。发展我国自主的高性能特种陶瓷纤维技术具有重大的社会与经济效益。

国内相关单位自 1980 年开始研究先驱体转化法制备 SiC 纤维,先后突破了先驱体批量制备、连续熔融纺丝、化学气相不熔化以及高温烧成等关键技术,建立了具有自主知识产权的 SiC 纤维制备技术体系,开发出不同型号的连续 SiC 纤维,包括第一代、第二代、第三代和吸波 SiC 纤维等(图 2.10),其中第一代 SiC 纤维已实现中试生产,累计为国内数十家科研单位提供了超过 1000kg 纤维。目前,第二代 SiC 纤维制备的关键技术已经实现全面突破,其力学性能、耐高温性能以及复合工艺性能等指标达到日本 Hi-Nicalon 纤维水平,已经具备 10t/年的生产能力。第三代 SiC 纤维达到日本 Hi-Nicalon Type S 纤维水平,具备 10t/年生产能力的生产线已经安装调试到位。吸波 SiC 纤维已实现千克级的连续化制备。

(a) 第二代SiC纤维   (b) 第三代SiC纤维

图 2.10 国产 SiC 纤维

另外,针对高温透波复合材料的需求,开发了 Si_3N_4 纤维(图 2.11)和 SiBN 纤维,已突破组成结构控制关键技术,具备 10t/年生产能力的 Si_3N_4 纤维生产线已经安装调试到位。同时,我国突破了特种 BN 陶瓷纤维合成关键技术,并且具有小批量连续生产能力;在特种 Al_2O_3 陶瓷纤维方面,目前已解决干法连续纺丝的难题,掌握了纤维热解和烧结过程中的变化机制,解决了原丝开裂、直径大等一系列关键技术问题,进入中试研究阶段。而其他特种陶瓷纤维,如 Si_3N_4 纤维、SiBN 纤维、SiBCN 纤维等均处于实验室合成阶段。

图 2.11 国产 Si_3N_4 纤维

总体来说，我国多数特种陶瓷纤维目前仍处于技术研发阶段，并未形成产业化生产，难以满足高性能陶瓷基复合材料日益增长的需求。相比之下，我国陶瓷基复合材料在制备技术方面已达到国际先进水平，但是由于应用考核条件和经验不足，我国先进陶瓷基复合材料产品在应用方面与国际相比仍存在较大差距（表 2.11）。

表 2.11　先进陶瓷基复合材料产品国内外总体情况对比

应用领域	技术情况对比	产业情况对比
航空发动机	落后 3~5 年	落后 5~10 年
航天发动机	相当	落后 3~5 年
结构与防护	相当	相当
高性能刹车	领先	相当
光伏和电子	相当	落后 3~5 年

3. 高性能碳/碳复合材料

我国自 20 世纪 70 年代初开展碳/碳复合材料研究，在广大科技人员的努力下，碳/碳复合材料在很多方面都得到了应用。

在刹车盘制备技术方面，碳/碳刹车材料是航空制动领域最先进的刹车材料，在发达国家已广泛应用于军用飞机和民用飞机。我国从 20 世纪 70 年代开始研究碳/碳刹车材料，90 年代后期进入碳/碳刹车材料工程转化和应用阶段。在航空碳/碳刹车盘研究方面，国内在碳/碳刹车盘的预制体制备、致密化工艺、性能控制等方面取得了显著成绩，基础研究方面处于国际先进水平；在工程化应用方面，已研制出了多种型号飞机制动系统用碳/碳刹车盘样件，并在 A320、B737 系列民航飞机以及某些型号军用飞机上试飞成功，取得了中国民用航空局颁发的碳刹车盘适航证，对于打破国外对我国航空碳刹车盘市场的垄断，满足国内航空公司对碳刹车盘的需求具有重要意义。然而，从总体情况来讲，国内的技术水平与国外先进水平相比仍有差距，生产的碳/碳刹车盘一直无法得到广泛应用，主要在于以下几个方面：①设备落后，造成碳/碳刹车盘生产周期长、批量小、成本居高不下，有些核算成本比进口碳/碳刹车盘还高，在市场竞争中处于劣势；②在民用飞机上应用存在技术许可问题，目前尚未得到波音、麦道、空客等国外飞机生产厂家的许可，导致生产的碳/碳刹车盘无法装备上述公司生产的飞机制动系统；③资金投入不足，在新型致密化工艺、摩擦性能等关键性技术方面落后于国外先进水平。

近年我国航空业实现了跨越式发展，进口的干、支线民航飞机数量快速增长。同时，我国引进和自行研制的先进军用飞机数量也急剧增加。而随着 C919 大飞机项目的快速发展，我国航空业将跨入一个新的发展阶段。中国民用航空局规划到 2020 年，中国将新增飞机 2000 架，总数将上升到 6500 架。根据中国商用飞机有限责任公司对 C919 大型客机市场销售预测，在整个项目期内将交付约 2400 架 C919 飞机。而我国自主开发的支线飞机，ARJ21-700 已获 373 架订单，新舟-60 飞机已获 218 架订单。这也为碳/碳刹车材料提供了更为广阔的市场。

在航天喉衬制备技术方面，国内相关单位已试制成功，并定型生产（图 2.12）。虽然碳/碳复合材料受工艺条件和设备的限制，尺寸规格越大，制作难度越大，但国内已成功制造外径 900mm、厚度 200mm 的大规格碳/碳喉衬材料。目前我国不仅在固体火箭发动机的碳/碳喉衬和弹头防热材料等方面实现了工程应用，而且在低烧蚀碳/碳喉衬材料的研制方面也进行了更深入的研究工作，例如，利用基体改性技术加入适量难熔金属碳化物（ZrC、TaC、HfC）后，使碳/碳复合材料耐烧蚀性能得到明显改善；进行了 TaC、HfC、ZrC 及 SiC 等耐高温陶瓷基体改性技术和

图 2.12　国内研制的某型固体运载一级发动机碳/碳喉衬

涂层技术的研究,并利用电弧加热驻点烧蚀研究了碳/碳复合材料在 3000℃ 以上的烧蚀行为,以及氧乙炔焰烧蚀行为;开展了化学气相沉积碳化物陶瓷共沉积涂层和双梯度涂层,在碳/碳复合材料表面制备 TaC、ZrC、HfC、SiC 涂层或在碳/碳复合材料基体内填充难熔金属 TaC、SiC 等技术研发,进一步提高碳/碳复合材料抗烧蚀性能。

在航空发动机制备技术及应用方面,目前国内正在开展碳/碳复合材料在航空发动机上应用的研究工作,碳/碳复合材料防氧化涂层基本达到工程应用阶段。成功研制快速制备工艺,经 200～300h 的沉积,碳/碳复合材料的密度达到 1.85g/cm^3,弯曲强度达到 300MPa 以上。目前国内已制备了叶片、多向编织微型发动机尾喷管、高温保护套管等零件的部分样件和试车件。今后,还需重点解决碳/碳复合材料在 1650℃ 以上高温的长时间氧化防护等关键问题,以使这种材料达到实用。

4. 新型耐火材料

我国的耐火材料产量占世界产量的 65%。我国钢铁工业目前年产能约 9 亿 t;原铝年产量约 2000 万 t;陶瓷产量占到全球总产量的 50% 以上;玻璃产量全球最大;水泥产量约 18 亿 t。这些行业的重大技术进步需要耐火材料产品和技术与之匹配,耐火材料的新产品、新技术可推动高温工业的持续发展,两者互相依存、互相促进。高温工业中钢铁工业对耐火材料需求量最大。钢铁工业每次重大的新技术、新工艺、新炉型的出现都离不开耐火材料的质量提高和新品开发。耐火材料科技发展有力地推动了钢铁工业技术升级、品种调整、寿命延长、成本降低。例如,氮化硅或碳化硅结合耐火材料广泛应用于炼铁高炉、鱼雷罐、加热炉、大功率铝电解槽、电子陶瓷窑炉的窑体、推板和匣钵以及发电包括核电用锅炉及防护材料和机械加工等行业,而且随着技术进步,其使用量持续增长。我国现有关键性耐火材料包括六大类:MgO-Al$_2$O$_3$-C 系列耐火材料、含氧化铬/氧化锆耐火材料、功能性耐火材料、含碳化硅/氮化硅耐火材料、含莫来石和尖晶石系列耐火材料、轻质节能保温隔热耐火材料。MgO-Al$_2$O$_3$-C 系列耐火材料包括镁碳材料、铝碳材料和镁铝尖晶石-碳复合材料等氧化物和碳复合的耐火材料。MgO-Al$_2$O$_3$-C 系列耐火材料是钢铁冶金及有色冶金等领域高温熔炼过程的基础材料,其使用部位是炼钢用转炉炉衬、部分钢包包衬、水口、滑板,以及有色冶金领域熔炼炉炉衬等,其技术指标根据使用部位和企业实际要求不同而分成系列品种。2016 年其使用量为 412 万 t,实现全面国产化。功能性耐火材料同样是钢铁冶金、有色冶金等用基础材料,包括钢包包衬、透气砖、滑板、各种水口、中间包包衬、薄带连铸用侧封板等。这类材料不仅是保证冶金及相关行业连续生产的基础,而且是产品质量的重要保证。2016 年其需求量为 360 万 t,绝大部分是国产,但有少量进口。

轻质节能保温隔热耐火材料是指以保温节能为其主要功能的各种轻质材料,包括轻质砖、耐火纤维及制品。随着我国节能减排政策继续推进,高温窑炉的节能降耗将是我国产业发展的关键环节之一。由于高温工业是高耗能行业,特别是钢铁、有色金属、化工、建材四大高耗能行业的能源消费占整个工业终端消费的46%以上,占全国能源消费总量的33%,航空航天设施需要使用绝热保温特种陶瓷纤维材料,降低热损失需要低热导率和高强度隔热材料。我国高端保温隔热耐火材料还需要进口,包括纯氧化铬材料、纯氧化锆材料、镁铬砖、含氧化锆耐火材料。例如,镁铬砖是钢铁冶金的炉外精炼、水泥窑的烧成带用主流耐火材料,高纯致密氧化铬、氧化锆材料是微晶玻璃、超薄玻璃、无碱玻璃纤维生产的关键材料。高铬耐火材料的国产化为水煤浆气化技术、低污染熔融垃圾焚烧技术的进步提供了材料保障。因为煤化工的核心设备——煤气化炉的内部需要能承受高温、高压、高速介质冲刷和高还原气氛等特殊材料的保护,目前使用的高纯氧化铬质、氧化锆质、碳化硅质等耐火材料能够保证正常的生产。在新能源领域,1000℃以上高温潜热储存材料通常采用氧化铝和氧化镁。2016年该类材料使用量为500万t,部分进口,特别是其原料进口量非常大,2016年铬矿及精矿进口为1120万t,锆矿及精矿进口为205万t。含莫来石和尖晶石系列耐火材料主要指莫来石、刚玉莫来石、镁铝尖晶石、镁铁尖晶石和铁铝尖晶石系列的各种耐火制品。现在为减少氧化铬的污染,在炼钢的RH精炼炉、水泥熟料煅烧的回转窑、水煤浆气化炉等领域开发低铬和无铬的尖晶石质耐火材料,逐步取代现有镁铬砖和高铬砖,这是减少铬危害并实现环境友好的技术方向。2016年该类材料需求量为700万t。含碳化硅/氮化硅耐火材料指材料中以碳化硅或者氮化硅包括Sialon、AlON、MgAlON等结合的非氧化物及非氧化物-氧化物复合耐火材料,2016年的供应量为650万t,是高炉、出铁沟、加热炉、烧嘴、电解铝等有色金属工业的关键材料。

(八)高分子及复合材料

在高分子材料方面,我国"十二五"期间通用树脂的高档专用料研究开发和生产取得了显著的成效。高端聚乙烯树脂、高端聚丙烯树脂、高端聚苯乙烯树脂、高端聚氯乙烯树脂、高端丙烯腈-丁二烯-苯乙烯(acrylonitrile butadiene styrene, ABS)树脂、高端环氧树脂、光学膜片专用聚酯等均投入生产。2011年开始,中国石化齐鲁石油化工公司进行茂金属聚乙烯产品的开发,包括耐热聚乙烯管材料、热收缩膜专用树脂、滚塑汽车油箱专用料,并实现了工业化。2015年,中国石化工程建设有限公司等联合攻关的"气液法流化床聚乙烯工艺成套技术开发"通过鉴定,该项目采用自主研发的新型钛系高活性聚乙烯催化剂和双活性中心钛钒复合催化剂,开发了多温区流化床反应器、旋流型气液分离器和冷凝液注入喷嘴等专用设备，形成了具有完全自主知识产权的气液法流化床聚乙烯工艺成套技术，在聚烯烃弹性体（polyolefin elastomer，POE）膜、拉伸套罩膜、拉伸缠绕膜等领域填补了国内空白。但总体上，我国在高端聚烯烃和工程塑料、特种工程塑料领域的技术落后于发达国家，其中，工程塑料的自给率仅为52%，特种工程塑料的自给率不到20%，高端聚烯烃的自给率为39%，在高端聚烯烃和工程塑料、特种工程塑料领域存在较多的技术空白。我国对高性能高分子材料需求量大，消费量年均增长在20%以上，但高性能高分子材料主要依赖进口。国内高分子材料整体上仍处于产业价值链的中低端，大宗初级产品明显产能过剩，其中聚氯乙烯的产能过剩一半，近年来每年还需进口100万t，这些进口的聚氯乙烯产品多为专用牌号。

在橡胶材料方面，"十二五"以来，我国橡胶工业的发展速度虽然趋缓，但仍明显高于国际平均水平，2015年中国消耗橡胶850万t，占全球消耗橡胶总量的30%以上。"十二五"期间，据中国橡胶工业协会测算，与"十一五"期间相比，橡胶行业销售收入增幅下降26个百分点，橡胶消耗总量下降6个百分点，轮胎产量增幅平均下降9个百分点，其他产品增幅平均下降15个百分点左右，但2016年橡胶行业销售收入仍然突破万亿元。其中橡胶轮胎子午化率达到91%，绿色轮胎产业化推进；高强力输送带、线绳V带、钢丝编缠高压胶管比例大幅度增加；汽车用橡胶制品质量提高、品种增加；胶鞋企业结构优化；乳胶制品技术水平提升；橡胶绿色助剂比例达到92%。中国橡胶工业已形成如下特点：橡胶产品规格品种更加丰富；橡胶企业规模明显增大，产业集中度有所提高；技术创新能力有所提升。但总体而言，中国橡胶工业与国际先进水平仍有差距，主要表现为：一是劳动生产率低，中国轮胎企业劳动生产率为国际先进水平的1/3~1/2，非轮胎橡胶制品企业仅为1/6~1/5。二是产品价格低，如中国全钢子午胎价格仅是国际品牌价格的70%~80%，半钢子午胎价格在50%左右。三是利润率低，如中国轮胎企业平均销售利润率在3%~5%，而国外先进轮胎企业达10%~15%。四是自主创新能力较弱，研发投入差距大，中国上市轮胎企业研发投入一般仅为著名跨国公司的1/6左右。五是国内橡胶资源的短缺和对外依赖程度过大，2015年全国天然橡胶进口量为274万t，对外依存度为77%；全国合成橡胶进口量为179.3万t，对外依存度为36.5%。国内传统橡胶产业存在趋于同质化、污染和产能过剩等问题，制品科技含量低，新型橡胶制品制备技术与国际先进技术差距明显。

在碳纤维材料方面，在国家科技和产业化示范计划支持下，历经十余年的协同攻关，我国高性能碳纤维制备与应用技术取得了重大突破，实现了从无到有的飞跃，初步建立起国产高性能碳纤维研发、工程实践和产业建设的较完整体系，基本掌握了高性能碳纤维工程化制备成套工艺和装备自主设计制造等核心技术，产品质量不断提高，产学研用格局基本形成，初步形成了从实验室研制到产业化的碳纤维研发生产平台,建立了国产高强碳纤维评价和应用体系,已有 20 多家碳纤维企业,千吨级生产线达 10 条,设计产能达到 2 万 t 左右。T300/T700 级碳纤维初步实现了国防领域的应用(表 2.12 和表 2.13),T800、M40、M40J 已突破工程化制备技术,正在进行考核验证。但国产碳纤维系列化发展以跟踪仿制模式为主,自主创新能力不足,具有市场竞争力的碳纤维工业化生产装备与工业生产技术仍有待突破,国产碳纤维成本居高不下,性能稳定性差,产能难以达标,整体水平和国外相比还存在差距。碳纤维工业应用的技术和市场培育迟缓,风电、汽车等行业大规模应用出口尚未打开,国产碳纤维产业发展缺乏必要的工业需求拉动,大量碳纤维企业涌向国防军用领域,不仅对有限规模的军用市场造成严重冲击,而且装备与产品技术水平参差不齐,检测与标准体系难以统一,企业生存面临困难,严重影响国产碳纤维技术水平提升。在高性能碳纤维禁运、国防需求迫切、国家高度关注以及市场需求飞速增长等多重因素刺激下,涉足碳纤维研制生产的单位数量多,水平参差不齐,且多数单位都集中在 T300 级,多、杂、散、乱问题突出。低水平无序扩张愈演愈烈,不仅造成大量国家和社会资源占用与浪费,也有可能使碳纤维产业陷入投入依赖陷阱,难以形成具有竞争力和可持续发展的产业。

表 2.12 国产 T300 级碳纤维的基本性能

性能	CCF300(3K)	MT300(3K)	HFA10A(3K)	JH35(3K)	T300B(3K)
拉伸强度/MPa	≥3539	3894	4251	3764	≥3530
拉伸模量/GPa	221~242	238	224.5	251	≥215
延伸率/%	1.50~1.95	1.6	1.89	1.7	≥1.5
体密度/(g/cm³)	1.78±0.02	1.76	1.78	—	1.76±0.01
上浆量/%	1.0~1.6	1.1	1.00	—	1.0~1.4
线密度/(g/km)	198±4	198	194	—	198±4
吸水率/%	0.18	<0.1	—	—	<0.1

表 2.13 国产 T700 级碳纤维的基本性能

性能	ZT700(3K)	CCF700(12K)	MT700(6K)	T700S(12K)
拉伸强度/MPa	4930	4928	4862	4960
拉伸模量/GPa	255	251.9	248	230
延伸率/%	2.06	1.96	2.0	2.1
体密度/(g/cm³)	1.79	1.80	1.78	1.80
上浆量/%	1.19	1.19	1.18	1.2
线密度/(g/km)	199	800.3	389	800

在复合材料方面，国内复合材料经过 30 多年的发展，建立了复合材料构件研发平台和制造基地，复合材料热熔预浸料生产和热压罐成型技术、纤维/布带缠绕成型技术、树脂传递模塑（resin transfer molding，RTM）成型技术和复合材料结构整体成型技术日趋成熟，可研制与小批量生产碳纤维、玻璃纤维和芳纶增强高性能酚醛树脂、环氧树脂、双马来酰亚胺树脂与聚酰亚胺树脂等多种复合材料，基本满足了航空、航天、兵器、能源和交通运输领域的需求，如表 2.14 和表 2.15 所示。自动铺带和自动铺丝，以及预浸料自动拉挤等先进高效的工艺技术正逐步投入应用，初步形成了复合材料制造技术体系。国内研制的 ARJ21 支线客机复合材料用量不足 2%，C919 大型客机复合材料用量仅达 15%左右，而国外最新研制的 B787 等大型客机复合材料用量达到了 50%以上，复合材料结构件总体上仍以"替代设计"为主，尚未采用先进科学的设计、分析、试验、验证规范，自主设计应用能力较弱。根据国外的实际应用统计，主承力结构使用 T300 级碳纤维复合材料的减重效率可达到 25%左右，而国内的减重效率多数不到 20%。国内高性能复合材料热熔预浸料制造技术和热压罐成型技术比较成熟，通过和自动裁剪、激光辅助铺贴技术相结合，提升了热压罐成型技术水平。液体成型、缠绕成型和自动铺放近年来虽然取得了较大突破，应用范围逐步扩大，但总体来看，上述三类工艺的应用比例不足 20%，主要局限于航空航天等高端领域，民用复合材料仍以传统的手糊成型为主。复合材料制造工艺落后使其性能离散大、成品率低、成本高，已成为制约高性能复合材料发展的突出问题。复合材料制造关键装备总体处于以引进为主、研制为辅的状况，部分装备如热熔预浸机、缠绕机、热压罐、热压机的设计制造取得了一定突破，基本能够满足复合材料制造的要求。复合材料自动铺放设备、预浸料自动拉挤设备的研制工作虽有一定进展，但在科研和生产中发挥主要作用的还是进口装备。复合材料制造及检测用国产设备能效低、精度低也已成为阻碍国内高性能复合材料产业进步的重要原因。

表 2.14　国产碳纤维双马来酰亚胺树脂复合材料基本性能

性能	测试条件	5428/CCF300	5428/MT300	5428/HFA10A	5428/T300B
横向拉伸强度/MPa	室温干态	77.7	76.5	60	75
横向拉伸模量/GPa	室温干态	9.74	10.1	9.9	9.8
横向压缩强度/MPa	室温干态	229	256	245	240
横向压缩模量/GPa	室温干态	9.75	10.5	10.1	9.9
纵向拉伸强度/MPa	室温干态	1988	2124	2114	1780
纵向拉伸模量/GPa	室温干态	145	151	132	135

性能	测试条件	5428/CCF300	5428/MT300	5428/HFA10A	5428/T300B
纵向压缩强度/MPa	室温干态	1318	1535	1327	1235
纵向压缩模量/GPa	室温干态	134	137	109	109
面内剪切强度/MPa	室温干态	114	148	—	—
面内剪切模量/GPa	室温干态	5.69	5.59	—	—
短梁剪切强度/MPa	室温干态	110	122	100	120
弯曲强度/GPa	室温干态	1803	1711	1663	1790
弯曲模量/MPa	室温湿态	137	131	110	115

表 2.15 国内部分碳纤维复合材料的主要性能

	材料牌号	拉伸强度/MPa	拉伸模量/GPa	剪切强度/MPa	使用温度/℃	压缩强度/MPa	典型应用
环氧树脂	5228/CCF300	1549	134	105	120	250	平尾、垂尾
	9916/CCF300	1560	130	100	120	280	平尾、垂尾
	3261/T300	1520	127	82	80	190	直升机旋翼
双马来酰亚胺树脂	5429/T700	2710	140	99	150	290	机身、舱门
	QY8911/T300	1593	132	113	150	178	外翼、机身、垂尾
	5428/CCF300	1988	145	110	170	260	平尾
	GW300/T700	1920	125	100	260	190	导弹仪器舱
聚酰亚胺树脂	LP-15/AS4	1850	140	87	280	190	发动机分流环
	KH304/T300	1320	135	108	310	185	发动机外涵道
	BA316/T300	1350	130	105	350	180	发动机外涵道
	MPI/T300	1275	119	83	370	—	矢量喷口调节片

在结构功能一体化复合材料方面,"十二五"期间,突破了国产纤维增强结构吸波和透波复合材料的设计、制造、检测、性能评价等关键技术,形成了新型结构功能一体化复合材料应用技术体系,积累了功能复合材料工程应用数据,实现了关键材料自主保障,已经在新型飞机、导弹、舰船、地面车辆等装备中得到大量应用。我国树脂基防热复合材料先后发展了手糊、预浸料模压、缠绕和液体成型四类工艺,以及玻璃/酚醛、高硅氧/酚醛、碳/酚醛和先进碳/酚醛四代材料,初步实现了树脂基防热复合材料低烧蚀速率和烧蚀形貌控制。创新性地将多向编织物和 RTM 成型工艺相结合,首次实现了酚醛防热复合材料液体成型,并在多

种型号上得到推广应用；发展了聚芳炔和聚硅芳炔等高残碳耐烧蚀树脂及其复合材料，实现了该类材料在航天装备上的工程化推广应用。在载人航天和星空探测等发展计划的推动下，我国中低密度树脂基防热复合材料技术也具备了一定水平，所研制的蜂窝增强低密度树脂基防热复合材料在载人返回舱上成功应用。但目前国内结构功能一体化复合材料仍缺乏顶层设计，未形成材料体系，通用化、系列化、标准化落后；国内各单位均从自身优势领域开展研究工作，无法做到资源整合，跨学科综合设计能力不足；支撑结构功能一体化复合材料研发的高性能原材料基础薄弱，因此材料性能无法满足高端装备未来发展的需求。

三、我国新材料产业发展存在的问题

自改革开放以来，我国新材料产业取得了长足的进步，产业规模持续扩大，产业技术水平不断提升，在个别领域已经处于国际领先水平，产业集聚区加快布局，宏观发展环境积极改善，为下一步加快发展奠定了坚实基础。但总体来看，我国新材料产业与世界先进水平相比仍有较大差距，发展过程中还存在一些突出矛盾和问题，这已成为新材料产业加快发展的瓶颈，主要体现在以下五个方面。

（一）顶层设计和统筹协调不够，存在低水平重复建设现象

"十二五"以来，国内各地区发布的新材料产业规划和相关产业的布局还没有立足于各地区自身条件与优势、科学合理定位、实现差异化分工，存在严重的趋同现象。一些产业中产业链上游的产品无法在下游使用，呈现上游产能过剩、下游市场有效供应不足的现象。例如，光伏电池产业领域，仍有投资商拟投资多晶硅，存在过热倾向，再加上光伏产业出现发展阶段性过剩，投资风险大，需要严控低水平重复建设。这种盲目跟风式投入不仅会造成重复建设和产能过剩，还会影响产业发展的可持续性。

（二）原始创新能力不足，高端产品自给率不高

我国新材料原始创新能力不足，缺乏不同学科之间的深层次交流和原创性研究。企业作为创新的主体，在产品研发方面重视不够，参与创新研发少、生产跟踪仿制多，普遍存在关键技术自给率低、发明专利少、关键元器件和核心部件受制于人、技术储备少等问题。还有一些企业仍在"引进—加工生产—再

引进—再加工生产"的怪圈里挣扎，使得"中国制造"产品中缺乏"中国创造"因素，只能依靠廉价销售与低层次竞争手段寻找出路。例如，我国稀土材料仍以原材料和一些初级产品为主，高端产品及核心技术多为发达国家掌握；半导体照明材料领域的核心专利以美国、日本、德国等国为主，其拥有的专利总数占到了国际相关专利总量的 70%以上，这在很大程度上成为我国新材料产业实现跨越式发展的严重障碍。

（三）共性技术研发与支撑能力不强，基础支撑体系不健全

产业共性关键技术是提高自主创新能力的基础。目前我国大多数行业没有专门的产业共性技术研发机构，共性技术研发处于缺位状态，共性和前沿技术研发缺乏良好的资源配置机制与持续有效的投入，因而无法在技术源头上支撑自主创新。此外，目前我国新材料没有形成大批具有自主知识产权的材料牌号与体系，缺乏符合行业标准的新材料结构设计/制造/评价共享数据库。例如，我国是世界锂离子电池生产大国，但所涉及的数千种材料一直处于分散状态，未形成相关数据库和检测标准体系，严重制约了高端锂离子电池产业的发展。

（四）新材料投资比较分散，产业链不够完整

目前，我国部分新材料领域的产业结构不够合理，新材料产业的投资和支持只看到一些"点"，尚未形成以点带线、以线带面的联动效应。国家更愿意把扶持资金发放到国有企业和科研院所，对民营企业设置的条件太多。此外，新材料产业投资分散，成果转化率低，规模化生产程度低，产业链不够完整，产业配套能力不强。例如，我国生物医用材料产业已向全球提供 60%以上的低端医用耗材，但尚没有金属、高分子等基础原材料专门供应商，大部分精密加工设备及加工工具也依靠进口，从源头上妨碍了产业链的形成，导致国内新材料公司在市场竞争中处于劣势地位，存在被跨国公司收购或控股的现象，不利于我国经济发展。另外，我国材料配套的装备工程化水平和制备能力不高，导致产品成本难以降低，产品性能及稳定性很难得到持续保证。

（五）政策及保障机制难以适应新材料产业发展的要求

新材料产业的关键环节和重点领域存在"老办法管新事物"的现象。例如，一些医疗创新产品进入市场困难，行政审批周期长阻碍了企业创新的积极性。对

于开发风险较大的项目，缺少资金和风险等保障机制的支持。市场的准入机制存在一定的缺陷，一些民营企业在电动汽车领域表现出很强的创新活力，但受到汽车目录管理体制的限制，影响了我国新能源汽车产业的发展。此外，新材料产业服务平台尚未建立，风险投资、中介服务不能满足企业创新的需要；面向新材料成果转化与工程化服务的多元化投融资体系和中介服务体系尚不完善，制约了我国新材料的创新和产业发展。

第三章　新材料产业培育与发展的重大需求和趋势分析

材料是制造业的基础，制造业的发展需要大量的新材料作为支撑和保障。我国新材料产业经过几十年特别是近 20 年的发展，取得了巨大的成绩和进步，形成了不断增强的产业体系和规模巨大的竞争力，有力地支撑了我国的工业经济和国防建设。从当前到 2035 年这一段时期内，我国对新材料数量和种类的需求将持续增加，将更加重视新材料的性能、可靠性和成本，要求新材料具有多种功能，更少依赖资源与能源，更具环境友好性，解决新材料关键产品稳定性不高、高端应用比例较低、关键材料保障不力等问题，进一步推动新材料产业做优做强。

一、信息技术是当前世界经济复苏和推动未来产业革命的重要引擎，对于信息基础材料的需求不断攀升

信息技术向泛在、融合、智能和绿色方向发展，推动产业转型升级，促使产业组织方式发生深刻变革，孕育形成新的产业生态体系。未来，人们将拥有越来越多的通信终端保有量，汽车电子化趋势不断增强，智能家居、智能穿戴设备、医疗电子不断兴起，消费娱乐电子不断增多，工业 4.0 强力推进，大数据时代来临，航空航天电子需求强劲增长，这些都将促动信息基础材料需求的快速增长，表 3.1 中给出了国际新一代信息技术领域战略布局和重点发展方向。

表 3.1　国际新一代信息技术领域战略布局和重点发展方向

国家及地区	新一代信息技术重点发展的方向
美国	大数据、社会计算、智慧城市、无线通信、未来网络、网络安全和隐私保护、高性能计算机、高可信软件与系统、人机交互、CPS、智能制造、智能电网、机器人、医疗信息技术、认知计算、大脑活动图谱等
欧盟	新一代通信、下一代计算、智能制造（工业 4.0）、智能机器人、个人通信与居家通信、物联网、智能基础设施建设、数字内容、数字文化、虚拟现实、嵌入式系统、信息安全技术、石墨烯、人类大脑工程等
日本	新一代光网、下一代无线网、云计算、下一代计算机、智能电网、机器人、下一代半导体与显示器、嵌入式系统、3D 影像、语音翻译、软件工程、泛在计算、基于云平台的电子政务、医疗及教育等领域云服务、高级道路交通系统、国民电子个人信箱等

国家及地区	新一代信息技术重点发展的方向
韩国	高速无线网接入、数字多媒体广播、家庭网络、车载无线网络、无线射频识别、传感器网络、互联网协议第 6 版（internet protocol version 6，IPv6）、新一代移动通信、平板显示、新一代计算机、嵌入式系统、数字内容、智能机器人等

信息化的水平取决于微电子和光电子等信息功能材料，其主流仍然是半导体材料。目前全球硅片消耗约 100 亿 in^2，未来 10 多年全球消耗硅材料的面积仍将快速增加，预计 2020～2030 年增长率为 5.5%，硅材料需求在 2020 年可能达到 150 亿 in^2，至 2025 年可能到 210 亿 in^2。另外，GaAs 以及 GaN、SiC 等化合物半导体材料也将对未来光纤通信和互联网发展作出重要贡献。到 2035 年，以金刚石为代表的更宽禁带半导体材料也可能趋于实用，为 2035 年的信息产业提供材料基础。

同时，2035 年量子通信和量子计算可能有更大的发展与应用。新的光子材料的研究以及应用也将成为光电信息材料的前沿和热点。当前，特别应该注意将互联网和物联网引入千家万户"最后一公里"所急需的光电信息材料，如大曲率半径光纤、可变曲率半径光纤、相关光器件材料；逐步发展新的量子通信与人工智能所需要的材料和芯片，解决关键材料与器件的设计和制备，以及发展的瓶颈问题。此外，传感器和显示技术将得到全面发展。相应的材料和器件为高临场感的显示技术及无所不在的贴身信息传输、收集、处理及服务提供关键材料与技术。

我国"极大规模集成电路制造技术及成套工艺"作为《国家中长期科学和技术发展规划纲要（2006—2020 年）》的 16 个重大专项之一，已将 32nm、22nm 及 14nm 技术研究列入其中，与之相配套的极大规模集成电路用关键材料的基础研究显得尤为重要。随着硅基集成电路技术朝摩尔定律极限发展，硅材料与新型半导体材料的结合将有利于突破硅的极限，同时可顾及硅基集成电路工艺的经济成本优势。应变硅、SOI、硅上化合物半导体等硅基材料以及宽禁带 SiC、GaN 半导体材料等是目前成熟集成电路和功率器件的重要补充与未来的发展方向。另外，高 k 栅介质材料取代传统 SiO_2 栅介质、三维架构与技术已成为继续提高集成度的重要技术解决方案之一。

发展半导体照明产业对提升传统照明产业，带动信息显示、数字家电、汽车、装备等产业的发展具有极其重要的意义。激光晶体、非线性光学晶体、电光晶体等是全固态激光器的核心元器件，Nd:YAG、Nd:YVO₄ 等激光晶体，以及 LBO、BBO、KTP 等非线性光学晶体的工程化前景与市场空间十分广阔。硅基低维光电子材料作为硅基光电子学的一个主导发展方向，对计算机、信息通信、航空航天等一大批高新技术产业的发展起着先导作用。新型太阳能产业对基础材料的需求日益迫切，纳米硅薄膜由于具有优良的光电性能，可促进全硅光电子器件的发展，并促进纳米硅在太阳电池方面的应用。OLED 成为全色、高亮度发光材料研发的一个重要发展方向，而印刷显示及激光显示材料可能成为新一代显示材料的佼佼者。总体上说，提高光电材料的转换效率，利用光电集成，才有可能应对未来照明、显示、信息和海量数据处理的挑战。

在元器件材料领域，为了在"物联网"时代赢得先机，我国需大力发展用于制作各种传感器的半导体材料。我国铂资源短缺，应用于核电站堆内测温铂电阻，如 1E 级铂电阻等产品全部依赖进口，应大力加强相关传感器材料的研制。我国发展大型飞机、深井勘探重大项目，迫切需求光传感器件，解决光传感材料及其关键技术问题，将为这些重大项目的推进提供支持。我国大型基础设施工程和重大装备建设规模庞大，包括已经开工建设的客运专线和高速铁路等，大多需要加装周界入侵防范系统，迫切需要安装光纤传感器来保证其安全运行。

随着电子信息产品进一步向小型化、集成化、宽带化的方向发展，信息功能陶瓷的细晶化、电磁特性的高频化、LTCC 技术等将成为发展新一代片式电子元器件的关键技术，具有巨大的应用市场。在能源技术领域，可再生能源利用与发展依赖于功能陶瓷材料的新突破；在环境技术、工业控制等领域，种类越来越多的传感器要求有更多、更高性能新型敏感陶瓷材料的出现。目前，以功能陶瓷元器件为基础的无源电子元件正向多层化、片式化、集成化和多功能化发展。片式电容、片式电感和片式电阻是应用最为广泛的三大无源元件，已经发展为规模化的产业群。片式驱动器、片式变压器、片式天线、片式传感器及片式换能器等发展也十分迅速。移动通信和远距离通信技术的快速发展，对微波陶瓷介质材料及微波谐振器、微波滤波器、微波电容器等提出了广阔的市场需求。压电陶瓷在超声和水声换能器、滤波器与点火器等上已获得广泛应用，随着自动控制、机器人、空间技术、纳米测量和控制技术的发展，压电陶瓷微驱动器和超声微马达应运而生。由于便携式、小型化、薄型化电子设备的发展，多层压电陶瓷变压器在液晶显示背光电源应用等方面显示其独特的优势。半导体敏感陶瓷作为热敏、压敏、气敏等传感器的重要材料持续发展，铁电压电陶瓷厚膜与薄膜材料在微电子机械和铁电存储器中的应用一直引人注目，压电微泵、微加速度计、微红外阵列探测器、微扬声器、微开关以及薄膜微马达等是压电与微电子、铁电与半导体集成的典型应用，具有广泛市场前景。

二、新能源革命推动产业发展，绿色消费逐步被公众接受，绿色生产和制造得到广泛重视

新能源技术、高效节能技术、清洁生产技术、资源循环利用技术等节能环保

技术已成为突破资源、能源、环境瓶颈，推动社会经济和节能环保产业发展的巨大动力。从工业来看，传统工业制造模式既损害环境质量，又影响企业形象，因此各国工业界正在积极推行清洁生产和绿色制造转型，努力降低物耗能耗，减少污染物排放。欧洲各国家开发节能环保技术已形成一种潮流，建立了产品全生命周期评价体系，提出了低碳经济发展策略，渗透到经济社会的各个领域，实施了一系列支持节能环保技术发展的政策。未来 10～20 年，晶体硅太阳能电池的主导地位不会发生根本性变化。由于多晶硅成本下降和晶体硅电池转换效率提升，薄膜电池的成本优势并未得到太大体现，未来薄膜和晶体硅太阳能电池技术还将并行发展。预计 2020 年世界的光伏发电累计装机容量将达到 200GW，其中美国、日本、欧洲装机总量占比超过 50%。根据我国政府出台规划，至 2015 年我国太阳能发电装机容量达到 2100 万 kW 以上，年发电量达到 250 亿 kW·h。我国光伏产业具有较强的竞争优势，未来需要着力推动关键技术创新、提升生产工艺水平、突破装备研发瓶颈、促进市场规模应用，使我国光伏产业的整体竞争力得到显著提升。到 2020 年，光伏组件成本下降到 5000 元/kW，发电成本下降到 0.6 元/(kW·h)，在主要电力市场实现有效竞争。预计到 2035 年，光伏组件成本还将大幅下降。

未来 10 年锂离子动力电池市场将呈快速增长趋势，在新能源汽车和储能领域占据主导地位，日本、美国、欧洲、韩国等加大力度，支持锂离子动力电池的研发和产业化，预计 2020 年全球锂离子电池市场规模将超过 500 亿美元，其中动力及储能电池将超过 300 亿美元；到 2035 年全球锂离子电池将超过 1000 亿美元，其中动力及储能电池将超过 750 亿美元。

目前，我国燃料电池商业化刚起步，2013 年底中国联通招标 119 台燃料电池备用电源，这是我国首次商业化采购燃料电池。如果燃料电池行业市场及技术进步紧跟世界发展的步伐，预计在 2020 年，燃料电池的商业化将加速发展，针对质子交换膜燃料电池关键基础材料及气固相储氢材料的需求将成倍增加。

2012 年 1 月工信部发布《新材料产业"十二五"发展规划》，2015 年我国建筑节能玻璃比例要达到 50%。现有 400 亿 m^2 的建筑中 95% 以上用的是普通玻璃。我国每年新增加 20 亿 m^2 的建筑仅有少量采用节能玻璃，按 50% 计算，预计至 2020 年将新增约 100 亿 m^2 节能玻璃，经济规模将超过万亿元。未来 5～10 年，我国将大力发展低辐射中空/真空玻璃、涂膜玻璃、智能玻璃等建筑节能玻璃，大力推动浮法在线低辐射节能玻璃技术创新和新产品的推广应用。此外，在全球淘汰白炽灯和限制荧光灯（含汞）使用的大趋势下，半导体照明成为世界各国抢占的产业制高点。未来 3～5 年是我国半导体照明产业替代式照明持续增长、智能照明市场规则建立、超越照明全面布局的最关键时期。膜材料在我国海水淡化、溶剂回收、自来水净化方面已经得到应用，其已成为节能环保领域重要材料。

绿色环保技术也将成为关注的重点，高纯超细陶瓷粉体原料制造重点向降低能耗、控制污染的绿色合成技术方向发展。耐火材料为高温工业的正常运行提供支撑。在新的历史时期，耐火材料需要更好地满足钢铁冶金、建材等行业用户低碳、生态发展的新需求。

三、健康产业进入加速发展的新时期，生物医用材料发展和其他技术的交叉融合成为创新热点

生物医用材料是高技术材料市场中技术附加值极高（知识成本可高达总成本的50%～70%）的材料，是保障全民医疗保健基本需求和发展健康服务的重要物质基础。生物医用材料是低原材料、低能耗、低环境污染的典型高技术战略性新兴产业，其产业高速发展，为满足全民基本医疗需求、降低医疗费用提供了保障。我国生物医用材料具有巨大的潜在市场和发展空间，国家医疗改革政策的实施显著提高了我国对生物医用材料的消费能力（我国医疗保健费用从2010年的255元/人提升至2015年的705.7元/人）。该产业受外部经济环境变化影响较少（即使全球经济发展低迷的2009年，美国仍保持7%的增长率），随着人口老龄化加剧、偶然事故创伤增加、经济发展、医疗改革政策的实施，其正以高达25%～30%的CAGR持续增长。骨植入材料是生物医用材料的重要组成部分，2015年全球骨科市场规模达472亿美元。以骨缺损修复材料为例，美国每年有600多万例骨伤，50万～60万人需要骨修复材料，市场规模每年逾100亿美元。在人口众多的中国，潜在需求更大。2013年，中国骨质疏松的患者有8000万人，2010～2015年以3.4%的CAGR在增加；骨创伤患者达300万人，但用于创伤、脊柱以及关节患者的材料和器械植入率仅分别达患者数的2.7%、1%和0.4%，分别相当于美国的1/8、1/6和1/108。目前我国每年关节置换仅约20万人次。随着经济的稳定发展、健康观念的更新进步，未来10年关节置换率将以每年约20%的速率递增。另外，老龄化社会的到来使人们对医疗卫生等服务需求膨胀，特别是对骨科疾病、心血管疾病等方面的服务需求日渐增长。因此，发展骨植入生物医用材料已经成为我国提高人们健康水平、提高社会效益和减轻国家经济压力的战略需求。

近年来中国心血管疾病发病率逐年上升，并呈现出发病"年轻化"的趋势。2018年我国患有心血管疾病患者数量已达2.9亿人，其中脑卒中患者1300万人，冠心病患者1100万人，肺原性心脏病患者500万人，心力衰竭患者达450万人，风湿性心脏病患者250万人，先天性心脏病患者200万人，高血压患者2.7亿人。在巨大的需求推动下，心血管系统介/植入器械成为生物医用材料第二大市场。此

外，医用高分子及常规术中耗材、血液净化材料及体外循环系统或人工器官材料、口腔材料、眼科材料等均是我国当前的急需品。

未来，生物医用材料与微电子器械、生物 3D 打印的创新融合将成为保障人民健康产业发展的创新热点。

四、先进制造技术正在向智能化的方向发展，高端装备制造支撑材料已经成为新材料产业发展的核心关键

随着信息技术和互联网技术的飞速发展，以及新型感知技术和自动化技术的应用，先进制造技术正在向智能化的方向发展，智能制造装备在数控装备的基础上集成了若干智能控制软件和模块，使制造工艺能适应制造环境和制造过程的变化，从而实现工艺的自动优化。具有感知、分析、推理、决策、控制功能，实现高效、高品质、节能环保和安全可靠生产的新一代制造装备的支撑材料是未来材料产业发展的急需品。

民用航空产业对于材料的需求迫在眉睫。美国、欧洲提出了一系列研究计划来实现"绿色航空""绿色飞机"的目标。在"绿色航空"的背景下，民用飞机将向更安全、更经济、更舒适、更环保的方向发展。在安全性方面，从材料、设计、制造、试验和使用等全过程考虑，不断提高最低适航要求。在经济性方面，采用轻质材料和一体化综合设计、进行全生命周期经济评估、降低保障费用等策略提高经济性。在舒适性方面，主要着眼于提高乘坐品质，降低噪声、扩大个体空间、改善舱内压力/温度/湿度/视界环境等是主要方向。在环保性方面，主要集中在降低发动机排放、降低舱外噪声等。

随着世界海洋油气开发等的不断推进，海洋油气开发设备等海洋工程设备用材料成为海洋高端装备制造业的重要内容。放眼世界海洋工程装备市场，50%以上的市场份额在北美，日本、韩国也逐步具有了海洋工程产品建造的总承包能力；新加坡获得众多欧洲、美国及第三世界各类石油钻采平台的加工制造权；英国、法国等欧洲国家已经成为海洋工程技术研发的先行者和领跑者。

发展高端装备制造业材料对带动我国产业结构优化升级、提升制造业核心竞争力具有重要战略意义。近年来，我国制造业得到了快速发展，我国制造业占国民生产总值的 1/3、占整个工业生产总值的 4/5、为国家提供 1/3 以上的财政收入、贡献出口总额的 90%，我国制造业的规模和总量已经进入世界前列，成为全球制造大国，但是产品偏于低端，附加值低，万元产值的能耗远高于发达国家。资源环境的约束和人力成本的逐渐提高使制造业必须向高端发展。我国当前确定的集成电路制造、大飞机、核电、惯性约束核聚变、对地观测、航

空发动机等国家科技重大专项的实施需要高端制造装备提供支撑,各类交通工具如飞机、舰船、高速列车、汽车等,能源装备如核电压水堆、水电水轮机、火电蒸汽系统、风电叶片等,以及生物医用器件如骨板、心血管支架、医疗器械等对先进钢铁材料、关键有色金属材料及复合材料等基础材料提出了更高的需求。

五、关键保障材料提质升级迫在眉睫,军民两用材料成为关注的重点

当今世界科技革命迅猛发展,关键材料产品日新月异,产业升级换代步伐加快。碳纤维及其复合材料仍是国防军工及国民经济重大领域急需的关键材料。我国碳纤维及其复合材料的发展较国外相对落后,目前尚处于追赶阶段。碳纤维制备核心技术有待进一步加强,急需解决高强碳纤维的高质量低成本产业化技术、高模中模的稳定制备技术、超高模与超高强碳纤维的关键制备技术,同时需要开发针对我国特殊应用需求的碳纤维新产品。我国对碳纤维增强树脂基复合材料及其批量稳定化制备技术提出明确的需求,急需发展主承力结构用高强中模碳纤维增强高韧性树脂基复合材料、次承力结构用低成本高强碳纤维复合材料、航空发动机与空天飞行器用高温树脂基和高模量碳纤维复合材料;急需发展制造过程自动化、数字化技术,满足大型复合材料构件的制造技术和制造效率要求,发展低成本复合材料制造技术,满足大型/大批量装备的经济性要求。碳/碳复合材料方面,新型航天器的发展急需高温、超高温结构碳/碳复合材料;急需发展轻质、长寿命、高可靠性飞机碳/碳刹车材料和发动机喷管热结构材料;急需发展新一代长寿命、高效节能工业热场碳/碳复合材料以及新型结构功能一体化碳/碳复合材料。

国际社会也在努力研发性能更好的碳纤维技术,如新型碳纳米管纤维和石墨烯纤维技术。由于这些高性能碳纤维发明时间较短,我国与发达国家均处于同一起跑线,部分技术甚至国际领先。我国政府可加大投入,在大力推进碳纤维技术、突破高性能碳纤维技术瓶颈的同时,开展新概念纤维材料的创新研究,积极推动新一代超高强度碳纤维的产业核心技术储备,建立新型碳纤维标准战略,提高自主研发能力和国际竞争力。

针对极具战略性的高性能陶瓷纤维材料,可逐步顺次实现国产第一代、第二代及第三代 SiC 纤维的工程化研制及产业化,形成系列化成熟商品,提升纤维价格和质量的国际竞争力,并研发新型高性能(耐温等级更高)、多功能陶瓷纤维,使纤维性能及产能达到国际先进水平。同时深入开展陶瓷纤维复合材料制备技术及应用研究,通过多领域协同攻关,突破陶瓷纤维复合材料制备关键技术,开展工程部件的研制及工程应用试验,打造工程部件研试基地,构建材料研制、分析

测试及应用考核平台，建立和完善复合材料性能数据与质量评价体系，有效支撑国防装备及高新技术稳步快速发展。

能源问题已经成为重中之重的全球性问题，发展高功率的电子功能器件是一条目标明确的有效解决能源问题的渠道。相比硅材料，超宽禁带半导体材料具有更优异的材料性能、更高的击穿电压与更低的功率损耗，因此也具有更高的效率。超宽禁带半导体材料制成的功率器件在降低自身功耗的同时可提高系统其他部件的能效，节能 20%～90%，是未来节能技术发展的重要支撑。基于超宽禁带半导体材料的紫外探测技术是对红外探测技术的有效补充，具有高可靠性、高效率、快速响应、长寿命、全固体化、体积小等优点，在宇宙飞船、空间探测等领域内将发挥重大作用。

总的看来，当前新材料发展呈现出结构功能一体化、材料器件一体化、纳米化、复合化的特点。这些特点在高马赫数飞行器、微纳机电系统、新医药和新能源电池方面发挥得淋漓尽致。

此外，新材料在行业科技进步中具有举足轻重的作用。例如，高性能特殊钢和高温合金是高速铁路列车轮对与飞机发动机最好的选择，超高强铝合金是大飞机框架的关键结构材料，高强高韧耐腐蚀钛合金则是蛟龙号载人潜水器壳体及海洋工程不可或缺的材料，新型永磁材料是新能源汽车驱动电机、卫星和火箭导航系统及锁闭阀的核心材料，先进陶瓷基复合材料则为高超声速飞行器、高分辨对地观测卫星等新型航空航天器提供了关键技术支撑。

新材料联用或与其他学科、领域的深度融合成为其发展的另一特点。高 k 和更高 k 材料与新型金属栅结合引领集成电路顺利走向 22nm 及以下技术节点。钙钛矿材料和有机材料联用催生了有前景的新型太阳电池。智能材料与 3D 打印结合形成 4D 打印技术。有机复合材料、生物活性材料与临床医学结合分别产生和发展了"电子皮肤"和组织再生工程。碳纤维及复合材料已用于航空航天和先进交通工具。化合物半导体材料使太赫兹技术在环境监测、医疗、反恐方面得以应用。超材料以微结构和先进材料结合，在电磁波和光学领域获得引人注目的成果。柔性电子材料、新能源材料、生物医用材料的市场前景广阔。自旋电子材料、铁基及新型超导材料的研究方兴未艾。阻变、相变及磁存储材料将改变传统的半导体存储器。富勒烯、石墨烯、碳纳米管开辟了碳基材料的发展前景；石墨烯剥离成功，更引发了二硫化钼、单层锡、黑磷、硅烯、锗烯等二维材料的研究热潮。

新材料的研发与生产重视节能环保和可再生，并进行全生命周期评价，如有毒材料的替代、中重稀土的减量使用、膜材料用于海水淡化、建筑节能材料的应用、生物基材料的研发以及"短小轻薄"理念付诸实践等。同时，低碳及环境友好的制备技术也得到了快速发展。

　　注重军民融合，开拓军民两用产品市场是新材料发展的趋势。宽禁带 SiC、CaN 基的新一代射频高能效高功率器件就是有潜力的军民融合的高端电子产品。

　　新材料制备的新方法、新工艺、新装备至关重要，必须协调发展；新材料的研究成果正快速产业化并不断降低成本；新材料的工程化与产业化成为各国研究单位、大学、企业、政府、市场关注和着力的重点。

第四章 "十三五"新材料产业重大行动
计划及实施途径

　　"十三五"将是我国经济社会发展的重要战略机遇期,是全面建成小康社会的决定性阶段。新材料产业是体现国家实力的全球性竞争产业,是世界各国重点发展的领域,其研发及产业化水平已成为一个国家经济社会发展、科技进步和国防实力的重要标志。当前,我国大力发展战略性新兴产业,根据《国务院关于加快培育和发展战略性新兴产业的决定》,新材料产业被定性为国民经济的先导产业,新材料产业不仅是其他战略性新兴产业发展的基石,更是推动中国产业升级的重要手段。培育和发展战略性新兴产业,高起点构建具有中国特色的新材料产业发展体系,加快形成新的经济增长点,是我国下一阶段经济增长、产业转型升级、创新驱动发展的战略任务。

　　2016 年 11 月 29 日发布的《国务院关于印发"十三五"国家战略性新兴产业发展规划的通知》中提出了提高新材料基础支撑能力的要求,并在提质增效和协同应用方面进行了战略部署。本书围绕信息、能源、节能环保、生物、航空航天以及产业革新等方面的战略需求,提出了 1 项重大行动计划和 12 项行动计划,通过一系列规划的实施,着力提高新材料产业的自主创新能力,通过优化组织实施方式,支持量大面广和国家重大工程急需的新材料产业化建设,着力促进一批关键新材料实现产业化和规模应用,建立新材料产业链上下游优势互补、密切合作机制,有效缩短新材料研发、产业化和规模应用的周期,并促进新材料企业加强技术创新,形成持续的创新能力,着力解决新材料产品稳定性较差、高端应用比例较低、关键材料保障能力不足等问题,进一步增强我国新材料产业的技术创新能力和产业化水平,实现我国从材料大国向材料强国的战略性转变,全面满足我国国民经济、国家重大工程和社会可持续发展对材料的需求。

一、"十三五"新材料产业发展重大行动计划

(一)发展现状

　　20 年来,材料领域围绕国家发展战略目标,紧密结合经济社会发展需求,经过不懈努力,在关键技术突破、产品与技术系统开发、应用与示范工程方面取得

了一系列重要成果。在半导体照明工程、新型平板显示技术、全固态激光器及其应用、化工反应过程强化、优势资源材料应用技术开发等方面，加强了新材料应用的工程化技术开发，明显提升了我国新材料产业的国际竞争能力，为加快发展和培育战略性新兴产业奠定了良好基础；在智能材料、光电信息和功能材料、高温超导材料与器件、高效能源材料、纳米材料与器件和高性能结构材料等方面，突破了一批关键材料的制备技术，取得了一批具有自主知识产权的核心技术成果，增强了材料领域的持续创新能力；传统材料高性能化、系列化，在节约资源、降低能耗和保护环境等方面取得显著进展，促进了传统产业的升级；军工配套材料及工程化应用技术，如国产聚丙烯腈基碳纤维高性能化及应用，为国防军工建设提供了必要的材料技术支撑。

但是，材料行业目前也面临诸多问题，主要表现在：基础原材料整体技术水平不高，能耗高，环境污染严重，产业竞争力不强，利润率低，部分行业产能严重过剩，新材料行业研发以跟踪国外较多，核心技术较少，国家重大工程和国防建设对新材料需求强烈，但新材料配套与工程化能力较弱，高端产品产业化程度偏低，工艺及装备仍然部分依赖进口。

（二）目标

贯彻落实《国家中长期科学和技术发展规划纲要（2006—2020年）》《"十三五"国家科技创新规划》《中国制造2025》等国家规划，围绕产业链部署创新链，实施材料重大科技项目，着力保障重点基础产业供给侧结构性改革，满足经济社会发展和国防建设对材料的重大需求，提升我国材料领域的创新能力，引领和支撑战略性新兴产业发展。通过顶层设计，科学把握新技术的原创点，实施材料领域重大工程和重点专项，从基础前沿、重大共性关键技术到应用示范进行全链条顶层设计，一体化组织实施，使材料的基础前沿研发活动具有更明确的需求导向和产业化方向；实施技术创新引导策略，着重培育战略性新兴产业生长点；切实加强我国材料高技术领域自主创新能力，提升产业的核心竞争力，为我国经济社会发展与国防安全提供强有力的材料支撑。到2020年，力争使若干新材料品种进入全球供应链，重大关键材料自给率达到70%以上，初步实现我国从材料大国向材料强国的战略性转变。

（三）主要内容

提高新材料基础支撑能力。顺应新材料高性能化、多功能化、绿色化发展趋势，推动特色资源新材料可持续发展，加强前沿材料布局，以战略性新兴产业和重大工程建设需求为导向，优化新材料产业化及应用环境，加强新材料与相关行业的协同发展，提高新材料应用水平，推进新材料融入高端制造供应链。面向新一代信息、航空航天、轨道交通、节能环保、医疗健康、新能源汽车等产业发展需求，扩大先进半导体材料、高强轻合金、高性能纤维、特种合金、金属永磁材料、先进无机非金属材料、高品质特殊钢、新型显示材料、动力电池材料、绿色印刷材料等规模化应用范围。推动优势新材料企业"走出去"，加强与国内外知名高端制造企业的供应链协作，开展研发设计、生产贸易、标准制定等全方位合作。提高新材料附加值，打造新材料品牌，增强国际竞争力。建立新材料技术成熟度评价体系，研究建立新材料首批次应用保险补偿机制。组建新材料性能测试评价中心。细化并完善新材料产品统计分类。围绕新一代信息技术、高端装备制造、节能环保等产业需求，加强新材料产品标准与下游行业设计规范的衔接配套，加快制定重点新材料标准，推动修订旧材料标准，强化现有材料标准推广应用，加强前沿新材料标准预先研究，提前布局一批核心材料标准。加快新材料标准体系国际化进程，推动国内材料标准向国际材料标准转化。促进特色资源新材料可持续发展。推动稀土、钨钼、钒钛、锂、石墨等特色资源高质化利用，加强专用工艺和技术研发，推进共伴生矿资源平衡利用，支持建立专业化的特色资源新材料回收利用基地、矿物功能材料制造基地。在特色资源新材料开采、冶炼分离、深加工各环节，推广应用智能化、绿色化生产设备与工艺。发展海洋生物来源的医学组织工程材料、生物环境材料等新材料。突破石墨烯产业化应用技术，拓展纳米材料在光电子、新能源、生物医药等领域应用范围，开发智能材料、仿生材料、超材料、低成本增材制造材料和新型超导材料，加大空天、深海、深地等极端环境所需材料研发力度，形成一批具有广泛带动性的创新成果。

（四）实施途径

（1）立足顶层设计，实施统筹部署。根据《中共中央 国务院关于深化体制机制改革加快实施创新驱动发展战略的若干意见》《深化科技体制改革实施方案》等科技改革精神，结合材料基础性、交叉性、系统性、复杂性和长期性等特点，建立跨部门协同、跨区域组织的协调机制，加强材料科技计划与其他国家科技计划之间的协调和衔接，制定多部门联合的政策保障措施。依托专业机构，组织国内外知名专家建立专业化智库，参与项目论证实施的全过程管理，既保证在整体目标的决策上做到顶层设计、统筹部署，又确保在技术研发、成果转化、示范推广、检测标准认证等市场培育的不同环节形成持续、配套的政策保障，实现全链条技术创新。

（2）实施多元联动，形成发展合力。加强材料科技规划与地方科技和产业发展规划的衔接，针对性地利用地方在资源、科技、产业、经济等方面的优势和特点，共同制定技术和产业发展配套政策，构建立足地方、带动全国、引领世界的跨学科、跨行业、跨区域的材料产业技术创新链，推动具有特色的材料产业集群，配合重点专项实施，落实配套资金，共同保障重点专项目标的实现。积极鼓励社会资本投入研发及产业化，鼓励社会资本参与设立材料产业基金，实现国家投入的放大增效和资源的最佳配置。

（3）坚持寓军于民，强化军民融合。坚持政府主导，发挥市场要素作用，推进材料领域国防科技和民用科技互动发展，逐步统一军民产品和技术标准。加强材料在国防和民用领域关于科技成果、人才、资金、信息等要素的交流融合，形成材料产业对国防建设的强大支撑力、国防材料科技对国民经济尤其是新材料产业发展的强大牵引力。建立军民融合的材料研发体系。加大对军民结合材料产业的政策支持力度。打造一批具有比较优势的军民结合知名品牌，推动军民结合产业进一步做强做大。

（4）遵循材料发展规律，完善组织管理模式。符合材料领域自身特点及其科技创新与产业发展的规律，是实施材料领域自主创新战略的基本出发点。材料基础研究周期较长且远离市场，对持续稳定的创新环境要求较高，需要稳定的研发队伍和持续性的投入支持；产业化关键核心技术研发综合性、系统性强，技术与市场衔接紧密。坚持目标问题导向，产学研用结合，实施材料领域重大工程和重点专项，破解长期以来困扰我国材料产业发展的"有材不好用、好材用不上"难题。

（5）发挥联盟优势，增强实施效果。进一步发挥产业技术创新战略联盟协同创新优势，推动开放性国际化公共研发平台和科技服务平台的建设、体制机制模式创新的国家技术创新中心的建立和跨界技术的整合。在实施"全链条部署、一体化实施"类项目时，支持联盟组建涵盖基础研究、重大共性关键技术攻关、系统集成以及应用示范全流程创新链条的技术攻关团队，推动落实项目各项配套保障条件，及时、高效地协调与解决项目实施过程中出现的各种问题，保证项目目标的顺利实现。

（五）政策需求

（1）加速产业结构调整，促进新材料骨干企业发展。完善产业发展的政策体系，加快资源整合，优化产业布局，根据各地优势资源及产业基础，重点培育和发展一批新材料产业骨干企业；通过支持企业强强联合、兼并重组，促进产业集聚和资源整合，将优势企业培育发展成为具有国际竞争力的行业龙头或骨干企业。

（2）加强产业组织创新，促进产业技术创新战略联盟建设。鼓励支持上下游企业和科研院所建立各种模式的创新联盟，由企业、研究机构和大学共同参与，促进产学研合作。加强企业技术创新及技术改造，强化技术开发的实用性、先进性和集成性，形成产业链，加强部门间统筹协调，综合运用财政资金支持、产业标准提升、知识产权保护等政策，形成政策合力，为新材料产业发展创造良好的政策环境。

（3）建立健全知识产权保护机制，完善国家标准体系。加强新材料研发、产业化和示范应用等环节的知识产权创造、运用、保护与管理，构建若干具备比较优势的专利组合，在国外主要贸易国部署一批专利，建立重大项目知识产权评议机制，在新材料产业集聚区开展知识产权集群管理，组建专利联盟，搭建知识产权公共服务平台。瞄准国际先进水平建立健全我国新材料检测评价标准及认证体系，积极参与新材料国际标准的制定，提升并带动新材料及器件的规模应用。

（4）加强材料技术创新，推动重大科技成果产业化。围绕节能环保、新一代信息技术、高端装备制造、新能源汽车等战略性新兴产业和国民经济重大需求，坚持企业创新主体地位，支持新材料企业加强核心关键技术研发，加快重点新材料技术产业化和示范应用，促进新材料生产与下游应用紧密结合，形成优势互补、利益共享机制清晰的新型合作机制。推动一批具有国际领先水平、产业引领作用和规模化前景技术成果的转化，保障新材料产业持续发展。

（5）加强人才队伍培养，积极引进创新人才。支持企业加强创新能力建设，吸引和培养高水平人才，形成持续创新能力。不断加大新材料领域创新型人才队伍的培养力度，建立适合创新人才发展的激励和竞争机制，吸引国外高水平的技术和管理人才，为推动我国新材料产业科技创新体系的建设提供人才保障。同时，鼓励新材料企业积极开展国际合作与交流，引进国外先进技术和管理经验，不断提升我国新材料企业管理水平和国际竞争力。

二、"十三五"新材料产业发展 12 项行动计划

"十三五"期间，新材料产业的发展必须全面贯彻党的十八大和党的十九大会议精神，深化落实《国家中长期科学和技术发展规划纲要（2006—2020 年）》《国家创新驱动发展战略纲要》《"十三五"国家科技创新规划》《中国制造 2025》决策部署，坚持创新、协调、绿色、开放、共享发展理念，坚持自主创新、重点跨越、支撑发展、引领未来的指导方针，坚持创新是引领发展的第一动力，把握材料科技创新发展的新态势，深入实施创新驱动发展战略，以增强材料领域原始创新能力为核心，以传统材料绿色化和提质增效促进产业升级为主线，以满足国家重大战略和国防建设对材料的迫切需求为目标，通过实施先进半导体材料行动计划、人工晶体材料行动计划、新型显示材料行动计划、绿色能源材料行动计划、

先进钢铁材料行动计划、高性能轻合金以及高温合金材料行动计划、碳纤维及其复合材料行动计划、先进无机非金属材料行动计划、高性能稀土材料行动计划、前沿材料行动计划、高端生物医用材料行动计划、材料与试验标准体系行动计划等重点项目，强化材料的基础创新能力，提高全链条贯通、集成和应用水平，完善多层次多类型人才培养体系，扩大科技开放合作，大力推进材料领域大众创业和万众创新，激发创造活力，增强发展新动能，构建产业新体系与发展新机制。实现材料由大变强的历史性跨越，支撑供给侧结构性改革和经济社会可持续发展。

（一）先进半导体材料行动计划

1. 发展现状

以硅材料、宽禁带半导体材料为代表的先进半导体材料是支撑我国庞大的电子信息产业和国防安全，促进我国节能环保、新一代信息技术、新能源等战略性新兴产业发展的核心材料。

国际上，半导体硅材料技术由小直径不断向大直径发展，1975 年硅片直径还是 100mm，后续经过向 125mm、150mm、200mm 几代技术跃迁，目前先进技术达到直径 300mm。鉴于集成电路集成度不断提高和线宽不断缩小，半导体硅材料技术发展除体现在直径不断增大外，还表现在跟随集成电路大约 3 年跨越一个技术节点。目前国际集成电路先进技术已进入到纳米时代，主流批量应用的集成电路技术节点在 45nm、32nm、28nm、22nm，批量应用的最先进集成电路技术节点达到 14nm、10nm、7nm。国内半导体硅材料技术为直径 200mm 及以下产品，针对 65nm、45nm 集成电路技术节点的直径 300mm 产品在应用验证阶段，尚未批量产出。

2017 年全世界半导体用硅材料产量约 118 亿 in^2，主要在日本、美国和德国生产，中国、韩国以及印度尼西亚、马来西亚、新加坡等也是重要的生产基地。全部半导体用硅材料中直径 300mm 的大尺寸硅材料比例达到 60%，直径 200mm 硅片占比 27%，直径 150mm 及以下硅片占比大约 13%。日本信越、日本胜高、德国世创、韩国乐金、中国台湾地区环球晶圆等 6 家公司垄断了全球 300mm 硅材料生产。按美林证券数据，全球 300mm 硅材料生产能力为 476 万片/月，其中日本信越生产能力为 130 万片/月，日本胜高生产能力为 137 万片/月，德国世创生产能力为 74 万片/月，韩国乐金生产能力为 70 万片/月，中国台湾地区环球晶圆生产能力为 65 万片/月。

20 世纪 80 年代中后期，日本在 GaN 材料的突破性进展，以及美国 DOE 资助 Cree 公司开展的 SiC 材料研究，标志着发达国家揭开了攻关宽禁带半导体材料及器件的序幕。在衬底材料及外延方面，GaN 衬底已形成以美国、亚洲、欧洲三大区域为主导，三足鼎立的产业分布与竞争格局。日本处于这一领域领先地位，多家日本公司已可以出售标准 2~3in GaN 衬底。目前国际市场上主流的 SiC 衬底和外延片为 3~4in，随着 6in 技术的发展和成熟，未来 5 年 6in 产品将成为主流产品。美国 Cree 公司、德国 SiCrystal 公司、美国 Dow Corning、日本 Nippon Steel、瑞典 Norstel AB 均能够提供 SiC 单晶衬底产品。2012 年由比利时微电子研究中心（Interuniversity Microelectronics Centre，IMEC）牵头，英特尔、三星等众多主流厂商参与的项目第一次在 8in Si 衬底上制备了耐高电压的 GaN 外延片。高端的 GaN 射频功率芯片制作在成本较高的高阻 SiC 衬底上，利用 SiC 良好的导热性能和较小的晶格失配，目前多家公司可以提供基于 SiC 衬底的射频微波功率用 GaN HEMT 外延片。在衬底制备方面，我国已实现 2in GaN 自支撑衬底的小批量供应；实现了 2~4in SiC 单晶衬底和外延片的商品化，但 SiC 衬底缺陷密度还比较高，质量与国际领先水平尚存在一定差距。在外延技术方面，我国在 6in Si 片上实现 GaN LED 技术，光效产业化水平已超过 120lm/W，属于国际先进水平。宽禁带半导体器件主要包括功率器件、射频器件和光电器件。其中功率器件包括 GaN 功率器件和 SiC 功率器件。2013 年，Transphorm 和 Panasonic 第一次在业界推出了 600V 的 Si 基 GaN 功率器件，极大地带动了 GaN 电力电子产业的发展。目前 Si 基 GaN 功率器件实验室的最高耐压已经超过 2000V，展现了巨大的应用潜力。短期内，GaN 功率器件将在低压领域逐步蚕食 Si MOSFET 的应用市场，而目前 Si 功率器件在这一应用范围内的市场规模超过 60 亿美元。SemiSouth 公司和 TranSiC 公司推出的商业化 SiC 晶体管阻断电压为 1200~1700V。Cree 公司已开发出高达 10kV 的 SiC 功率器件。我国已实现 SiC 功率器件批量生产，自主研发的 SiC 肖特基二极管多个产品涵盖 600~1700V 中高压范围，此外 3300V、4500V 器件也有样品，而真正能够发挥 SiC 功率器件性质的高电压器件研发较少。未来几年，柔性交流输电、柔性直流输电、新能源并网等领域市场总容量将达数百亿元规模，SiC 绝缘栅双极型晶体管（insulated gate bipolar transistor，IGBT）和 MOSFET 预计将为我国电力电子产业带来每年数十亿元的产值。另外，GaN 射频器件在国防应用和民用领域展示出巨大的潜力，多家公司如 Cree 公司、RFMD 公司、Nitronex 公司等均推出了 GaN 射频器件，日本的 Fujitsu 公司更是早在 2008 年就推出了采用 GaN HEMT 作为输出发射机的 WiMAX 基站。我国在 2008 年启动了"核高基"重大专项，推动 GaN 射频器件的发展，目前已具备 GaN 射频器件的批量生产能力，在低频范围内 GaN 射频器件的部分性能参数已经接近国际先进水平，但在可靠性、工艺技术等方面还存在差距。在光电器件方面，2014 年美国 Cree 公司宣布其实验室在 SiC 衬底上制备的功率型 LED 光效达到 303lm/W，为目前 LED 光效已有报道的最高水平。目前国际上先进的 LED 器件制备企业还有德国 Osram、美国 Lumileds、日本 Nichia、韩国 Seoul、中国台湾地区晶圆光电等，这些企业采用的都是蓝宝石衬底技术路线，产业化功率型 LED 器件光效水平在 140～150lm/W。我国大陆地区蓝宝石衬底产业化功率型 LED 器件光效水平在 130lm/W 左右。此外，以 Si 衬底外延技术产业化制备的功率型 LED 器件光效达到 120lm/W。

目前，我国的先进半导体材料与国外相比，还存在一些差距。例如，关键技术与装备能力不足，先进半导体材料技术的研究起步晚于发达国家，未形成发达国家比较成熟的产业链，目前急需发展拥有自主知识产权的先进半导体材料及器件技术，主要包括：大尺寸衬底及外延材料质量急需提高，制造成本需要进一步下降；先进半导体材料及器件制备所需的核心装备及其关键零部件急需实现国产化；先进半导体材料器件在能源、交通、通信、国防等领域的应用急需广泛开展。此外，还存在顶层设计及产业链上下游协作机制缺失、缺少共性技术研发及服务平台等问题。

2. 目标

到 2020 年，突破直径 300mm 硅材料制备的关键技术，形成支撑 10 万片/月及以上规模的工程化技术能力，产品满足 32～45nm 和 14～22nm 线宽的集成电路应用要求，并进入国际采购体系。面向 14nm 及以下线宽的集成电路应用要求，突破 450mm 硅单晶材料生长的一系列关键技术，包括热场设计、籽晶夹持、磁场、应力和缺陷控制等。

突破大尺寸、高质量 SiC、GaN、AlN 等单晶衬底制备技术，达到 6in SiC 衬底批量生产能力，微管密度≤1 个/cm^2，达到 4in GaN 衬底及 2in AlN 衬底批量生产能力，衬底光学、电学性质达到国际先进水平。突破在大尺寸 SiC、GaN、Si 等衬底上高质量生长 GaN、SiC 等厚膜材料的核心技术，达到 8in Si 衬底上无裂纹 GaN 基 5μm 厚膜材料大批量生产能力，实现大尺寸晶圆片产业化。在 6in 超厚 SiC 外延生长工艺方面，达到满足 10kV 器件应用要求的国际先进水平。实现 6in SiC 外延产业化。开发出大尺寸、超高生产效率的 MOCVD 商用设备，研制出可用紫外及大功率电子器件制造所需材料的专用型 MOCVD 商用设备，实现 MOCVD 设备核心部件的国产化率超过 50%；突破氢化物气相外延（hydride vapor phase epitaxy，HVPE）、SiC 单晶生长炉等设备的现有技术水平，发展 SiC 外延炉、SiC 高温（注入温度≤500℃）离子注入机、具有 C 膜保护的高温退火炉、带 NO 退火的高温氧化炉等设备的关键技术。面向高温、高频、大功率电子产品的应用需求，突破基于宽禁带半导体材料的耐高电压芯片核心设计和关键制备技术，掌握产业化 SiC 基 3.3kV MOSFET、10kV IGBT 器件制备技术；GaN 基电力电子器件耐压超过 1.7kV，开关频率超过 1MHz，产品通过各项国际认证及测试，满足实际产品应用标准。实现 GaN 毫米波器件的产业化，实现 f_T 和 f_{MAX} 大于 300GHz 的超高速器件。实现 GaN 射频功率器件占据整个射频功率器件市场30%以上的份额。

实现半导体照明产品光效超过 200lm/W，将 LED 与智能控制结合，实现照明智能化。面向紫外发光器件和探测器件的应用需求，研制成功基于 AlGaN 材料的紧凑型全固态紫外激光器、紫外探测器等，紫外激光器实现室温激射。

3. 主要内容

重点面向 32～45nm 和 14～22nm 线宽的集成电路要求，建设直径 300mm 硅材料的研发平台，开展 300mm 硅单晶生长、硅片精密加工、硅片清洗处理、外延生长、硅片检测等关键技术的研究，解决晶体微缺陷控制，实现平整度等硅片几何精密参数控制，有效处理硅片表面沾污。建设直径 450mm 硅材料的研发平台，立足于自主，开展直径 450mm 硅单晶生长的仿真模拟、热场设计、籽晶夹持、掺杂、应力和缺陷控制、磁场应用、安全保护等研究，攻克 450mm 硅单晶生长的关键技术难题。重点开展大尺寸宽禁带半导体衬底制备技术及核心制造装备的研究。研究和突破 SiC、GaN 等衬底同质外延材料的物理特性、应变状态及位错密度控制技术；开展 SiC 单晶和外延材料的均匀性控制技术研究，开发低缺陷高速超厚外延膜生长技术，完善质量控制体系、提高成品率、形成年产 5 万片规模的电力电子器件的外延片产业。研究高 Al、高 In 组分 GaN 材料外延技术。研发紫外及大功率电子器件材料外延的专用型 MOCVD 商用设备，研究 SiC 外延炉的关键技术。重点突破面向光电应用的 200lm/W LED 制备技术，开展照明智能控制系统技术开发；开展 LED 在医疗、农业、通信等领域的超越照明技术研究。研究 AlGaN 深紫外半导体激光器的光泵浦技术，研究 AlGaN 深紫外光电探测器件技术。重点发展高性能宽禁带半导体芯片研制及核心制造装备。掌握高压大容量 SiC 器件基础理论，攻克高可靠性、低成本器件设计技术，自主开发出高良率的器件制备工艺。开展高质量、低成本 GaN 电子器件芯片的设计与研制，研究高电子迁移率、低漏电的外延结构设计，以及 CMOS 兼容工艺及绝缘栅增强型器件。开展大尺寸多片 SiC 高温（注入温度≤500℃）离子注入机、具有 C 膜保护的高温退火炉、带 NO 退火的高温氧化炉等设备的研制。重点开展高可靠性宽禁带半导体器件封装集成技术及系统可靠性评价技术研究。开展高电压大电流 SiC 电力电子器件的高压、高温封装技术研究，包括高温高压绝缘基板技术、高温高压灌封胶绝缘技术、耐高温键合技术等关键工艺技术。GaN 芯片封装研究方面，重点研究基于高性能基板材料的宽禁带半导体器件封装技术、高导热基板材料与加工技术、快速可靠的固晶与互连技术、大负载下器件的封装设计方法、快速自动化加工与检测技术。研究系统老化与失效机理、可靠性模型，以及寿命快速评价方法。依托国内有实力功率器件制造企业，打通关键制造工艺及技术，实现宽禁带半导体功率器件的批量生产。产品通过各项国际认证及测试，满足实际产品应用要求。

4. 实施途径

在政府持续扶持下，国内在硅材料产业化方面已经有了良好基础，打造了有研半导体材料有限公司（简称有研半导体）和浙江金瑞泓科技股份有限公司等颇有实力的实体企业。有研半导体在硅材料产业化运作方面积累了多年的经验，拥有两个生产基地，建有多条硅材料生产线，主要产品有集成电路用 150～300mm 直拉轻掺杂硅单晶及抛光片、外延衬底用 150～300mm 重掺杂硅单晶及抛光片、电力电子器件用 3～5in 区熔硅单晶及抛光片、太阳能硅单晶、集成电路设备用直径 200～450mm 硅部件及相应的硅单晶材料等。有研半导体是国内产品系列较丰富、产品较先进的企业，在国内率先拉制出 8in、12in 单晶，率先实现 8in 硅片的批量生产，建成国内 300mm 硅片中试线并开发出 300mm 硅片产业化技术，是国内产出集成电路设备用硅部件及相应的硅单晶材料的企业。有研半导体通过 TS16949 和 ISO14000 体系的认证，产品具有良好的性价比，在国内外市场上具有较强的竞争力，用户包括德州仪器、东京电子、东芝、应用材料及中芯国际、华虹 NEC、华晶等国内外知名企业。

我国半导体照明产业发展迅速，产业链完整，产业初具规模。据国家半导体照明工程研发及产业联盟统计，"十二五"期间，我国半导体照明产业规模 CAGR 超过 30%，2013 年我国半导体照明产值为 2576 亿元。预计到 2020 年，产业规模超过 1.3 万亿元。在 GaN 衬底生产方面，东莞市中镓半导体科技有限公司从事自支撑 GaN 衬底、GaN/Al_2O_3 复合衬底的研发、生产和销售，拥有专业的 GaN 衬底材料生产线，可制备出厚度达 1100μm 的自支撑 GaN 衬底，并能够稳定生产。在 SiC 衬底生产方面，北京天科合达蓝光半导体股份有限公司拥有自主知识产权的 SiC 晶体生长炉和 SiC 晶体生长、加工技术，建立了 SiC 晶片生产线，目前已经实现 2in 导电型、半绝缘型 6H-SiC 晶体，以及 2～4in 导电型 4H-SiC 晶体的商品化；山东天岳晶体材料有限公司研发的 SiC 晶体生长和衬底加工技术达到了世界先进水平，拥有独立的自主知识产权，目前已经实现 2～4in 导电型、半绝缘型 4H-SiC 晶体的商品化。在 GaN 器件生产方面，苏州能讯高能半导体有限公司建设了 GaN 电子材料与器件生产线，其技术水准与规模属于国际先进，目前已在其生产线上推出了针对 4G 移动通信的长期演进（long term evolution，LTE）基站应用的 GaN 高功率微波功率器件产品，此外生产出单管耐压 2000V 的 GaN 功率开关器件产品，正在小批量装备设备样机。中国电子科技集团公司第五十五研究所、中国电子科技集团公司第十三研究所、中国科学院微电子研究所、西安电子科技大学各有一条 GaN 专用的生产线，部分样品已经提供试用。在 SiC 器件生产方面，泰科天润半导体科技（北京）有限公司拥有完整的半导体工艺晶圆厂，可在 4in SiC 晶圆上实现半导体功率器件的制造工艺，研发的 SiC 肖特基二极管多个产品已成功量产，耐压达到 600～3300V 中高压范围；株洲南车时代电气股份有限公司启动 SiC 新型电力电子器件集成制造技术研发及产业化项目，建设国内首条自主知识产权的 SiC 电力电子器件生产线。

同时，国家在项目设置上也为发展先进半导体储备基础。大直径硅材料方面，从关键技术开发、工程应用研究、产业化技术开发着手，有针对性地进行了科技攻关部署，并形成了大直径硅材料的研发体系，形成了面向 90nm 线宽的集成电路用 12in 硅材料产业化技术，并带动部分关键国产硅材料设备攻关研究，为更先进技术节点的大直径硅材料研发奠定了良好基础。宽禁带半导体材料和器件在能源、交通、信息、先进制造、国防等领域的诸多应用均具有军民融合、领域交叉的特点。"十二五"以来，各相关领域分别对其涉及的技术瓶颈进行了部署，包括超高效率氮化物半导体照明芯片基础研究（国家 973 计划）、高性能 LED 制造与装备中的关键基础问题研究（国家 973 计划）、高效半导体照明关键材料技术研发（国家 863 计划）、半导体照明应用系统技术集成与示范（"十城万盏"支撑计划）。能源领域涉及能源高效转换高压大容量新型功率器件研发与应用（SiC 及硅基 IGBT，国家 863 计划）、SiC 电力电子器件集成制造技术研发与产业化（重大专项）、硅基异质材料多功能融合的器件工艺技术研究（硅基 GaN 电子器件，重大专项）、全光谱 InGaN 系新型高效太阳能电池（国家 863 计划）。现代交通领域涉及 SiC 电力电子器件集成制造技术研发与产业化（重大专项）、SiC 千瓦级大功率开关器件（重大专项）、能源高效转换高压大容量新型功率器件研发与应用（国家 863 计划）。信息领域涉及可见光通信系统关键技术研究（国家 863 计划）。自动化领域涉及 SiC 半导体材料成套设备研发（重大专项）、SiC 电力电子器件集成制造技术研发与产业化（重大专项）、硅基 GaN 材料及核心器件研发（重大专项）。以上相关科技计划的部署，为专项实施奠定了良好的研发基础。但相关高新技术的研发和产业化推广的支持还需突破领域限制，需要宏观层面的综合统筹和协调，一方面发挥新材料、能源、交通、信息、先进制造、国防等各领域的自身独特技术和管理优势，互补结合，推进新技术新应用的发展；另一方面通过相关领域交叉合作和有效反馈带动各领域的新技术及产业发展。

5. 政策需求

（1）针对先进半导体材料、技术及应用项目多学科交叉、融合的特点，联合多领域优势资源，开展多学科、跨领域的集成创新，构建新的技术创新链；集聚创新队伍，完善国家、研究机构及企业共同参与的持续性投入与人才激励机制，形成可持续发展、体制机制创新的国际化、开放性公共技术研发平台。

（2）在产品开发阶段，通过政府引导、示范应用、标准制定等培育市场，推动上下游企业合作、产品应用、客户验证；在产业化阶段，重点做好标准制定、公共检测平台建设，以及加强产业化基地建设，整合区域产业集群，建立完整的产业链。

（二）人工晶体材料行动计划

1. 发展现状

我国的人工晶体材料产业已形成"基础性研究—制备技术研究—批量生产"体制，并在发展人工晶体材料科学中作出了重要贡献。

经过半个世纪的发展，激光材料由最开始的几种基质发展到了现在的数十种实用化的晶体和其他固体材料，包括玻璃、陶瓷和光纤。在激光晶体中，$Nd:YAG$、$Nd:YVO_4$ 和 $Ti:Al_2O_3$ 晶体被称为三大基础激光晶体，广泛应用于各种功率的激光激光器和可调谐、超快激光器的制备。我国生产的激光晶体，除基本满足国内高技术产业和国防等需求外，在国际市场上的占有率已达 1/3 左右。我国激光产业有巨大的市场潜力和广阔的发展前景。中国的非线性光学晶体基础研究处于国际先进水平，取得以 LBO 和 KTP 等一系列晶体为代表的、具有国际领先水平的研究成果。近年，LED 衬底材料蓝宝石晶体作为新兴产业，得到蓬勃发展。但由于无序竞争和过热投资，加上晶片市场价格起伏带来的冲击，目前正在进行调整，逐步进入良性发展阶段。闪烁晶体在高能物理、核医学成像及安全检查和核燃料扫描、地质勘探等方面广泛应用，近年来受到越来越多的关注。我国实现了高质量、大尺寸 BGO 晶体的批量化生产，为欧洲核子研究组织和通用电气公司等科研生产机构提供了大量的高质量晶体，为重大工程提供了关键材料，在国际上赢得了相当高的荣誉；同时 PWO 等闪烁晶体的研究和应用也处于国际先进水平。

目前，中国功能晶体材料领域的发展势头良好，主要表现在：①专门从事功能晶体材料的龙头上市企业不断出现，有利于依靠资金的优势加大对新晶体材料的研发和新应用领域的开拓；②功能晶体产业链正在逐步形成；③国际合作不断加强，核心竞争力逐渐形成，提高了我国在该行业的国际竞争力；④晶体产品正在逐步应用到一些国民经济支柱行业，有利于促进我国产业结构调整，加快功能晶体在其他新领域的推广。

但是，我国功能晶体材料产业规模普遍较小，整体水平处于国际产业链中的前端，目前所生产的产品多为原晶或经简单加工的一般器件。高质量的晶体产品，如高功率激光器用的激光晶体、高抗光损伤阈值的 KTP 晶体、大尺寸的 BBO 晶体以及大量晶体器件仍靠进口，晶体生长、加工、镀膜的先进设备发展相对滞后，工业化生产和装备制造能力较弱。

功能晶体材料产业存在问题包括：①科研成果转化为生产力的能力较差，许多具有市场前景的成果仍停留在实验样机阶段；②资金投入不足，市场开拓不够，一些重要光电晶体产品尚未形成规模生产，效益较低；③产品质量较差，在安全性、稳定性、可靠性及标准化等方面还有待进一步提高；④创新能力较差，高质量的光电产品少，智能化、自动化程度较低，缺乏市场竞争能力；⑤晶体产品缺少国家标准，产品质量监督不力，不利于功能晶体产业发展；⑥我国人才流失情况严重，在一些高端功能晶体材料研究和应用开发方面缺乏相应的人才。

2. 目标

到 2020 年，开发出特定波段实用化器件制备的关键工艺；研制出支撑我国重大科学和国防工程用的大功率器件，实现闪烁晶体和复合功能晶体在医疗、探测和其他方面的应用；制备紫外、深紫外全固态激光器件及其整机，在先进科学技术领域获得应用；拓展功能晶体在空间通信、紫外探测、激光核聚变等重要国防领域的应用。

3. 主要内容

实现从基础研究、前沿技术、应用技术到示范应用全创新链的重点技术突破，获得大尺寸、高质量的激光和非线性光学晶体材料；掌握高功率激光和复合功能器件及其应用、深紫外全固态激光器及先进科学装置、闪烁晶体器件及相关医疗探测仪器产业化关键技术；完善科技创新和产业发展的政策与服务环境；打造一批具有国际竞争力的科技型企业，相关技术指标达到国际先进水平。

4. 实施途径

我国的人工晶体材料研究经过半个多世纪的发展，已具有较高的技术水平和较完善的科研系统。在国家科技攻关计划、国家 863 计划、国家 973 计划、国家自然科学基金等的支持下，重点开展了激光晶体、非线性光学晶体、闪烁晶体、光折变晶体、压电晶体、声光晶体、电光晶体、磁光调制晶体、超硬晶体、宝石晶体等人工晶体研究，使我国的晶体产品从无到有、从小到大、从单一品种到多品种系列化，在国际先进技术方面占据重要地位。

未来应重点推进紫外深紫外全固态激光器、红外非线性光学晶体、高热导率和扩展波段激光晶体、压电晶体和闪烁晶体与光电功能器件产业化示范，逐步形成具有我国自主知识产权的装备产业体系；建立和完善晶体共性测试平台（如晶体的透过波段、折射率、热导率、硬度等及其在不同温度、压力条件下的变化特性）以及特种功能晶体测试平台（如激光晶体、非线性光学晶体、压电晶体、电光晶体和闪烁晶体等）；建立重要功能晶体产品的标准体系，丰富制定标准所需的工艺参数、材料性能等基础数据，注重统一标准和测试方法以及测试设备的标定。工程化、产业化方面，坚持市场导向。遵循市场经济规律，充分发挥市场配置资源的基础作用，重视功能材料推广应用和市场培育。准确把握功能材料产业发展趋势，加强产业规划实施和政策制定，积极发挥政府部门在组织协调、政策引导、改善市场环境中的重要作用。坚持绿色发展，牢固树立绿色、低碳发展理念，重视功能材料研发、制备和使役全过程的环境友好性，提高资源能源利用效率，促进新材料可再生循环，改变高消耗、高排放、难循环的传统材料工业发展模式，走低碳环保、节能高效、循环安全的可持续发展道路。研发模式方面，成立国家级研发平台，深化国际合作交流，充分利用国际创新资源，开展人才交流与培训，引进境外人才队伍、先进技术和管理经验，积极参与国际分工合作。

（三）新型显示材料行动计划

1. 发展现状

进入 21 世纪，以 TFT 液晶显示器、OLED 为代表的新型平板显示技术得到了突飞猛进的发展。2012 年，全球新型显示产业总产值达 1243 亿美元。其中，TFT 液晶显示器面板总产值为 1113 亿美元；AMOLED 面板总产值为 68 亿美元。预计未来几年内，新型显示产业产值仍将保持年均 10%左右的高速增长趋势。新型显示产业是我国当代电子信息产业的重要支柱。我国新型显示产业历经 10 年的发展，已经进入快速发展期，产业投入近 3000 亿元，产业规模超过 1000 亿元，形成了包括 TFT、OLED 等比较丰富完善的产业链，多条高世代液晶面板生产线相继投产。在国际平板显示产业发展趋缓的形势下，我国平板显示产业逆势而上发展，掌握了 TFT 液晶显示器件的大规模生产技术，拥有大规模显示面板的生产能力，并培养了一大批技术骨干。目前，12in 低温多晶硅和 31in 金属氧化物的 AMOLED 全彩显示屏、30in 基于打印技术的氧化物 AMOLED 全高清全彩显示屏等已开发成功。此外，作为新型显示产业的新趋势——印刷显示与激光显示已取得了显著的进展。我国在国际上首次实现了全印刷彩色 OLED 显示样机，开发出具有国际特色的有机电子墨水和全印刷电极材料；成立全国印刷电子产业技术创新联盟；在墨水材料技术、电化学溶液成膜技术、喷墨打印技术、电润湿显示技术、印刷显示相关材料性能评价方面也开展多年研究，拥有较强的技术研发基础。

2. 目标

围绕印刷显示、激光显示，在材料设计、生产、测试，以及显示器件工艺等环节形成技术创新链,进行可印刷半导体/纳米功能/电光材料、印刷显示基板材料、印刷工艺技术、高可靠性红绿蓝光半导体激光的材料和芯片制备/封装与集成应用、超广角光学成像设计和批量制造关键设备与工艺等领域的技术创新布局,获得突破进展,培养和筹建国家级工程实验室、工程(技术)研究中心等创新基地。培育发展一批技术引领型的标杆企业,布局优势明显的产业集聚区,建立"沿途下蛋"机制,将创新技术逐步导入液晶显示彩色滤光片制作等产业应用,促进新型显示产业的产业结构升级。到 2020 年,实现印刷显示和激光显示产业产值超 1000 亿元,GDP 带动规模达到 4000 亿元。完善产业链,印刷显示和激光显示关键材料国产化率分别达到 55%和 80%,培养并凝聚一批高水平的印刷显示和激光显示技术创新与产业创新人才,构建多层次结构技术创新科技队伍。围绕印刷显示和激光显示以及关键材料,申请一批核心关键发明专利,逐步建立印刷显示和激光显示行业标准体系。

3. 主要内容

围绕印刷显示与关键材料开展原创性研发,掌握可印刷 TFT 关键材料体系、可印刷发光/反射显示材料体系、可印刷纳米功能性材料、印刷显示量产工艺、卷对卷集成/制造技术等相关领域关键技术以及激光显示关键技术。以企业为创新主体,以国家/省级工程中心(实验室)、材料测试中心、产业应用示范平台等为创新基地,建立印刷显示与激光显示材料创新体系。建立印刷显示和激光显示产业发展的创新机制,与地方优势结合,围绕标杆企业,形成具有国际先进水平、可持续创新的印刷显示产业链。

4. 实施途径

在"十三五"期间,应发挥国家财政投入的引导性作用,充分利用地方优势资源,建立多元化的筹资方案。发挥企业在研究开发和投入中的主体作用,同时吸纳国内外在材料、工艺及设备方面有优势的企业、高校、研究院,建立多渠道的项目技术与经费分担机制,充分利用地方政府的政策支持,加速印刷显示与激光显示以及关键材料的技术研究。

5. 政策需求

(1)人才政策扶持。新型显示产业是技术密集型产业,这就需要国家的人才政策扶持,大力吸引海外顶尖专业人才,加强与欧洲、美国等印刷显示地区及强国的国际交流与合作,在自主创新的同时,充分吸收利用外部的先进技术。

（2）税收及资金政策支持。新型显示产业是资金密集型产业，在工程化方面需要国家政策的重点扶持。建议国家（或地方政府）以政策性引导基金方式吸收社会资本，筹集以知识产权、成果为标的的投资基金；政策上给予创业板或新三板股权融资绿色通道。产业化初期，建议国家给予税收减免、经济鼓励、财政补贴等，并为鼓励股权、债券、资本市场等多元化、多渠道的投融资机制的建立提供政策基础。在产业化示范阶段，以"利益共享、风险共担"为原则，以国家、产业资本、风险投资等相结合的股权融资为主，采取政产研相结合、共同投入的方式化解风险。

（3）产业政策支持。还需政府加强关键技术攻关与集成创新，鼓励产业链整合；加强知识产权整体规划，打造专利池，建立行业规范与产品标准，保护我国新型显示自主知识产权；通过政府采购引导与市场化营销相结合，加强市场推广认可，优化产业环境，促进我国新型显示产业的迅猛发展。

（四）绿色能源材料行动计划

1. 发展现状

太阳能电池方面，中国在多晶硅、硅片、电池片、组件和应用等全产业链的五个环节都有长足的进步，系统成本大幅降低，为光伏应用创造了良好条件。此外，进一步发展高效低成本光伏电池及其关键材料是太阳能电池技术产业化的主要趋势，对染料敏化太阳能电池（dye sensitized solar cell，DSSC）和有机太阳能电池（organic photovoltaic，OPV）等也应给予高度重视。

锂离子电池方面，中国、日本、韩国三国的锂离子电池产量已占到世界产量的 95%，形成了三分天下的格局，但我国的二次电池领域原创性成果少，核心技术多数受制于国外；具备国际竞争力的大型企业偏少，创新能力不足。鉴于电动汽车和风光电等储能的需求，新一代动力与储能电池将是二次电池发展的主要趋势。

燃料电池方面，以美国、欧洲、日本和澳大利亚为代表的发达国家及地区已有高性能固体氧化物燃料电池（solid oxide fuel cell，SOFC）发电系统的商业销售，我国已开始数千瓦级 SOFC 独立发电系统的研制，但在电极、电解质、密封、连接体、燃烧室和换热器等特殊陶瓷与金属等关键材料以及相关技术方面与发达国家及地区还有很大差距，研发和工程化体系亟待加强。我国在催化剂、膜材料以及双极板等关键材料方面取得了较大进展，但产业化程度较低。我国在燃料电池客车方面有较大进展，目前有世界最大的燃料电池客车订单。

2. 目标

太阳能电池方面，晶硅电池转换效率为 23% 以上，硅基薄膜电池转换效率为 12% 以上，CdTe 电池实现商业化应用，初步实现用户侧并网光伏系统平价上网，公用电网侧并网光伏系统上网电价低于 0.6 元/(kW·h)；OPV 获得 15% 的能量转换效率；DSSC 实验室光电转换效率超过 11%，模组光电转换效率超过 8%。

锂离子电池方面，高能量电池的比能量超过 300W·h/kg，高能量电池系统的比能量超过 200W·h/kg，高功率动力电池系统的比功率达到 3000W/kg；锂离子动力电池价格低于 2.5 元/(W·h)，锂离子储能电池价格低于 1.5 元/(W·h)，钠离子电池价格低于 0.5 元/(W·h)；安全性和寿命满足大规模应用要求。

燃料电池方面，开发长寿命（10 000h 运行寿命）、低成本（5000 元/kW）、广泛环境适应性（−30℃低温启动）电池堆工程化制备技术，解决 SOFC 单电池一致性和寿命等技术难题，开展 SOFC 电解质、单电池、电堆的批量生产技术及工艺装备等工程化开发，电池堆运行寿命大于 10 000h，初始效率大于 60%。

3. 主要内容

太阳能电池方面，研究开发高效低成本光伏电池材料关键技术，重点发展低成本、高质量、低能耗、高环保的多晶硅和 CdTe 材料。掌握多晶硅制备关键技术，包括三氯氢硅低能耗提纯技术、多晶硅低能耗还原工艺、多晶硅副产物综合处理技术、低成本硅烷法制备多晶硅技术、多晶硅流化床制备技术等；CdTe 材料关键技术，包括高效廉价提取粗碲，开发纯度高于 99.999% 的 CdTe、硫化镉（CdS）、碲化锌（ZnTe）块体、粉体的廉价制造技术，开发沉积大面积薄膜的 CdTe、CdS、ZnTe 靶材制备技术等。与此同时，发展新型 DSSC 和 OPV 关键材料：DSSC 重点开发纳米晶材料、光敏活性材料、廉价对电极材料及空穴传输材料，开发全印刷技术，优化制备工艺；OPV 重点发展光敏活性材料，同步开发和优化电极材料及配套的辅助材料。

锂离子电池方面，发展新一代动力与储能电池关键材料技术。重点发展高容量富锂 Li_2MnO_3-$LiMO_2$（M = Co、Ni、Mn 等）和高电压尖晶石类 $LiMn_{1.5}Ni_{0.5}O_4$ 正极材料、长寿命高安全的 $Li_4Ti_5O_{12}$ 负极材料，以及与电池安全、性能、寿命相关的电解液技术；通过前驱体技术开发及材料制备工艺的优化，开发成本低、性能稳定的磷酸铁锂和三元材料等电池材料。发展新一代高容量二次锂硫电池和锂-空气电池关键材料及技术，开发新型低成本水性钠离子电池和液态金属电池关键材料及电池技术。

燃料电池方面，发展新一代燃料电池关键材料及其工程化批量制备技术。重点开发铂合金、单分散铂、非贵金属纳米催化剂，超薄长寿命质子交换膜，低铂载量、超低铂载量及非贵金属膜电极制备技术，碱性膜燃料电池关键材料及膜电极制备技术，SOFC 关键材料、膜电极、电池堆工程化技术。

4. 实施途径

能源互联网和大数据技术的进步为多种能源形式在同一体系架构内的融合互补创造了条件，实现了光伏、风电、天然气发电等多种清洁能源形式的联供互补和能源的梯级利用。但总体来看，我国绿色能源产业整体支持力度薄弱，各计划之间互相呼应衔接不够，产业、市场和科研规模比较分散，结构不合理，存在盲目投资现象，造成人力和物力的浪费。另外，国家在研究开发方面缺乏顶层设计，技术开发原创性较少，跟随研究较多。加强国际交流与合作是实现全球清洁能源创新发展的重要途径。国内光伏企业应抱团出海，通过产能合作方式，构建全产业链战略联盟，形成产业综合国际竞争优势。同时，全球区域间光伏以及可再生能源技术、市场应用、产业发展并不均衡。因此，我国的光伏企业应以更强的社会责任感和更广阔的视野，充分发挥各自技术优势、产业链优势和市场优势，加强协同，创新合作模式，通过培育和开拓光伏市场，让更多的人用上清洁能源电力，享有绿色能源生活。需要通过以下方式改善整个绿色能源材料产业现状。

（1）政策支持产业突出重点，整合平台，杜绝重复建设；优化资源配置，重点建设高性能材料和产品的研发、制造平台，提高掌握先进技术、拥有先进产能企业的市场占有率。

（2）努力引导机制创新，提倡产学研用密切合作模式、建立科学的人才及技术评价机制、择优滚动的项目支撑制度；加大研发支持力度，加快产业创新速度；鼓励企业、科研院所、高校等创新主体围绕产业链布置创新资源。

（3）采取"有所为，有所不为"的原则，选择几项经示范应用证明有广泛应用前景的技术，依托优势单位，统筹技术开发、市场应用等环节，加快形成集群效应。

（4）实施储能技术产业创新发展工程或重大应用示范工程。通过项目实施，推动我国储能产业化进程。

5. 政策需求

（1）加强研发机构建设，提高产业自主创新能力。围绕未来 20 年产业发展，应当加强在太阳能电池材料、锂离子动力电池及其材料领域建设国家重点实验室、国家工程实验室等国家级研发机构，提升产业自主创新能力。

（2）设立绿色能源材料创新专项，加大科技投入，加快关键核心技术和前沿技术的研发。引导政府、社会资源和高校、科研机构加大科技投入，产学研相结合，提升产业技术水平；支持高校、科研机构联合企业开展新材料、新技术前瞻性和先导性的研究，为开发具有自主知识产权和良好市场应用前景的新能源技术奠定基础。

（3）加强产业规划与协调，把绿色能源材料产业放在优先发展的位置，带动原材料产业的发展，促进新能源产业的壮大；完善国家标准、技术规范及行业准入政策，引导产业围绕节能减排健康发展。

（4）实施专业人才培养战略，加大创新型人才的培养力度，引进海外工程技术人才，建立激励和竞争机制，为绿色能源材料产业发展提供保障。

（5）开展广泛的国际合作。加强引进技术的消化吸收与创新，加强材料的国产化；鼓励先进技术出口，广泛利用全球科技资源，参与国际竞争。

（五）先进钢铁材料行动计划

1. 发展现状

先进钢铁材料是我国国民经济建设、国防建设的基本保障，是支撑当今高技术产业发展不可或缺的关键基础材料，其产品涉及种类多、技术附加值高、产业关联度高。目前除少数品种外，其他钢铁材料的自给率都达到了100%，关键钢铁材料产品（如汽车用钢、管线钢、硅钢、船板用钢）的产量大幅提高，国内市场占有率达到95%以上。

在先进能源用钢方面，我国基本掌握了水电、核电装备所用的大型不锈钢铸锻件的生产技术，改变了大型不锈钢铸锻件依赖进口的局面。风力发电设备使用的材料中80%是钢材。我国已具备了风电用宽厚板、高级别ϕ80mm风电轴承用钢（GCr15SiMn）的批量生产能力，偏航轴承总成和风叶主轴轴承总成还在研制之中。

在现代交通用钢方面，自主研制的微合金化车轮用钢已成功用于时速200km的列车；对于高端车轴用钢S38C，我国正处于工业试验阶段；高速铁路弹簧钢研究已有重大突破，有望实现国产化；高速铁路用钢轨研发处于国际先进水平。强塑积在30～40GPa·%的第三代高性能汽车用高强度钢的研发已接近国际先进水平。

在海洋用钢方面，目前屈服强度355MPa以下平台用钢基本实现国产化，占平台用钢量的90%；海底管线钢X65、X70、X80及厚壁海洋油气焊管均已实现国产化；化学品船用中厚板已实现国产化。

在先进制造基础零部件用钢方面，轴承钢、齿轮钢、模具钢、高速钢等产量均居世界第一，但整体发展水平和产品质量与发达国家相比仍有很大差距。一些高技术含量的产品仍然需要进口。

2. 目标

以满足装备制造和重大工程需求为目标，发展高性能和专用特种优质钢材。重点发展核电大型锻件、特厚钢板、换热管、堆内构件用钢及其配套焊接材料，加快发展超超临界锅炉用钢及高温高压转子材料、特种耐腐蚀油井管及造船板、建筑桥梁用高强钢筋和钢板实现自主化。积极发展节镍型高性能不锈钢，高强汽车板，高标准轴承钢、齿轮钢、工模具钢、高温合金及耐蚀合金材料。重点研究重大战略工程所需的高品质特殊钢，包括船舶与海洋工程用钢、交通/能源用钢和先进制造基础零部件用钢等钢铁材料的强韧化机制与高可靠长寿命机理，突破高洁净度冶炼、夹杂物精确控制、均质化与组织精细化控制、精确成型与加工技术，构建绿色化与智能化钢铁流程，实现关键技术及典型品种示范应用。形成我国钢铁材料品种、生产、应用、评价与标准规范体系，材料的质量稳定性、可靠性和适应性整体达到国际先进水平，发展满足国民经济建设、重大工程及高端装备制造等需求的典型钢铁品种，使其国内市场自给率超过 80%，使用寿命延长 50%，钢铁生产综合能效提高 10%，支撑我国钢铁工业转型升级和可持续发展。

3. 主要内容

针对能源用钢的高强韧、长寿命机理与组织精细化调控，高/低温、高压、复杂介质环境下的失效行为（断裂、腐蚀、磨损）与机理等进行基础性研究。开展高强高韧钢低成本合金设计与全流程组织细化热机械控制工艺（thermo-mechanical control process，TMCP）技术和提高耐磨性、耐蚀性与高温性能稳定性的基体组织与析出相控制等重大共性关键技术的研究。开发 X90/X100 超高强管线钢和大壁厚石化容器、耐腐蚀管道建造用全轧制钢-钛与钢-耐蚀合金复合板，LNG 储罐用节镍型超低温，700℃火电机组用耐热合金，先进核能系统用钢（含铸锻件）；大单重、特厚（100mm 以上）临氢设备用 Cr-Mo 容器钢等典型应用示范。

针对高性能交通用钢多相与动态相变强韧化机理，抗冲击、耐腐蚀、耐疲劳设计原理，成形回弹、延迟开裂机理和耐海洋大气腐蚀、抗震、耐火机理等基础及前沿技术展开研究。开展第三代汽车用钢的多相组织设计与调控、生产工艺与装备及制造关键技术，第三代汽车用钢应用及轻量化评价技术，高速重载铁路用钢的窄成分冶炼、超低氧控制技术，高耐磨抗冲击重轨组织调控技术，低屈强比控制技术，表面预处理技术等重大共性关键技术研究。开发抗拉强度为 1000～1500MPa 的高强塑积第三代汽车用钢铁材料、生产及关键部件制造产业化，高速重载铁路轮轴、转向系统、轨道用钢及车身用耐蚀钢等的研发及产业化示范。

针对大尺度、极寒环境用低温钢强韧化机理，海洋用钢低成本、高耐蚀设计原理，海洋服役环境下海洋用钢腐蚀机理与影响规律等基础及前沿技术展开研究。开展成分设计、生产工艺、生产装备关键技术，船舶及海洋工程钢产品差异化评价技术，高耐蚀海洋工程特种部件粉末冶金工艺技术，超低温用钢分、工艺、应用评价及建造等重大共性关键技术研究。开发 400ft（1ft = 0.3048m）以上自升式平台用高强钢体系，导管架、半潜式平台用可大线能量焊接厚板，LNG 船用因瓦合金薄板，超大型集装箱船和 LPG 船用 F 级厚板，大型平台及船舶用高强锚链钢及低温型钢，极地船舶用钢等典型应用示范。

针对机械零部件用高品质特钢所要求的高强韧性、高纯净度、高均匀性、超细晶粒度、耐磨耐蚀及高表面质量等基础及前沿技术展开研究。开展轻量化、高性能、长疲劳寿命、运行平稳、低噪声、安全、节能、低成本、易加工、多品种的机械零部件用特殊合金钢的重大共性关键技术研究。开发高品质齿轮钢、高品质弹簧钢、高品质模具、高品质紧固件用钢、高品质轴承钢、高品质气阀钢等典型应用示范。

4. 实施途径

"十三五"期间战略性新兴产业快速发展，对先进钢铁材料的性能提出了高强、高韧、耐高温、耐腐蚀、耐磨损或结构功能一体化的需求。因此要研究钢铁材料的强韧化与高可靠长寿命机理，突破高洁净度冶炼、夹杂物精确控制、均质化与组织精细化控制、精确成型与加工技术，构建绿色化与智能化钢铁流程，实现关键技术及典型品种示范应用。

党的十九大报告指出，推进能源生产和消费革命，构建清洁低碳、安全高效的能源体系[①]。积极发展核电、风电、水电、天然气发电、太阳能发电等清洁优质能源刻不容缓。

目前，我国核电站总体国产化率为 50%～60%，而到 2020 年，国产化率将超过 80%。作为核电主设备关键原材料的大型铸锻件大多数依赖进口，同时核电阀门几乎全部需要进口。因此，面向国家先进能源发展和重点能源工程建设需求，开发核电与火电重大装备制造急需的高性能钢铁材料，研究特殊服役条件下材料组织性能退化与服役安全是当前首要任务。

未来 15 年可能是中国水电建设的良好机遇期，开发的重点是我国西部地区。

---

① http://cpc.people.com.cn/n1/2017/1028/c64094-29613660.html

其重要的原因是西部地区的水能资源占我国水能资源的 60%，但开发率仅有 8%。同时，我国是风能资源非常丰富的国家，风电是绿色能源，也是替代煤电的重要的新能源。到 2020 年水电在发电总量的占比达到 30%，风电、太阳能发电的占比达到 12%。

要达到上述发展目标，离不开发展水电、风电、太阳能发电所需用的钢材。这些钢材量大，品种规格多，性能标准要求高，如建水电站大坝主体用钢，金属结构和机电设备用钢，建风力发电塔架用的低合金高强度结构钢，发展太阳能发电用 C 型钢、太阳能支架、Z 型钢、U 型钢等。

面临着资源匮乏与环境保护的压力，人们对交通工具安全、节能、环保的要求越来越高。车身轻量化是节能减排的有效途径，应实现抗拉强度为 1000~1500MPa 的高强塑积第三代汽车用钢的制备与应用，整车减重 8%~20%，汽车轻量化钢铁材料研发与应用达到国际领先水平。

随着我国高速铁路运行里程的快速增长以及走向世界的步伐加速，先进高速铁路所用钢材也急剧增加。时速 300km 以上高速铁路用材基本国产化，重载钢轨满足 5 亿 t 运量或 50 年使用寿命要求，应针对高速、重载铁路轮轴系统、转向系统、制动系统铁轨及配套部件用钢及车身用耐蚀钢进行自主化创新研究。

围绕"一带一路"倡议的实施，开发海洋资源是"十三五"重要举措。全面提升我国船舶及海洋工程用钢的研发及应用水平是当前首要任务。典型材料的性能分别达到强度 785MPa，厚度最大规格 180mm 以上，最大焊接热输入达 200J/cm，实现焊材、型材配套，示范应用总量达到千吨以上，提高我国上述高端品种的自给率到 70% 以上，并建立产品评级体系和海洋工程用钢专用规范体系。

先进制造基础零部件是实现制造强国的基础，这就要求开发高强度、高韧性、长寿命的高品质特殊钢，要突破低成本减量化冶炼和轧制技术，以及短流程钢铁生产，实现绿色制造和制造绿色，以满足我国重大工程建设项目和高端装备制造的需要。

5. 政策需求

(1) 加强顶层设计，做好战略规划。先进钢铁材料是我国经济与国防建设的基础材料。国家及地方政府应高度重视先进钢铁材料的战略地位，为满足我国重大工程和重大行动计划中高品质金属材料需求，依据《中华人民共和国国民经济和社会发展第十三个五年规划纲要》制定了《中国制造 2025》《钢铁工业调整升级规划（2016—2020 年)》《国务院关于钢铁行业化解过剩产能实现脱困发展的意见》等，建立完善的法律、法规，制定翔实的、可操作的政策与规划。大力淘汰污染严重、资源、能源消耗不合理的低端落后产能，围绕未来 10 年甚至几十年我国重大工程所需的先进钢铁材料，进行顶层设计，合理布局，防止新的产能过剩。

（2）协调钢铁与其他行业之间的关系。由于先进钢铁材料在国民经济中具有重要地位，政府应在宏观调控、贸易保护等方面给予一定的支持，及时发布能源工程、基础建设、交通运输、造船及机械装备制造等相关产业对先进钢铁材料的需求信息，使钢铁企业和研究院所针对下游产业有目的、有计划地进行科研与生产，实现上下游企业的广泛结盟，建设稳定、高效、低碳、合理成本和面向全球的战略供应链。

（3）强化技术支撑与人才培养。加强技术创新能力建设，围绕国家重大工程对先进钢铁材料需求，整合优势资源，建设一批行业重点实验室和产业技术创新平台，进行产学研合作，开展钢铁共性技术研究，鼓励源头创新，开发一批具有自主知识产权的原创技术，并积极培养、引进优秀人才，使我国钢铁研发处于国际领先水平。

（六）高性能轻合金以及高温合金材料行动计划

1. 发展现状

高品质高温合金和轻合金在增强综合国力与国防实力方面具有重要作用，世界各先进国家都非常重视，目前我国在该领域与世界先进水平的差距已大幅度缩小，特别是有色金属行业的生产装备普遍进入世界先进水平行列，有些已达到世界领先水平。

随着我国自主研制先进发动机的进展以及国内发电制造企业生产规模的扩大和生产技术水平的提高，我国对高温合金材料的需求明显增加。但目前我国高温合金材料在供应上还无法满足国内需求，我国高温合金材料年生产量约 1 万 t，每年需求达 2 万 t 以上，市场容量超过 80 亿元，且以每年 15% 的速率增长，未来10 年市场容量将超过 1600 亿元。但除较低端产品和部分军工产品外，国内高端高温合金大部分依赖进口。

我国在高强高韧铝合金、大规格钛合金和镁合金加工材等轻合金材料的研制和产业化技术领域取得了很大进展，电解铝工业的电耗指标达到了国际先进水平；高精度铝箔、铝合金大型挤压型材和工业管材等多种产品由完全依赖进口转向批量出口；在 2000 系和 7000 系高强铝合金材料制备方面也取得了一系列核心关键技术的突破，初步满足了航空航天制造业快速发展的需求；镁合金压铸件已经批量用于 3C 壳体等非主承力结构件，新开发的高强镁合金型材和板材也开始用于新型高技术装备的研制批产；钛合金大直径棒材、大型锻件和特殊性能钛合金等领域取得重要进展，产品基本满足我国航空航天和其他制造业的发展需要。

2. 目标

形成年产 30 万～40 万 t 高精度快速时效响应型铝合金薄板、1500 万～2000 万件乘用车覆盖件和框架件的生产制造产业，满足 100 万～150 万辆乘用车的轻量化车体制造需求；形成年产 1 万～2 万 t 高耐蚀铝合金板材、10 万件铝合金精密管材的生产制造产业，满足我国海洋石油钻探装备和特种船舶发展的需求；形成年产 20 万～30 万 t 大断面复杂截面铝合金型材、50 万～60 万 t 铝合金轧制板材和预拉伸厚板及其深加工制品的生产制造产业，满足 10 万～15 万辆厢式货车和半挂车轻量化车体、1 万～1.5 万辆高速列车和货运车及煤运车轻量化车体的制造需求。创建高性能兼高品质镁合金压铸件、高性能变形镁合金加工材的生产制造产业，满足年产 100 万～150 万辆乘用车的车体零部件制造需求；创建大卷重、高精度、低残余应力钛带和焊管生产制造产业，满足海水淡化装备产业与工程发展的需求；创建高性能大直径钛合金管材和型材的生产制造产业，满足我国海洋石油钻探装备和特种船舶发展的需求。完善第二代单晶高温合金，并成功应用于商用航空发动机中，第三代单晶高温合金研发取得突破，F 级重型燃气轮机高温合金叶片开发取得成功，H 级重型燃气轮机高温合金关键技术取得突破。粉末涡轮盘合金取得重大进展。构建起高温合金体系和相应数据库。

3. 主要内容

突破汽车覆盖件与框架件制造用高精度快速时效响应型铝合金薄板成套生产工艺技术、汽车动力系统和底盘制造用高性能铝合金精密锻件和高品质压铸件生产工艺技术、汽车零部件用高性能高品质镁合金压铸件和变形加工材生产工艺技术；掌握海洋石油工程和特种船舶用高性能大直径钛合金管材与型材、铝合金精密管材和高耐蚀板材的生产工艺技术，海水淡化工程用高精度钛焊管及大卷重、高精度、低残余应力钛带的成套生产工艺技术；突破轨道交通和货运/煤运车辆、公路货运和乘用车辆、特种船舶用铝合金/钛合金/镁合金的大型复杂精密结构件成型制造与残余应力消减技术、复杂焊接加工技术、异质金属间的连接和接头腐蚀控制技术、表面强化及防腐处理技术。部署第四代单晶高温合金研制，满足高性能航空发动机的需要；开展 F 级和 H 级重型燃气轮机透平叶片研制；开展其他合金系高温合金深入研究。

4. 实施途径

重点围绕乘用车、轨道交通、民用航空、船舶等工业对先进铝合金材料的应用需求，重点研究新型高性能铝合金材料的核心基础理论、重大关键技术、工程化应用技术等内容，着力发展一批乘用车覆盖件制造用铝合金板材、航空用大规格高强高韧铝合金预拉伸板/锻件/型材、海洋工程用铝合金板材/管材等大宗高端产品，并实现大规模应用；满足"十三五"期间我国高端制造业的应用及节能减排需求，同时带动铝加工行业的产品结构向高技术含量、高附加值方向发展，创造显著的经济和社会效益。

着力在全行业科学规划、产业转型与调结构综合设计、转变发展方式、破解提升整个金属镁产业链科技水平和市场规模的工业化生产及应用结构等深层次问题和难点上开拓奋进、争取更大进展，确保我国镁行业保持适当快速发展，为最终迈进国际镁行业中高端阶段切实做好基础准备工作。

加强钛合金材料典型规格产品制备加工共性技术的研究，完善产品品种和规格，提高产品质量的稳定性及一致性，积极参与国际市场的竞争。大力推广钛合金返回料综合利用技术，切实降低钛合金材料成本。针对新兴领域用钛的需求，开发钛合金材料的下游深加工产品和快速成形技术，积极拓展钛合金材料在各个领域的应用。

发展具有良好工艺性能的第三、第四代单晶合金，满足先进航空发动机的发展需求；发展兼顾强度、抗热腐蚀性能及工艺性能的定向和单晶合金，满足先进地面燃气轮机的发展需求；发展第四代双性能粉末涡轮盘；发展新型轻质高温结构材料，满足发动机的减重、长寿命要求；发展低成本、高性能汽车涡轮增压器转子材料和制备技术。

发展高温度梯度液态金属冷却定向凝固技术，提升现有定向和单晶合金的性能水平，发展承温能力更高的新材料，提高复杂叶片，特别是大型燃气轮机叶片的成品率；发展纯净化冶炼技术，降低高温合金中有害元素含量，提高合金综合性能等。

单晶复杂层板冷却叶片已在国外先进发动机和燃气轮机中应用，是高推重比发动机的关键热端部件；先进的冷却技术能够有效提高叶片的使用温度，国外进口温度为1500℃和1350℃重型燃气轮机都采取了高效气膜冷却等冷却技术，叶片制造技术趋于复杂化、精密化、大型化。F级、H级燃气轮机的导向、工作叶片均为大型定向和单晶叶片，长度超过600mm的定向叶片、超过450mm的单晶叶片决定了H级及以上燃气轮机的发展速度。

5. 政策需求

（1）坚持统筹规划，加强顶层设计。加强政府引导，强化政府的监管与组织保障职能，从国家发展战略层面对特种轻合金以及高品质高温合金基础研究、前沿技术开发、应用研究和产业化的全链条进行统筹规划与顶层设计，避免低端重复建设，整合和调动各类资源，合理布局，统筹发展，促进高品质高温合金及轻合金材料领域的科学发展。

（2）坚持需求优先，聚焦发展重点。面向国家重大工程需求，瞄准国际科技前沿，以清洁能源、现代交通、海洋工程、先进制造等领域所涉及的高品质高温合金及高技术轻合金材料为重点，突破特种轻合金和高温合金高性能化与低成本、绿色制造核心关键技术，形成自主知识产权，为国家重大工程建设提供科技支撑。

（3）坚持创新引领，促进产业升级。选择一批有基础的创新型企业，通过国家科技计划的联动、高校院所和企业资源的结合、科技与金融资本的衔接，推进科技创新成果的转化与产业化示范，提升企业的技术创新能力和国际市场竞争能力，以科技创新促进产业升级与增长方式转变。

（4）加强高品质高温合金及轻合金材料学科建设、人才培养和国际合作。大力推进科技计划与人才培养的联动，依托国家重点实验室等国家级研究基地着力培养一批中青年科技创新型人才，打造产学研用结合的创新型人才团队。

（七）碳纤维及其复合材料行动计划

1. 发展现状

碳纤维及其复合材料具有优异的综合性能，已经成为国防与国民经济建设不可或缺的战略性关键材料，是世界各国发展高新技术、国防尖端技术和改造传统产业的物质基础与技术先导，对国防现代化建设和国民经济发展具有非常重要的作用。高超声速长航时导弹、大潜深战略导弹、大载荷高机动作战飞机、可重复使用/长期在轨航天飞行器等新一代武器装备的研制和现有在研在役武器装备的升级换代对碳纤维提出了迫切需求。碳纤维及其复合材料产业链长、技术难度大、产品附加值高。碳纤维及其复合材料完整产业链的构建和发展必将带动传统产业的升级换代，推动行业技术进步。目前以日本、美国为代表生产的国际先进碳纤维已经形成了高强、高强中模、高模和高模高强等四个系列碳纤维产品，并已进入成熟的产业发展模式，处于全球碳纤维产业的垄断地位，日本企业拥有世界碳纤维70%左右产能，日本、美国和欧盟则控制着80%左右的碳纤维市场。我国自"九五"期间突破了基于二甲基亚砜（dimethyl sulfoxide，DMSO）原丝工艺，高性能碳纤维的国产化技术得到发展。经过多年发展，初步形成了从实验室研制到产业化的国产碳纤维研发生产平台，形成了约 19 000t/年的名义产能。高强碳纤维及其复合材料基本满足了国防建设的需要。百吨级国产 T800 级碳纤维工程化技术取得突破，开始在航空航天领域考核应用。高性能碳纤维及其复合材料产品系列化、规格多元化格局正在逐步形成。

2. 目标

建立 4~6 个贯穿碳纤维及其复合材料基础研究、材料研制、工程化制备与应用和产业化全过程，集材料设计与制备、测试与表征、评价与验证，规范标准研究与制定，知识产权确立与保护等于一体的研发链条，并形成与之相应的产学研用深度融合的创新团队。攻克重大关键技术，研发出国家优势产业、战略必争产业以及新型武器装备所必需的新型碳纤维及其复合材料，通过使用环境下的规模化验证，工程化产品在性能和经济指标上具有市场竞争力，自主保障比例超过 70%。协调发展二甲基亚砜、硫氰酸钠、二甲基乙酰胺等碳纤维原丝制备工艺，建立多元化的国产碳纤维技术体系；发展不同丝束的碳纤维制备与应用技术，满足市场需求。解决制约碳纤维技术与产业发展的瓶颈问题，通过纤维制备与应用技术创新，释放碳纤维产能，实现国产碳纤维的高效低成本制备。建立专用装备设计制造、纺丝油剂和碳纤维上浆剂研制生产的配套体系，高强碳纤维产业化技术成熟度达到 9 级。T700 级高强和 T800 级高强中模碳纤维实现千吨级规模生产，突破 M55J 和 M60J 级高模高强碳纤维制备关键技术，以 M55J 级高模高强碳纤维为核心建立起十吨级共享平台，实现高模高强系列碳纤维的多品种小批量制备。实现国产干湿法工艺制备新一代高强和高强中模碳纤维技术突破，初步形成千吨级产业化规模。碳纤维复合材料达到年产 5 万 t 工程化能力，创造直接产值 1000 亿元/年以上，拉动国产碳纤维年需求 1 万~1.5 万 t。建立国产化系列高性能碳纤维及其复合材料技术体系，实现高性能复合材料在航空航天、轨道交通、新能源等领域的规模应用。

3. 主要内容

高强碳纤维技术是碳纤维产业的基础，高质量低成本化是衡量碳纤维产业技术水平的综合性标志。高强碳纤维及其复合材料质量稳定性、批次稳定性和技术成熟度的提升，不仅能提高复合材料在装备上的使用效率，扩大应用范围，而且将明显降低复合材料的制造成本，提高国产碳纤维及其复合材料的市场竞争力，为国产新一代高强中模和高模高强碳纤维制备、工程化技术研发和产业化建设奠定坚实的基础，有效提升国产碳纤维及其复合材料的整体竞争能力。

通过国内优势力量产学研用协同，解决制约碳纤维产业化、规模化、批量稳定化瓶颈问题，实现千吨级 T300 级和 T700 级碳纤维成本价格具有市场竞争力，技术成熟度达到 9 级；突破 T800 级高强中模碳纤维规模化制备技术，初步形成千吨级产业规模，突破 M55J 级碳纤维工程化制备技术，建立 10t 级碳纤维生产线，突破 M60J 和 T1000 级碳纤维制备关键技术，为工程化制备奠定技术基础。

突破高性能碳纤维复合材料的低成本制备技术、极端服役用碳纤维复合材料制备技术和批量稳定化技术瓶颈，为大飞机工程、航天器工程等提供高性能碳纤维复合材料，满足航空航天、高速/重载轨道交通、重点武器装备等对高性能碳纤维复合材料的需求。具体内容包括：国产碳纤维应用技术及评价体系；国产碳纤维复合材料与构件一体化设计，近净成形碳纤维预制体的设计、应用技术及评价技术；碳纤维复合材料快速制备技术及表征技术；关键工艺装备的开发及应用。

4. 实施途径

（1）突破千吨级 T300 级和 T700 级碳纤维低成本技术，成本价格具有市场竞争力，突破千吨级 T800 级碳纤维工程化技术，建立千吨级产业规模。开展匹配高强中模碳纤维树脂基材料（高韧性环氧树脂、双马来酰亚胺树脂及耐高温聚酰亚胺树脂基体）和高强中模碳纤维树脂基复合材料制造工艺技术研究，形成高强中模碳纤维树脂基复合材料及其制造工艺技术体系。突破吨级规模 T1000 级高强中模碳纤维及其复合材料关键技术，为实施工程化制备奠定基础。

（2）突破 10t 级 M55J 级碳纤维及其复合材料工程化技术，突破 M60J 级碳纤维制备关键技术。建立 10t 级的高模高强碳纤维工程化生产平台，M55J 级碳纤维实现工程化制备，研发专用碳纤维上浆剂，研发高强中模碳纤维增强树脂基复合材料，部分品种产品实现型号装备应用。突破 M60J 碳纤维及其复合材料制备关键技术。

（3）突破碳纤维单线产能 1500t 及以上、原丝单线产能 3000t 及以上的大容量生产线设计制造关键技术，实现产业化示范应用，实质性提升碳纤维的生产能力和效率、降低装备运行能耗；突破工程规模的高温石墨化炉设计制造关键技术。

（4）突破国产碳纤维及其复合材料应用技术，实现重点工程的应用验证，实现若干领域国产碳纤维复合材料大批量应用。开展国产高强、高强中模碳纤维树脂基复合材料在航空航天、舰船、地面装备等领域的应用研究，为大飞机工程等提供高性能碳纤维增强复合材料，满足航空航天、高速/重载轨道交通、新能源等对高性能碳纤维复合材料的需求。

（5）建立与国产碳纤维及其复合材料相适应的评价表征技术与应用验证规范。建立满足碳纤维质量控制和复合材料应用要求的评价表征体系，逐步建立碳纤维及其复合材料行业制备与应用规范和设计标准，提高国产碳纤维复合材料应用水平。针对不同应用领域、服役环境和产品特点，开展国产碳纤维及其复合材料的应用考核验证。建立应用考核验证规范，制定相应的国家标准，建立碳纤维及其复合材料设计与应用数据库。

5. 政策需求

（1）加强政府引导，强化政府的监管与组织保障职能，避免低端重复建设，整合中央、地方、企业和国际资源，合理布局、统筹发展，推进碳纤维及其复合材料技术和产业快速健康发展。

（2）加强对碳纤维及其复合材料产业的科研投入和政策扶持力度。建议通过融资和国家税收杠杆，切实拓宽企业和平台的资金筹措渠道，有力推动高性能纤维复合材料产业化技术发展。

（3）加强碳纤维及其复合材料学科建设和人才培养。依托国家重点实验室等国家级研究基地着力培养一批碳纤维及其复合材料结构设计人才和有经验的制造工艺人才。

（4）加强对关键原材料和关键装备研制的支持。加大碳纤维及其复合材料关键原材料自主保障研究和关键装备自主研制的投入力度，积极推进国产高性能树脂基复合材料的适航论证，牵引复合材料产业链的发展和形成，促进国产碳纤维及其复合材料发展融入和支撑国家重大工程。

（八）先进无机非金属材料行动计划

1. 发展现状

先进无机非金属材料是航空航天、核能、信息、高端装备、石油化工、钢铁和有色金属冶炼、新能源技术、国防军工等各类工业技术领域，特别是尖端工业技术领域不可或缺的关键基础材料，对航天、新能源装备、轨道交通等优势产业，航空、汽车等战略必争产业，以及重点武器装备的未来发展起独特支撑作用，已成为衡量一个国家高技术发展水平和未来核心竞争力的重要标志之一。我国当前在无机非金属材料的研发上虽然取得了不错的成绩，但是整体上与发达国家还有很大差距。主要表现在设备条件和制备技术比较落后，研究开发起步比较晚，相应的生产能力和效率都比较低，严重影响无机非金属材料产品的质量。此外，无机非金属材料的应用范围还不广泛，品种也不齐全。

2. 目标

工信部在发布的《建材工业发展规划（2016—2020 年）》中重点鼓励发展先

进无机非金属材料。基于目前先进无机非金属材料产业现状，到 2020 年，形成产学研紧密结合、产用协同良好、服务管理体系健全，具有较强自主创新能力、富有特色和竞争力的先进无机非金属材料产业发展体系。重点优势领域快速发展，集聚化程度进一步提高，形成一批布局合理、特色鲜明的先进无机非金属材料产业基地，建成国际先进的特种结构陶瓷及复合材料产业基地和耐火材料产业基地；突破一批新材料共性核心技术、关键工艺、专用装备等瓶颈，形成一批如 3D 打印技术等具有国际竞争优势材料制备产业；加快高性能陶瓷纤维及其复合材料等相关产品的研发与规模化应用。培育一批国际国内知名的先进无机非金属材料企业及研发平台，培育一批社会资源参与、市场化运作的创业孵化园，形成完善的创新创业体系。围绕《中国制造 2025》重点领域，实施材料专项工程、打造特色产业链，有效满足先进无机非金属材料产业重点领域发展需求。力争到"十三五"末，先进无机非金属材料产业规模比"十二五"末翻一番。

3. 主要内容

围绕航空航天、冶金化工、能源、节能环保以及产业革新等方面的战略需求，重点发展高纯超细陶瓷粉体、特种陶瓷纤维及先进结构陶瓷材料、高性能碳/碳复合材料、新型耐火材料等领域的核心制备和产业化技术，着力提高无机非金属材料产业的自主创新能力，全面满足我国国民经济、国家重大工程和社会可持续发展对无机非金属材料的需求。Al_2O_3、Si_3N_4、AlN 等高纯超细粉体的开发是先进结构陶瓷发展的基础，其制备工艺的开发和批量化生产技术的发展是无机非金属材料发展的重点任务之一；重点发展低成本、大尺寸、极端环境服役用碳/碳复合材料制备工艺，实现碳/碳复合材料结构和性能的多样化；在耐火材料领域，重点发展绿色低能耗新型耐火材料，提高矿物资源利用率，降低污染。

4. 实施途径

（1）完善先进结构陶瓷材料产业链布局。在先进结构陶瓷材料产业链的前端，攻克一批重要典型高纯、超细陶瓷粉体材料（Al_2O_3、Si_3N_4、AlN 等）的制备技术，实现纯度和粒度可控，并实现批量化生产。产业链后端的主要任务在于材料的成型工艺与技术，依据陶瓷材料自身成型特点，引入 3D 打印技术等先进成型技术，降低材料成型难度与成本，从而实现大尺寸复杂构件的整体成型，实现低成本、高性能、多功能连续纤维增韧陶瓷基复合材料的快速制备；与此同时，力求在高温烧结设备等产业配套设备的设计制造方面实现突破。

（2）突破相关连续陶瓷纤维的制备及其装备设计/制造的关键技术，达到工程化应用的技术成熟度，实现稳定批量制备，为产业化奠定基础。突破各类陶瓷基复合材料构件工程化制备及其装备设计/制造的关键技术，形成我国复合材料制备及其制造装备体系，具有工程化制备各类构件的能力，为产业化奠定基础。材料/装备性能、成熟度及其应用达到国际先进水平，支撑国防军工、航空航天、能源、地面交通、节能环保等领域的技术发展。建立陶瓷纤维与陶瓷基复合材料质量检测技术体系和标准。

（3）提升碳/碳复合材料产业规模。开发长时间抗氧化、耐烧蚀碳/碳复合材料以及高温耐腐蚀碳/碳异形构件的研发示范，开展国产碳/碳复合材料的低成本化技术、极端服役用碳/碳复合材料制备技术、碳/碳复合材料检验检测与质量控制技术攻关，突破国产碳/碳复合材料研发和工程化面临的瓶颈问题，解决大尺寸碳/碳复合材料构件高效制备的基础问题，结合基体陶瓷相或难熔金属相改性和表面涂层一体化设计，优化多相界面结构，实现碳/碳复合材料结构和性能的多样化，解决碳/碳复合材料苛刻环境服役的基础问题；研发国家优势产业、战略必争产业以及新型武器装备所必需的新型碳/碳复合材料，通过使用环境下的规模化验证。

（4）实现以高铝矾土、镁质资源（菱镁矿和镁橄榄石）和石墨为代表的耐火材料非金属矿产资源管理的规范化，基本实现矿产开采的规模化和有序化，实现矿产资源综合利用。初步建立废弃耐火材料再利用的管理模式和相关政策，规范废弃耐火材料再利用的行为。研发相关关键技术和装备，提高石英资源利用率，实现含 SiC/Si_3N_4 耐火材料制备成本降低 20%；建立多家高强度高热阻梯度化保温材料万吨级企业，形成高温热工窑炉用内衬材料的功能与保温节能一体化。建立耐火矿物资源合理配置的政策导向，控制耐火矿物资源的低附加值出口，发展资源和能源节约型非金属矿产资源的综合、高效利用技术。强化推进绿色耐火材料战略，促进节能减排、环保和生态安全的耐火材料产业发展。

5. 政策需求

先进结构陶瓷、陶瓷纤维及其陶瓷基复合材料、高性能碳/碳复合材料、新型耐火材料和碳纳米材料在航空航天、机械、冶金、化工、能源等领域有着广阔的应用前景，也是先进飞行器工程、大飞机工程、载人航天与探月工程、高温冶金等关键部件用核心材料，关系到我国国家安全和战略性新兴产业发展，同时为我国的节能降耗、低碳减排、可持续发展和美丽中国建设提供坚实支撑。因此国家应将这些材料的发展与应用纳入重点支持产业方向，发挥政策引导作用，加强行业标准和规范的建立，提高行业的整体技术水平。

（1）积极促进政产学研合作，发挥科研院所的技术优势和资源优势，加大支持体制机制创新的、开放的产业化共性关键技术研发平台。

（2）以企业为龙头，市场为导向，集中力量发展最有可能实现技术突破、显示度高的重点产品，促进先进无机非金属材料在工业中的应用和推广。

（3）加强国际行业间合作，以行业协会为纽带，带动企业、科研院所开展面向国际未来竞争与合作的交流，推动先进无机非金属材料的持续发展。

（九）高性能稀土材料行动计划

1. 发展现状

稀土功能材料具有优异的电、磁、光、热等物理化学特性，广泛应用于国防军工、航空航天、电子信息、新能源、机械制造、工业和医用机器人、节能环保、高速铁路及城市轨道交通等领域，其产业发展及应用对国家重大战略具有重要支撑作用。稀土永磁材料占稀土用量的 60%以上，主要用于伺服电机、微特电机等各类稀土永磁电机、电声器件以及磁力机械、微波器件和磁传感器等，产品包括烧结、黏结钕铁硼和钐钴磁体，年产量约 15 万 t，其中烧结钕铁硼产量最大、应用最广。2017 年，我国烧结钕铁硼产量为 14 万 t 左右，占全球总产量的 85%以上；出口约 3.2 万 t，国外市场占有率为 64%，但以中低端市场为主，硬盘驱动、风力发电等中高端应用市场占有率仅占 30%；行业销售收入近 300 亿元，利润约 30 亿元。稀土催化材料主要用于机动车尾气净化、石油催化裂化、工业脱硝等领域。德国巴斯夫、英国庄信万丰、比利时优美科、日本科特拉等公司掌控了全球机动车尾气净化催化剂市场，总产量占全球产量的 90%以上。2016 年，国内汽车尾气净化催化剂产量为 3800 万 L，行业收入为 80 亿元，利润为 16 亿元。石油催化裂化催化剂方面，美国格雷斯-戴维森、雅保和德国巴斯夫等 3 家公司占全球市场份额的 80%以上，各类石油催化裂化催化剂年产能达 50 万 t。2016 年，国内石油催化裂化催化剂产量约 20 万 t，占全球总产量近 30%，国内外市场占有率分别为 100%、8%；行业总收入为 40 亿元，利润为 4 亿元。受主流钒钛系工业脱硝催化材料制约，稀土脱硝催化剂目前只在电力行业开展了一些示范应用。稀土光功能材料主要用于液晶显示、生物照明、PET-CT、激光探测等装备，涵盖稀土发光材料和稀土激光晶体、闪烁晶体等。2016 年，我国稀土发光材料产量为 2200t，占全球的 70%以上；出口约 600t，主流产品国产化率超过 80%，行业销售收入约 10 亿元，利润为 1.5 亿元。稀土功能晶体主要被美国 Synoptics、VLOC、Laser Materials、CPI、CTI 和法国圣戈班等企业控制，占据全球 80%的市场份额。2016 年，国内稀土激光晶体、闪烁晶体产量各为 1.5t 左右，分别占全球总产量的 10%和 70%，基本为内销，出口量很小；行业销售总收入约 4 亿元，利润为 0.9 亿元。稀土储氢材料主要用于新能源汽车镍氢动力电池、燃料电池的负极材料。国外生产企业主要有日本三洋、松下和东芝等公司，产品主要为混合动力汽车用镍氢动力电池的 $LaNi_5$ 型储氢合金，基本垄断该领域市场。部分国内企业也生产 $LaNi_5$ 型储氢合金，兼少量 A_2B_7 型 La-Mg-Ni 系储氢合金，但产品主要用于电动自行车、低速电动车、玩具车等中低端市场。2016 年，我国储氢合金总产量约 9000t，占全球总产量的 40%以上；出口约 700t，行业销售收入约 10 亿元，利润为 0.8 亿元左右。其他稀土磁性材料主要包括稀土磁热材料、稀土吸波材料、稀土磁致伸缩材料、稀土超导材料等，用于制备电子元器件、传感器和节能家电等高技术领域。这部分研究尚处于实验室和中试阶段，还没有形成规模产业。

2. 目标

通过新型稀土功能材料产业发展及应用重大行动计划工程实施，实现新型稀土功能材料的智能化制造技术和装备的突破。对速凝、取向压型、连续烧结等制造装备进行连续化、数字化改造和创新，研发新型智能生产装备，提高制造效率，突破超高磁能积永磁材料的关键制备技术，产品在不同类型的高性能、高集成度永磁电机、磁力器件、机器人和智能手机等中实现"专材专用"，引领稀土永磁产业未来技术的发展方向。重点探索稀土硬磁/软磁、磁热、磁弹、吸波、发光、催化等功能材料结构与性能的内在规律；以满足新能源汽车和制造业领域的应用为重点方向与重点产品，探索稀土功能材料产业科技与新能源汽车产业相结合的健康、持续、高效发展的新模式，推动未来十年中国电动汽车市场的 CAGR 达到 30%。研发满足不同类型的医用和康复机器人以及新能源汽车用新型高性能低成本稀土烧结/热压/黏结永磁材料、实用磁制冷材料、储氢材料及器件等关键材料，通过新型稀土永磁材料的高性能，提高高速铁路和汽车驱动电机的能量密度，降低能耗，提高电动汽车的续航里程，解决新材料与应用技术的结合问题。

3. 主要内容

基于新型稀土功能材料产业发展及应用行动计划的战略目标，围绕国家重大工程对新型稀土功能材料的迫切需求，重点研究新型稀土功能材料制备技术及其基础科学问题；重点开展稀土元素在新型稀土功能材料中的平衡、高质化利用的产业化技术，提高中、重稀土资源利用率，降低消耗和制造成本。重点突破以稀土永磁为代表的磁性功能、发光、储氢等材料的关键智能化生产技术，为构建新型稀土功能材料及应用的低碳经济产业链提供科技支撑。主要工作内容如下。

（1）通过新型稀土功能材料重大基础科学问题研究，解决原始创新不足问题。瞄准国际新材料前沿，挖掘稀土本征特性，探索新型稀土功能材料，开发新应用，抢占技术制高点。同时，开展与资源综合利用和环境保护密切相关的新型稀土功能材料设计、制备技术理论等方面的重大基础研究，使我国在稀土高效、绿色利用以及功能材料的应用基础理论和技术方面进入世界领先水平。探索具有高饱和磁化强度、高磁晶各向异性、高居里温度的稀土-过渡金属间化合物的新相；研究烧结钕铁硼磁体和热压/热流变稀土永磁体的矫顽力增强机制；探索双永磁主相/多永磁主相磁体、新型铈永磁体的相形成机制和磁性增强机理；研究高稳定性的吸氢-歧化-脱氢-再复合（hydrogenation-disproportionation-desorption-recombination，HDDR）各向异性钕铁硼磁粉、各向异性钐铁氮磁粉和各向同性钐铁氮磁粉等；研究新型稀土合金的磁电、磁热、磁弹、磁光等功能和相关基础理论问题。针对石油催化裂化、汽油车尾气净化、柴油车尾气净化、NO_x选择性催化还原、催化燃烧、聚合、湿式氧化等应用过程，研究稀土与其他组分（过渡金属氧化物、贵金属、分子筛）之间的相互作用对材料的表/界面性质的影响，以及在反应条件下的动态变化规律；研究稀土催化材料的低温氧活化机理，明确其结构等对高温稳定性的影响机制；建立稀土对催化反应活性位的构建机制与调控作用，发展稀土催化材料的制备技术及相关应用技术。探索稀土催化材料在生物质高效转化、CO_2捕集与利用等新兴领域中的作用，开拓稀土催化材料的应用新领域。研发具有极大应用前景的稀土光功能材料，涵盖稀土发光材料和稀土激光晶体、闪烁晶体等。开发LED、OLED用发光材料及其低成本规模化制备技术；开发提升上转换发光效率和实现量子剪裁下转换发光效率的新材料及技术；设计和发掘特种基质稀土发光材料的温度与压力敏感特性，拓展稀土发光材料的应用领域。

（2）通过工程化、产业化技术开发，解决材料制备过程中存在的资源浪费、环境污染及稀土元素应用不平衡等问题。重点研发具有自主知识产权的新型稀土功能材料制备技术及循环利用技术。大力开展稀土材料的应用研究及应用器件的开发，拓展稀土材料新的应用领域。扩大铈、镧、钇、钐等稀土元素在稀土永磁材料、大磁熵变的磁制冷材料、稀土催化材料、稀土储氢材料、稀土发光材料、稀土陶瓷材料、超大磁致伸缩材料等，以及环境保护、清洁能源等领域中的应用，缓解稀土元素应用不平衡的问题。

（3）通过新型稀土功能材料应用领域的拓展，解决应用技术及核心装备研发滞后、应用水平偏低问题。以高端新型稀土功能材料的磁、光、电、热、力等功能应用为重点，开展新型稀土功能材料的应用研究，探索新的应用领域。解决关乎国家长远发展和国家安全的战略性、前沿性、前瞻性新型稀土功能材料基础科学问题。加强工程化技术及相配套的关键装备的开发，实现高性能新型稀土功能材料的大规模产业化，提高应用水平，满足高速铁路和城市轨道交通、新能源汽车、可再生能源存储、高灵敏传感器、节能家电等高端应用要求，形成一批新型稀土功能材料应用产业。

（4）建立规范的评价标准及评价体系，解决应用评价手段落后影响科技发展的问题。针对我国新型稀土功能材料产品特色以及国际新型稀土功能材料发展趋势，坚持新型稀土功能材料专利布局和标准体系建设相结合，建立具有世界先进水平的研发、检测、评价平台和标准、认证体系，创新稀土功能材料科技研发和管理体系，解决新型稀土功能材料应用评价手段落后影响科技发展的问题。

4. 实施途径

（1）加大重点领域稀土功能材料产业扶持力度。围绕《中国制造 2025》《新材料产业发展指南》等与稀土相关的重点领域和满足战略性新兴产业发展需要，继续利用工业转型升级、专项建设基金等现有资金渠道对稀土永磁、稀土磁性、稀土储氢、稀土陶瓷等重点领域产业化项目给予支持，关注上下游结合机制和应用规模，优先发展与国外先进水平存在差距的高性能稀土永磁材料、满足国家第六阶段机动车污染物排放标准（简称国六排放标准）的稀土催化材料、高容量稀土储氢材料等产品，改进并提升企业工艺、技术和装备水平。推动建立稀土功能材料创新中心，开发行业关键共性技术，提升行业整体创新能力。

（2）建立和健全新型稀土功能材料上下游合作机制。以提升国产新型稀土功能材料应用水平为目标，从稀土永磁、催化等量大面广的材料入手，联合部委相关司局、上下游企业、中国稀土行业协会等单位建立上下游合作机制，促进新型稀土功能材料研发、生产、设计和应用企业的紧密协作，加强信息共享和沟通交流，逐步形成材料研发、生产、器件设计、制造单位间协同提升的良性循环。

（3）提升新型稀土功能材料企业两化融合水平，强化知识产权体系建设和管理。开展稀土永磁、储氢、催化、合金等生产量较大企业的生产线自动化、智能化改造，建设全流程生产信息管理系统，提升产品质量稳定性和一致性。加强与先进工艺技术相配套的专用生产装备开发，以技术创新驱动装备的信息化、智能化发展。

（4）改变当前专利主要集中在高校和科研院所的局面，鼓励企业积极申报国内外专利。加大国外新型稀土功能材料发明专利检索力度和范围，防止外资企业利用专利实行技术垄断。从下游市场需求端切入，加快前沿性、实用性专利布局和产业成果转化，强化企业保护自主知识产权的意识。

5. 政策需求

促进我国新型稀土功能材料产业技术与产业化发展，需要加快新型稀土功能材料及产品设计的开发与创新，以稀土永磁材料为突破口，实现按需设计高精度、高品质、多品种、小批量的稀土永磁产品，形成专材专用的智能永磁产品；研究开发新型智能生产装备，实现制造工艺的数字化和全生产链过程的柔性化、自动化；提升产业效率，实现资源利用率高的可持续清洁、绿色生产。为此提出如下措施和建议。

（1）建立新型稀土功能材料重大科技专项，推动产业技术的提升与创新。建议国家设立产业重大研究专项课题与研发专项资金，集中企业、高等院校、科研机构等优势资源，整合产业上游稀土资源开发、中游永磁产品生产研发、下游关联产业应用等各环节，实现重大关键技术突破，加快产业化应用。

（2）制定新型稀土功能材料产业、产品国家标准，规范行业有序发展。围绕稀土产业转型升级和永磁产品不同应用领域，制定具有行业针对性的国家标准。充分发挥企业、研究机构以及专业标准化技术委员会的作用，实现稀土国内标准与国际标准衔接，提升中国新型稀土功能材料产业标准影响力。

（3）加强国际交流与合作平台建设，促进中国稀土企业走出去。设立稀土永磁产业国际交流合作平台，开展原始创新、集成创新和引进消化吸收再创新，培育具有较强创新能力的先进企业走向世界，直接服务于国际用户，冲破关税壁垒。

（4）成立国家新型稀土功能材料产业技术创新平台，促进行业资源整合。在国家政策与资金引导下，充分发挥龙头企业的引领带动作用，联合产业上中下游企业和相关高等院校、科研机构、投资机构等，在技术研发、生产制造、示范应用、市场开拓等方面谋求合作和资源整合，解决共性、关键性、前沿性技术难题，打造新型稀土功能材料产业技术创新中心。

（5）尽快出台国家政策，促进产品的市场化推广。建议国家发展改革委、工信部组织专家对新型稀土功能材料产业重大政策、重大工程进行顶层设计，解决产业上中下游协调发展中出现的重点与难点问题。在条件成熟的情况下，可设立国家新型稀土功能材料产业发展支持专项，并定期补充、更新和完善稀土新产品名录，鼓励或强制有需要的企业进行示范、推广，满足稀土永磁等功能材料在节能、环保和家电等下游领域的应用需求。

（十）前沿材料行动计划

1. 发展现状

前沿新材料既是发展我国信息技术、生物技术、能源技术等高技术领域和国防建设的重要基础材料，也是改造与提升我国基础工业和传统产业的基础，直接关系到我国资源、环境及社会的可持续发展。

在超导材料方面，近10年的集中支持使我国的超导技术研发一直保持与世界同步，在 NbTi/Nb₃Sn 低温超导线材、MgB₂ 线带材、Bi-2223 长带、YBCO 涂层导体、超导强电和弱电应用等领域形成了一批具有自主知识产权的技术，相关材料和应用装置性能已达到国际先进水平。

在石墨烯材料方面，目前，我国石墨烯产业形成以新能源、大健康、节能环保、复合材料、石墨烯原材料、石墨烯设备为主的六大市场化领域，并实施了若干产业化示范项目，正在加快石墨烯的产业化布局。

在超材料方面，"十二五"期间，我国超材料领域的科研机构、大学和企业对超材料源头技术创新及产业发展进行了富有开创性和卓有成效的探索，在超材料基础前沿理论、关键应用技术、大规模快速设计方法、复杂微结构制备、先进测试技术、器件开发和工程化应用等领域已取得重要突破。

在超宽禁带半导体材料方面，与国际先进水平相比，我国在超宽禁带半导体材料技术领域尚有不小差距。超宽禁带半导体材料发展起步晚，材料制备技术仍处在关键技术攻关阶段；由于材料匮乏，应用研究尚未起步。

2. 目标

进一步使我国前沿材料产业化发展，形成前沿材料基础研究、工程技术研究和产业化应用研究产学研紧密结合的创新体系，有力提升我国在前沿材料及其技术应用领域的自主创新能力，引领和带动行业技术进步，促进产业结构合理化调整，全面提升国际竞争力，促进我国前沿材料和技术的大规模产业化及前沿材料的广泛应用。针对超导技术中的关键材料和关键应用，实现低温超导材料产业升级换代，突破高温超导材料批量化制备关键技术，开发出面向电力、能源、医疗和国防应用的超导电工装备，实现超导材料、超导强电和超导弱电产品协同发展与规模化应用，打造并形成一个基于超导材料及其应用技术的战略性新兴产业。研发突破少层（<5 层）石墨烯粉体的量产技术及单层石墨烯薄膜的大面积连续化生产技术。在应用材料、元器件等相关领域开发出 100 项以上基于石墨烯的战略性产品与应用技术。拓展超材料应用频谱，缩小超材料物理尺度，进行更大自由度的电磁/声/力等响应调控设计，布局智能化超材料；超材料加工最小尺寸（线宽、线距）精度向亚微米级别转变，解决超材料大规模产业化的关键难题，探索创新产业组织模式，增强国际竞争力，促进经济增长。以超宽禁带半导体材料制备技术为核心，以超高压超大功率电力电子器件、微波功率器件、深紫外探测器件、LED、激光器为重点应用领域，研发并量产多种超宽禁带半导体材料（AlN、金刚石、Ga₂O₃ 单晶材料）。

3. 主要内容

在超导材料方面，以关键技术产业化为重点，以企业为主体开展高性能 MRI

用超导线材结构设计及批量化制造、低成本高性能千米级高温超导涂层导体和 MgB_2 线材批量化制备技术工程化开发,并全面实现产业化。基于国产化超导材料,瞄准具有产业化潜力和广阔市场前景的新型超导应用部署任务,重点开展大型超导磁体系统、高效节能超导感应加热装备、大功率超导同步电机、新型高磁场 MRI、高温超导电缆和高温超导限流器、超导滤波器、多通道超导心磁图仪、超导单光子探测器等重大战略产品攻关和新产品推广应用及产业化示范,从而实现超导强电应用技术跨越式发展。

在石墨烯材料方面,建立和发展石墨烯的可控与宏量制备方法,获得大批量、低成本和溶液可处理石墨烯的宏量制备技术以及具有特定结构石墨烯的有机化学合成方法,建立不同尺寸与结构石墨烯的有效分离技术。发展和完善面向微/纳电子器件的大面积、高质量石墨烯制备方法,实现对石墨烯层数和均一性的控制,形成材料裁剪、转移和性能测试的有效方法。实现微/纳米尺度石墨烯片的二维平面和三维立体组装,建立功能导向的微结构控制技术及石墨烯纳米复合方法,拓展石墨烯的可加工性和组装性能。研制出具有实际应用价值的石墨烯电子器件、光电子器件、柔性磁电器件或量子器件,其性能达到世界先进水平。

在超材料方面,电磁超材料将在原理摸索和工程应用相结合的基础上,实现大规模产业化,电磁超材料工作频谱将从微波进一步拓展到毫米波、太赫兹、光波段等;超材料的形式也由无源被动向智能可控、数字化可编程等主动方式演变;具备低副瓣、宽频带、低色散、可变覆盖范围等超出传统天线性能的超材料新型天线将全面走向应用。突破超材料在声学、热学、力学领域的研究应用,基于声学超材料的新型吸振隔振、吸声隔声技术可广泛应用于医学、航海、航空等领域;热学超材料因具有可控热辐射和可控热传导的特异性能,从而实现热学隐身;声学超材料在耐疲劳发动机零件、防振动蒙皮、航空航天轻质高强结构等领域有广泛应用前景。布局智能化超材料的研发应用,超材料微结构单元或群体将具备自感知、自决策、可控响应等功能,通过与数字网络系统深度融合,形成材料级 CPS,并结合大数据技术,实现材料领域的质变。

在超宽禁带半导体材料方面,建成单晶材料设计平台、工艺平台、分析测试平台,建立单晶衬底材料质量表征技术体系。开展物理气相传输法高质量 AlN 单晶生长技术研究,研制出高质量 2in AlN 单晶衬底。开展 CVD 法单晶金刚石高质量生长工艺技术、单晶金刚石的尺寸扩大生长技术、单晶金刚石超硬材料加工技术和单晶金刚石在大功率器件及微波功率器件领域应用验证技术研究。开展浮区法、导膜法、直拉法 $\beta\text{-}Ga_2O_3$ 单晶生长技术、$\beta\text{-}Ga_2O_3$ 单晶材料加工技术和 $\beta\text{-}Ga_2O_3$ 单晶材料在高功率 LED 照明和功率器件领域的应用验证技术研究。

4. 实施途径

（1）提升创新能力。支持自主创新，着力建设一批国家级、省市级重点实验室、工程实验室、工程（技术）研究中心、企业技术中心和公共技术服务平台，鼓励高校、科研院所、企业间合作，提升源头创新能力。实施知识产权和标准化战略，培育拥有自主知识产权的核心技术和自主品牌。

（2）促进产业发展。围绕前沿新材料的特色，大力拓展应用领域，发展技术领先的产品。推动产业优化升级，提升产业发展的水平和质量。孵化和培育新兴前沿材料企业，扶持重点企业做大做强，支持中小企业创新发展，打造具有国际竞争力的研发和产业化基地。

（3）优化空间布局。通过布局一批产业基地，围绕基地集聚一批产业链上下游优势企业，逐步形成定位明确、特色明显、错位发展的产业布局结构，打造前沿材料研发、中试、产业化全产业链。加快前沿材料产业孵化器建设，助推中小企业快速成长。

（4）拓展应用领域。鼓励全社会使用自主创新的前沿材料产品。加大政府扶持力度，将前沿新材料企业自主创新产品列入政府采购目录；加大政府投资，建设一批前沿材料应用示范项目，带动前沿材料应用。支持前沿材料企业推广自主创新产品和开拓国内外市场。

（5）完善服务体系。完善创新资金投入和投融资体系，积极引导包括政府专项资金、金融机构融资和民营资本在内的多渠道资金投入，逐步形成以政府资金为引导、以企业投入为主体、社会资金广泛参与的投融资体系。加快健全前沿材料产业联盟运行机制，整合上下游产业链资源。

5. 政策需求

（1）加大前沿材料领域财政支持力度。在整合现有政策资源和资金渠道的基础上，设立前沿材料技术研究及产业发展专项资金，建立稳定的财政投入增长机制，增加中央财政投入，创新支持方式，着力支持前沿材料重大关键技术研发、重大产业创新发展工程、重大创新成果产业化、重大应用示范工程等。

（2）建立科技金融服务体系，鼓励设立前沿材料产业引导基金。建立科技金融服务体系，建设科技金融国家、省区市、产业园区（孵化器）多级联动，挖掘各方建设科技金融的积极性。引导政策性、开发性金融机构加大对战略性新兴产业支持力度，设立一批战略性前沿材料产业投资基金。鼓励地区设立前沿材料产业引导基金，根据企业发展不同阶段，采用"补偿基金＋股权投资""引导基金＋担保机构"或通过引导基金作为母基金等模式，撬动民间资金投入前沿材料产业。

（3）将前沿材料产品优先列入政府采购目录。各级政府在政府采购机制方面对前沿材料产品适当倾斜，将其优先列入政府采购目录，逐步推行科技应用示范项目与政府首购相结合的模式，解决前沿材料创新产品市场推广起步艰难的问题。

（4）整合资源，打造前沿材料完整产业链条。扶持建设前沿材料研发及相关应用产品的产业基地，建立前沿材料技术产品体系，打造完整的前沿材料产业链条。

（十一）高端生物医用材料行动计划

1. 发展现状

目前全球生物医用材料发展虽然已取得极大的成功，但是长期应用也暴露出不少问题，核心是其功能和寿命难以满足临床应用的要求，特别是难以满足人类寿命的延长和中青年创伤增加的要求。当代材料科学技术、生物学和医学的进展已使生物医用材料科学和产业发展到一个新的阶段，正在发生变革。传统（常规）的生物医用材料时代正在过去，可再生人体组织和器官的新一代生物医用材料已成为其发展的方向与前沿，并正处于实现重大突破的边缘。

未来 20 年左右的生物医用材料产业将以可再生人体组织的材料和植入器械为主体，以在其引导下的表面改性（常规）植入器械为补充。为了应对生物医用材料正在发生的变革，许多发达国家进行了战略布局，制定了一系列重大举措。支撑生物医用材料科学与产业变革的正在发展的关键技术包括：组织诱导性生物医用材料及组织工程化；介入治疗技术及器械；生物 3D 打印技术；材料表面改性技术；基于生物医用材料基因组研究的新材料设计与表征技术；生物可降解及智能材料设计与制备技术；体外或短期体内试验检验评价新一代材料及植入器械长期生物相容性的模型及新方法等。此外，与信息技术结合的植入性微电子器械也是十分活跃的研究领域。

2. 目标

高端生物医用材料行动计划将面向国家保障全民基本医疗保健对生物医用材料的重大战略需求，绕过高技术常规材料市场为外商控制的障碍，把握生物医用材料科学与产业发展趋势和前沿，抢抓生物医用材料变革的重大机遇，构建我国新一代生物医用材料产业体系，振兴我国生物医用材料产业。其中，以骨科材料、心脑血管系统修复材料和医用高端耗材产业为重点，突破一批新一代生物医用材料设计与制备的关键共性技术，包括生物医用材料基因组、表面改性、生物 3D 打印、可生物降解及智能材料的设计和制备，以及检验评价材料长期生物安全性的模型及新方法等关键共性技术，于国际率先构建组织再生性生物医用材料的理论体系，同时建成以可诱导组织再生的生物医用材料为主体、以表面改性植入器械为补充的新一代生物医用材料产业体系；通过在重点产业领域中培育高集中度、多元化生产的示范性大型企业或企业集群，带动行业发展，提升产业达到国际先进、部分领先水平，成为国民经济新的增长点。

3. 主要内容

（1）骨再生材料及生物活性植入器械。以第二代可用于承力部位的骨诱导性人工骨及其系列化制品，高耐磨、表面生物活性人工关节系统，高生物活性人工椎间盘等脊柱修复器械，个性化生物 3D 打印骨、牙设备及材料等为发展重点；突破骨再生材料的设计和制备技术、人工关节表面耐磨及生物活化改性技术、精密微加工及自动化生产技术、纳米及纳米复合材料设计与制备技术、新产品的临床应用技术。初步建成我国骨（牙）-肌肉系统修复材料产业新体系，实现骨诱导性人工骨主导国际市场，组织工程化软骨肌腱等实施产业化，具有自主知识产权的人工关节产品、脊柱修复器械产业化，牙种植体主导国内市场，用于骨、牙、关节等修复的生物 3D 打印设备进入临床；实现产业规模超过 150 亿美元，其中新一代骨再生材料及表面改性植入器械贡献约 40%，骨、牙科产品 70%左右国产化。

（2）心脑血管等系统介/植入器械。发展新一代微创介入血管支架、瓣膜及其介入手术器械，智能型心脏起搏器，高分子及金属表面抗凝血改性、新型抗凝血及抗组织增生涂层，可再生血管的医用高分子材料及器械合成与加工技术，激光等精密微加工技术，动物源组织及材料的抗钙化及免疫原性消除技术等；实现新一代自主知识产权的全降解心脑血管支架产业化；介入治疗手术器械国产化，新一代微创生物人工心脏瓣膜及心肌补片产业化；植入式除颤器、智能型心脏起搏器及小口径人造血管（<4mm）扩大临床试验，行业实现总销售额为 170 亿美元，其中新一代介/植入器械占比为 60%。

（3）医用耗材。研发医用高分子常规耗材原料、动物源组织及天然生物医用材料、免疫性血液吸附剂、泌尿科修复材料及器械、介入治疗眼科材料及器械、可生物降解与吸收高分子及智能水凝胶，以及医用级合成高分子的制备及加工技术，高分子表面抗凝血改性及生物功能化技术，动物源天然高分子免疫原性消除及抗钙化技术，智能高分子及水凝胶的设计及制备技术，可生物降解高分子降解速率及降解产物控制技术。实现医用高分子常规及高端耗材原材料产业化；人造皮肤、医用功能敷料、泌尿科、整形外科等修复材料产品国产化；血液透析、免疫性吸附剂等血液净化材料自给；介入治疗人工晶状体等眼科材料推广临床应用。"十三五"期间实现年销售额为 200 亿美元，其中新产品占比为 40%；医用高分子原材料国产化，高端术中耗材 70%国产化。

4. 实施途径

（1）以突破应用面广、需求量大的生物医用材料和制品的关键核心技术为重点，大力提高产品质量，建设和完善产业链，提高产业集中度，扩大生产规模，增强市场竞争力，实现技术中端产品基本国产化并扩大出口；初步完成产业结构调整，形成以大型企业或企业集群带动中小企业发展的产业格局，满足全民医疗保健对生物医用材料的基本需求。

（2）提升产业自主创新和协同创新能力，形成一批具有重大产业化价值的专利技术，研发新一代生物医用材料及植入器械，培育高技术新兴前沿产业，引导传统产业技术升级，改变高技术产品主要依靠进口的局面，完成生物医用材料产业技术结构和产业结构的调整，形成我国现代生物医用材料研发产业链，大幅度提升产品国际市场竞争力，争取2025年前初步成为国际生物医用材料的大国和强国。

（3）以机制体制改革为核心，培育和建设产学研医相结合的多元化、高集中度的示范性大型企业或企业集群，带动整个产业发展，推动国家级创新中心的建立，支撑产业的持续发展。

（4）发展国内外科学、教育与商务合作关系；加大国家引导性资金投入力度，建立多渠道融资；制定、落实产业扶持政策及措施。加强国内外科学、教育和商务合作，大力推进国际化。衔接国家和地方发展规划，申报国家重大项目或专项。加强产品标准研究和制定，并力争进入ISO标准系列。

5. 政策需求

（1）建设国家级生物医用材料及器械综合创新中心，整合全国行业资源，提升基础研究和应用基础研究的综合实力，解决行业重大关键性、共性、前沿性技术难题，提升创新和集成能力，重点攻关对整个产业带动性强、技术集成度高的关键核心技术，支撑产业的持续发展。

（2）设立生物医用材料产业重大科技专项，推动产业技术的升级与创新。生物医用材料产品上市审批及研发周期长，研发经费投入大，为保持产品市场竞争力，技术创新能力的提高是基础。为推动我国生物医用材料产业发展，国家及地方政府需设立产业重大科技专项，依托产业核心企业，整合高等院校、科研机构等优势资源，重点突破重大关键技术，加快产业化应用，实现政产学研用相结合的产业创新体系建设。

（3）以机制体制改革为核心，完善产业发展的政策体系，加快资源整合，优化产业布局。根据国家与地方优势资源及产业基础，重点通过产业集聚和资源整合，培育一批生物医用材料产业骨干企业，并将骨干企业培育发展成为具有国际竞争力和影响力的行业龙头企业，带动整个产业的发展。

（十二）材料与试验标准体系行动计划

1. 发展现状

我国各行业对新材料的需求旺盛。尽管我国在新材料开发、应用方面投入巨大，但自给率仍然很低。绝大部分新材料处于研发阶段，在材料品种、质量、数量上与未来需求有很大差距。究其原因，在新材料开发、工程化至应用的创新链条中，标准规范体系的支撑乏力，包括产品标准、质量评价标准以及评价材料所用试验技术标准的缺失，体系的不完善，制造方主导的标准产生机制等成为制约自主开发新材料的工程化和应用的重要因素。新材料标准体系（含指标体系、试验技术标准、相关实物标准）缺失，具体新材料品种针对工程应用的综合性评价或评级规范缺乏，这些无法对国产新材料的工程应用给予足够的支持，或对进口材料的质量予以鉴别。

材料与试验标准体系是材料创新的基础设施，是新材料产业的共性平台，难以依靠某一单位自身的力量来建设，需要国家投入，建成国家级公共设施，向全社会提供服务。

2. 目标

初步完成材料与试验标准资源共享平台建设；完成新材料与试验标准体系的总体架构；完成中国新材料与试验标准的立标流程；成立完整的各级标准化机构；制定相关标准 600 项。

3. 主要内容

（1）国家材料与试验标准资源共享平台。汇集、梳理、整合、共享国内外现存各类材料与试验标准、规程、权威方法，建立覆盖材料研究—生产—应用全生命周期的质量、试验、检测、认证、评价等标准资源共享平台，为新材料研发以及新材料与试验标准体系建设服务，为国家重大工程选材用材服务。该资源共享平台应具备：①标准数据管理功能，包括制定数据、应用标准规范，标准数据的采集、评价、存储、集成；②标准数据服务功能，包括标准数据检索、挖掘、分析、发布、协同等，数据库二次开发，不同数据结构、系统之间数据透明交换；③可持续发展功能，包括标准知识产权保护、权限管理、共享共赢机制等。

（2）国家新材料与试验标准体系工程。加强标准体系的顶层设计，从材料研发及其应用结合的角度，实现跨行业、跨领域标准的系统整合，实现从制造方主导标准向用户方主导标准的转变。围绕重点新材料，建设新材料与试验标准体系。

立足市场需求，遵循"材料指标标准体系""围绕指标的试验技术标准体系""依据试验数据的性能评价评级体系"3 个层次，研究和制定新材料与试验标准。形成创新标准体系和机制，建设新材料研发、材料生产、材料应用全生命周期的标准体系，为新材料产业发展战略顺利实施提供基础保障，促进新材料产业化。

4. 实施途径

（1）借助国家标准化工作改革的契机，针对当前我国标准体系存在的问题，借鉴发达国家团体标准组织模式，立足市场需求，建设自下而上的、社会团体主导的标准体系。

（2）在组织层面，在国家标准化管理委员会统筹指导和中国工程院的支持下，组建具有第三方属性、非营利性的平台，构建中国材料与试验标准体系。以市场为导向，凝聚全社会力量，特别是吸纳企业的力量；大力拓宽标准申请、立项的自由度，构建自下而上立标的模式；通过网络信息平台，使标准各个阶段的信息公开、共享，充分吸纳各方的意见、建议。从组织和运行模式上最大限度满足政府、生产者、用户、科研院所等各方的需求。

（3）在技术层面，建设中国材料与试验标准体系，以面向最终用户技术需求的指标体系为先导，整合现行有效、适用、可靠的分析技术和方法，针对材料全生命周期检测控制、新材料检测技术以及国家关注的共性问题，如节能减排、环保民生、碳排放控制等问题，不断研究和制定新的标准，解决材料供应商与用户技术意见的分歧问题、材料领域的技术进步同现行检测技术不匹配的问题，以及材料工业发展同材料制备过程环境负荷间的矛盾问题。

第五章　新材料产业成熟度评价研究

结合新材料重大行动项目或工程的要求，尤其是筛选对行业有带动性、高增长性，涉及国家产业安全性，以及对我国产业的国际竞争力提升有重要意义的项目或工程，本章对相关典型项目开展成熟度评价，包括技术成熟度（technology readiness level，TRL）、制造成熟度（manufacture readiness level，MRL）、市场成熟度（market maturity level，MML），通过制定技术成熟度、制造成熟度、市场成熟度的评价准则（表 5.1～表 5.3），针对颠覆性技术、重大突破性技术所形成的产业及重要发展方向形成成熟度评价结果，为战略性新兴产业及重要发展方向的研究提供依据。

表 5.1　技术成熟度评价准则

TRL	技术成熟度评价准则
1	观察到支撑该技术研发的基本原理或看到基本原理的报道
2	提出将基本原理应用于系统中的设想
3	关键功能和特性初步通过实验室可行性验证
4	以部件级实验室产品为载体通过实验室环境验证
5	以单机级初级演示验证产品为载体通过模拟使用环境验证
6	以分系统或系统级高级演示验证产品为载体通过模拟使用环境验证
7	以系统级工程原型产品为载体通过典型使用环境验证
8	以系统级试用产品为载体通过测试和交付试验
9	系统级的成熟产品通过广泛应用和考验

表 5.2　制造成熟度评价准则

MRL	制造成熟度评价准则
1	确定制造内涵
2	确定制造方案
3	制造方案的可行性得到初步验证
4	具备在实验室环境下制造技术原理样件的能力
5	具备在相关生产环境下制造原型部件的能力
6	具备在相关生产环境下制造原型系统或分系统的能力

续表

MRL	制造成熟度评价准则
7	具备在典型生产环境下制造系统、分系统或部件的能力
8	试生产线能力得到验证，准备开始低速率生产
9	低速率生产能力得到验证，准备开始全速率生产
10	全速率生产能力得到验证，转向精益化生产

表 5.3　市场成熟度评价准则

MML	市场成熟度评价准则
1（导入期）	新技术研发出产品，对产品具有潜在需求或市场预期，市场待培育。前期投入大，市场收入规模低，产品处于导入阶段，产品预期具有较强的竞争力
2（发展期）	技术突破和成熟形成了较强竞争力的产品，产品竞争力优势显现，实现大规模商业化应用，占有率快速增长，收入规模增加，实现盈利
3（成熟期）	技术和产品进一步成熟，市场确立。产品竞争力优势明显，市场供需平衡，占有率高且趋于平稳，收入利润规模稳定，产业规模经济效应显现，进入壁垒高

一、半导体材料产业成熟度评价

半导体材料产业成熟度评价见表 5.4。

表 5.4　半导体材料产业成熟度评价表

重点产业方向名称	集成电路用半导体材料产业	
重大突破性技术名称	1. 直径 300mm 硅材料及其制备技术； 2. 直径 450mm 硅材料及其制备技术； 3. 半导体材料沟道工程技术	
所属产业领域	□新一代信息技术　□节能环保　□生物　□高端装备　□新能源 ■新材料　□新能源汽车　□互联网＋智能制造　□数字创意	
重点产业发展方向简介	集成电路制造已进入纳米时代，以硅为核心半导体材料，带动智能手机、大数据、物联网等产业的蓬勃发展，并引领虚拟现实、人工智能等新产业的成长。当前该产业重点发展方向是 14nm 以下集成电路用 300mm 硅材料，新一代将朝直径 450mm 硅材料发展。国内近年积极布局高端集成电路制造产业，需要 28nm 以下集成电路用 300mm 硅材料配套能力。 　目前国内积极布局 300mm 硅材料的研发，尚未形成 300mm 硅材料产业化能力。与国外先进水平相比，我国研发和产业化切入时机晚，企业研发投入不足，技术和应用基础弱，产业发展慢。在新一代 450mm 硅材料方面，国外处于中试水平，尚未实现商业化，国内也已经在 450mm 硅单晶生长方面开展实验室研究，与国外差距不如在 300mm 硅材料方面大，国内适时切入 450mm 硅材料技术研究，有望在硅材料领域拉近与国外差距或赶上国外水平	
技术成熟度评价	关键核心技术的技术现状	国内通过重大专项项目的实施，300mm 硅材料技术不断提高，已突破其制造核心关键技术，达到 55～90nm 集成电路用水平，完成了国内主要集成电路厂商的在线验证，并开始应用。目前正积极攻关 20～40nm 集成电路用 300mm 硅材料关键技术。国外 300mm 硅材料技术在 2001 年已具备商业化能力，商业化应用已达到 7nm 水平，国内与其差距明显。

续表

重点产业方向名称		集成电路用半导体材料产业
技术成熟度评价	关键核心技术的技术现状	国外积极推动新一代硅材料技术的研发,日本实施超级硅计划,完成了关键技术和关键装备的联合攻关,利用试验线产出450mm硅材料样品,在集成电路中试线上完成应用验证。国内主要依靠企业自发研发行为开展了450mm硅材料晶圆生长技术的初步实验室研究,可以产出完整单晶。 半导体材料沟道工程技术是针对硅材料导电沟道进行调制从而获得更快的导电能力等特性的技术。目前国内外成功采用应变实施沟道工程,并应用于65nm以下集成电路制造,而锗、砷化镓、磷化铟、石墨烯等异质集成是更有前途的沟道工程技术,目前主要限于实验室研究水平
	当前TRL级别	关键核心技术1:TRL 7 关键核心技术2:TRL 4 关键核心技术3:TRL 2
制造成熟度评价	重点产业方向的制造现状	中国大尺寸半导体硅材料的产业化正在加速推进,在300mm集成电路用硅晶圆方面,上海新昇半导体科技有限公司至2018年底达到月产能10万片,有研半导体年产能为1万片。另外天津中环半导体股份有限公司、重庆超硅半导体有限公司、宁夏银和新能源科技有限公司、浙江金瑞泓科技股份有限公司、郑州合晶硅材料有限公司等都在建设300mm产线。300~450mm单晶硅制造用关键原辅材料如多晶硅、石英坩埚、化学试剂主要依赖进口,关键设备也来自国外
	当前MRL级别	MRL 5
市场成熟度评价	市场现状	集成电路是我国第一大宗进口物资,为此国家出台了《国家集成电路产业发展推进纲要》,并建立了国家集成电路产业投资基金。受此带动,我国正成为全球集成电路产业投资重心区,进而带动国内大尺寸硅材料需求的急速成长。目前,国内300mm硅材料市场需求为50余万片/月,两年内可能成长到百万片/月以上
	市场环境 市场接受度	□公众关注新技术产品的商业化示范性应用(MML1) □通过媒体报道或公众使用了解新技术产品的特点后而逐步商业推广(MML2) ■公众完全接受而成为市场主流产品(MML3)
	工业供应链	□尚未明确新产品所需的工业供应链的主要环节(MML1) ■新产品的工业供应链规范标准化(MML2) □工业供应链多元化且供给服务完善(MML3)
	环境规范度	□对新技术产品研发进行扶持与规范(MML1) ■市场环境持续改进保障市场健康快速发展(MML2) □市场环境完善稳定(MML3)
	市场结构 市场渗透率	□产品处于研发阶段,尚无市场渗透(MML1) ■大规模商业化推广,渗透率快速增长(MML2) □市场供需平衡,渗透率高且趋于平稳(MML3)
	产业集中度	□产品处于萌芽阶段,研发集中在少数企业(MML1) □市场得到确立发展,产业集中度逐渐降低(MML2) ■产业经过并购整合调整,形成了以少数规模大、实力强的企业为龙头的完整产业链(MML3)
	进入壁垒	■少数企业掌握核心技术,技术壁垒高(MML1) □市场快速发展和整合,规模壁垒增高(MML2) □产业规模经济效应显现,规模壁垒高(MML3)

续表

重点产业方向名称			集成电路用半导体材料产业
市场成熟度评价	市场结构	结构特征与类型（辅助指标）	□尚未形成竞争的市场 □完全竞争的市场 ■垄断竞争的市场 □寡头竞争的市场 □完全垄断竞争的市场
	市场规模	市场收入	□技术处于研发阶段，以资本投入为主（投入阶段）（MML1） ■市场快速发展，市场利润快速增长（利润阶段）（MML2） □市场收益转为价值和资本化（资产、价值回报阶段）（MML3）
		从业人员	■以研发人员为主，开始有生产和销售人员（MML1） □以生产和销售人员为主且人员规模大幅扩张（MML2） □从业人员数量和结构趋于稳定（MML3）
	商品竞争	竞争优势	□研发的新技术产品具有预期的竞争优势（MML1） □新产品竞争优势获得确认并逐步商业推广（MML2） ■公众完全接受而成为市场主流产品（MML3）
		商业化能力（战略、规划、投入、成本、服务等）	□新技术研发需要成本投入，尚未具备商业化能力（MML1） □新产品获得市场确认，新进投入和生产成本降低使得商业化能力得到提升（MML2） ■成为主流市场产品，具有较高的商业化能力（MML3）
时序预测			1.“十三五”时期技术、制造、市场的成熟等级： 技术成熟度：___TRL 7___ 制造成熟度：___MRL 7___ 市场成熟度：___MML 2___ 2. 技术、制造、市场完全成熟的时间点： 技术完全成熟（TRL9）：__2025__年 制造完全成熟（MRL10）：__2025__年 市场完全成熟（MML3）：__2025__年
培育与发展建议			1. 加强研发和产业布局，增强研发和产业化投入； 2. 加强国际合作，注重引进消化国外先进技术，推进与国外同类企业的兼并重组； 3. 加强海外工程技术人才的引进

二、功能晶体材料产业成熟度评价

功能晶体材料产业成熟度评价见表 5.5。

表 5.5 功能晶体材料产业成熟度评价表

重点产业方向名称	人工晶体材料产业
重大突破性技术名称	高质量、大尺寸功能晶体制备技术
所属产业领域	□节能环保 □新一代信息技术 □生物 □高端装备制造 □新能源 ■新材料 □节能与新能源汽车
重点产业发展方向简介	功能晶体是指以人工方式制备的具有特定应用的晶体材料，包括半导体和光电功能晶体等。其中光电功能晶体是光电子高技术产业的关键材料，其种类很多，包括激光晶体、非线性光学晶体、电光晶体、压电晶体、热电晶体、闪烁晶体和复合功能晶体等。在国际上，我国光电功能晶体的研究与开发处于国际前沿，特别是无机非线性光学晶体研究和应用处于国际先进水平。

重点产业方向名称			人工晶体材料产业
重点产业发展方向简介			目前激光产业中应用最广泛的三种非线性光学晶体有两种（即 BBO 和 LBO）是我国发明的。我国研制的 KBBF 是目前唯一可用于深紫外光谱区的非线性光学晶体，晶体及实用必须采用的光胶棱镜耦合技术都具有自主知识产权。利用该晶体 2003 年首次实现 $Nd:YVO_4$ 激光六倍频有效功率输出后，我国研制成功 177.3nm 固定波长和 170～230nm 宽调谐波长两个系列 8 种实用化、精密化深紫外全固态激光源，成功应用于国际首创的 9 种深紫外先进科学装备。同时，发现多种新的红外非线性光学晶体，还生长了国际最大尺寸中红外非线性光学晶体磷锗锌（ZGP），吸收系数低至 $0.01cm^{-1}$（@2μm），3～5μm 中红外激光输出最大功率达到 30W，光-光转换效率达到 56%，满足实用要求。在此基础上发展了功能晶体产业
技术成熟度评价	重大突破性技术的技术现状		激光晶体在相当大程度上能够满足国内军民品激光装备的需求，包括 Nd: YAG、Nd, Ce: YAG、钒酸盐晶体和钛宝石晶体等。我国大尺寸激光晶体 Nd: YAG 生长取得进展，晶体直径达到 100mm、长度大于 200mm，采用 Nd: YAG 板条结构获得了 10kW 以上的高能激光输出。Yb: YAG 晶体的研制保持与国外同步发展，获得了千瓦级的激光输出，并获得目前最短的 Yb: YAG 脉冲锁模激光（脉冲宽度为 136fs，平均输出功率超过 3W）。我国研究了掺钕氟化钇锂（Nd: YLF）晶体，直径为 35mm，长度为 100mm 以上，应用于"神光"装置中，实现高能固体激光器小型化，获得数十千瓦高能激光输出；采用双掺钕铱氟化钇锂晶体制备单频连续波种子源，实现了室温下稳定激光输出。我国 $Ti:Al_2O_3$ 激光晶体尺寸已经突破 100mm，应用于超强、超快激光系统中。中红外激光晶体 Tm: YLF 在 2μm 处获得近 100W 的激光输出，斜效率大于 35%，Cr:ZnSe 晶体在 2～3μm 获得宽带可调谐激光输出，最大输出功率超过 3W。激光自倍频晶体实现最高位 3W 的绿光输出，并可以在–30～50℃环境下使用
	当前 TRL 级别		TRL 7～8
制造成熟度评价	重大突破性技术的制造现状		已形成各种功能晶体，如 BBO、LBO 等非线性光学晶体和 Nd: YAG、Nd: YVO4 等激光晶体及激光自倍频晶体生产企业，带动了大量器件和整机生产企业，发展了国际首创的 9 种深紫外先进科学装备，并正在产业化
	当前 MRL 级别		MRL 6～7
市场成熟度评价	市场现状		国内目前功能晶体的直接产值在亿元量级，占国际非线性光学晶体市场的 80% 和激光晶体市场的 1/3 左右，带动百亿元的器件和激光器等市场。目前深紫外非线性光学晶体及其相关器件和整机为我国所独有，将有很大的市场发展潜力和应用发展前景
	市场规模	市场收入	■前期投入大，市场收入规模低（MML1） □收入规模增加，实现盈利（MML2） □收入利润规模稳定（MML3）
		从业人员	■以研发人员为主，但生产和销售人员数量开始增加（MML1） □以生产和销售人员为主，生产和销售人员数量大幅增加（MML2） □从业人员数量和结构趋于稳定（MML3）
	市场结构	产业集中度	□产品处于导入阶段，产品生产销售只集中在少数企业（MML1） ■从事产品生产销售的企业数量大幅增加，产业集中度较低（MML2） □产业经过并购整合调整，形成了以少数规模大、实力强的企业为龙头的完整产业链（MML3）

续表

重点产业方向名称			人工晶体材料产业
市场成熟度评价	市场结构	市场占有率	■产品商业应用示范，占有率较低（MML1） □大规模商业化应用，占有率快速增长（MML2） □市场供需平衡，占有率高且趋于平稳（MML3）
	市场潜力	产品竞争力	□产品预期具有较强的竞争力（MML1） □产品竞争力优势显现（MML2） ■产品竞争力优势明显（MML3）
		进入壁垒	□少数企业掌握核心技术，技术壁垒高（MML1） ■核心技术大规模应用，技术壁垒降低（MML2） □产业规模经济效应显现，进入壁垒高（MML3）
时序预测			1. "十三五"时期技术、制造、市场的成熟等级： 技术成熟度：　TRL 7~8 制造成熟度：　MRL 6~7 市场成熟度：　MML 2 2. 技术、制造、市场完全成熟的时间点： 技术完全成熟（TRL9）：2022 年 制造完全成熟（MRL10）：2025 年 市场完全成熟（MML3）：2030 年
培育与发展建议			1. 加强我国具有领先优势的功能晶体发展和产业化，特别注重以市场为导向的检验、标准和销售体系的建立，避免无序竞争； 2. 加强对我国知识产权的保护； 3. 加强对以功能晶体为基础的器件和整机产业的培育与发展

三、锂离子动力电池产业成熟度评价

锂离子动力电池产业成熟度评价见表 5.6。

表 5.6　锂离子动力电池产业成熟度评价表

重点产业方向名称		锂离子电池及材料产业
重大突破性技术名称		高性能、高安全性锂离子动力电池的制造
所属产业领域		□节能环保　□新一代信息技术　□生物　□高端装备制造 □新能源　□新材料　■节能与新能源汽车
重点产业发展方向简介		锂离子电池作为新一代动力电池得到了广泛的关注。影响锂离子电池比能量的主要因素是电极材料的性能，目前锂离子动力电池多采用磷酸铁锂或三元材料为正极材料，石墨为负极材料。这些体系的锂离子电池装备的电动汽车行驶里程为 100~200km，不及传统汽油车的 1/3。当前，需重点发展的方向如下。 　1. 突破锂离子动力电池用新一代高比容量（≥155mAh/g）的磷酸盐系、三元系（≥165mAh/g）正极材料等关键材料的产业化工艺与装备技术，进一步提升材料性能，延长寿命，提高可靠性和稳定性，降低成本； 　2. 突破高比容量、高电压类正极材料和硅基复合负极材料的关键技术，开发高安全性电解质和隔膜材料，形成高比能量锂离子动力电池的材料体系
技术成熟度评价	重大突破性技术的技术现状	目前，我国锂离子电池用四大关键材料国产化技术水平不断提高，然而锂离子电池制造技术和电池成组技术还需提升，产品一致性较差，电池成组技术落后，制造设备主要依靠进口。更重要的是，锂离子电池关键材料制造技术往往由国外公司掌握核心专利，对我国产业发展造成了一定的威胁
	当前 TRL 级别	TRL　8

重点产业方向名称		锂离子电池及材料产业
制造成熟度评价	重大突破性技术的制造现状	锂离子电池四大关键材料国产化比例不断提高。2013 年，我国锂离子电池正极材料产量为 4.5 万 t，同比增长 25%，形成了以京津地区、华中地区和华南地区为三大聚集地的锂离子电池正极材料产业集群，并分别以北京、天津、湖南、广东为发展中心；负极材料产量为 3.5 万 t，同比增长 20%；电解液产量为 2.9 万 t，同比增长 20%；隔膜产量为 2.65 亿 m^2。然而，锂离子电池制造技术还需提升，目前产品一致性较差，造成电池成组技术落后，使得电池组的循环寿命不能满足要求。此外，先进制造设备主要依靠进口
	当前 MRL 级别	MRL __5__
市场成熟度评价	市场现状	2013 年，我国锂离子电池的产业规模持续扩大，总产达 337 亿 W·h，同比增长 14%；销售收入超过 650 亿元，同比增长 5%。其中，动力型锂离子电池市场增长 30%，销售收入达 40 亿元。在全球锂离子电池及其材料市场的带动下，我国锂离子电池及其材料销量也有较大的增长，且超过了全球增幅，在国际市场所占的比例有所提高，从 2012 年的 26.9% 上升至 2013 年的 30%。然而国内锂离子电池尚未能实现自给自足
	市场规模 — 市场收入	□前期投入大，市场收入规模低（MML1） ■收入规模增加，实现盈利（MML2） □收入利润规模稳定（MML3）
	市场规模 — 从业人员	■以研发人员为主，但生产和销售人员数量开始增加（MML1） □以生产和销售人员为主，生产和销售人员数量大幅增加（MML2） □从业人员数量和结构趋于稳定（MML3）
	市场结构 — 产业集中度	□产品处于导入阶段，产品生产销售只集中在少数企业（MML1） ■从事产品生产销售的企业数量大幅增加，产业集中度较低（MML2） □产业经过并购整合调整，形成了以少数规模大、实力强的企业为龙头的完整产业链（MML3）
	市场结构 — 市场占有率	□产品商业应用示范，占有率较低（MML1） ■大规模商业化应用，占有率快速增长（MML2） □市场供需平衡，占有率高且趋于平稳（MML3）
	市场潜力 — 产品竞争力	□产品预期具有较强的竞争力（MML1） □产品竞争力优势显现（MML2） ■产品竞争力优势明显（MML3）
	市场潜力 — 进入壁垒	■少数企业掌握核心技术，技术壁垒高（MML1） □核心技术大规模应用，技术壁垒降低（MML2） □产业规模经济效应显现，进入壁垒高（MML3）
时序预测		1. "十三五"时期技术、制造、市场的成熟等级： 技术成熟度：TRL __7~8__ 制造成熟度：MRL __6~7__ 市场成熟度：MML __2__ 2. 技术、制造、市场完全成熟的时间点： 技术完全成熟（TRL9）：__2022__ 年 制造完全成熟（MRL10）：__2025__ 年 市场完全成熟（MML3）：__2025__ 年
培育与发展建议		1. 加快建设锂离子动力电池及其关键材料产业体系，加强国家级研发机构、检测与评价机构的建设，培育大型企业，提高自主创新能力，支撑产业发展；

续表

重点产业方向名称	锂离子电池及材料产业
培育与发展建议	2. 加大科技投入，加快关键核心技术和前沿技术的研发，引导政府、社会资源和高校、科研机构加大科技投入，产学研相结合，提升产业技术水平； 3. 加强产业规划与协调，把锂离子电池产业放在优先发展的位置，完善国家标准、技术规范及行业准入政策； 4. 实施专业人才培养战略，加大创新型人才的培养力度，鼓励引进海外工程技术人才； 5. 开展广泛的国际合作，加强引进技术的消化吸收与再创新，加强材料的国产化

四、汽车用钢材料产业成熟度评价

汽车用钢材料产业成熟度评价见表 5.7。

表 5.7　汽车用钢材料产业成熟度评价表

重点产业方向名称		轻量化汽车用新一代先进超高强度钢（1000～1500MPa）
重大突破性技术名称		新型超高强汽车用钢的复合强韧化技术
所属产业领域		□节能环保　□新一代信息技术　□生物　■高端装备制造　□新能源 ■新材料　□节能与新能源汽车
重点产业发展 方向简介		新型超高强汽车用钢的复合强韧化技术本质上属于一种钢的多尺度、亚稳、细晶组织控制技术，它能在保证钢在具有 1000MPa 超高强度的同时获得钢的高塑性、高韧性和良好成形性。 1000～1500MPa 的先进超高强汽车用钢发展的具体产品包括超高强淬火配分（quenching and partitioning，Q&P）钢、超高强双相（dual-phase，DP）钢、超高强复相（complex phase，CP）钢、超高强纳米粒子强化热轧（Nano-F）钢、1500MPa 以上的热冲压成形钢五种。总的来说，新型超高强汽车用钢的复合强韧化技术是近年来先进高强度汽车用钢不断取得新发展的技术依据。 在汽车减重方面，我国与发达国家仍有相当大的差距，目前我国所发展的高强冷轧薄板钢只有 DP 钢得到了稳定生产和供应，且其强度只能达到 780MPa，品种单一。1000MPa 以上的汽车板只有宝山钢铁股份有限公司（简称宝钢）生产的 Q&P 钢，供应少，应用少。国产汽车用钢强度低、品种少的现状已经越来越难以满足我国汽车行业发展的要求
技术成熟度评价	重大突破性技术的技术现状	从实验研究的角度看，新型超高强汽车用钢的复合强韧化技术本身已经相当成熟。北京科技大学在实验室按照国内钢厂的一般生产条件，已经制备了五种超高强钢，获得了理想的性能。其中 DP1000 钢的延伸率（A_{80}）达到了 10%，CP1000 钢的延伸率（A_{80}）达到了 9%，Q&P1000 钢的延伸率（A_{80}）达到了 20%，Nano-F 钢强度达到了 1000MPa。另外，从宝钢的生产实践看，热冲压成形钢和 Q&P 钢已经实现了小批量生产与市场供应，其技术可靠性已经得到验证
	当前 TRL 级别	TRL　5.5
制造成熟度评价	重大突破性技术的制造现状	从生产制造的角度看，虽然新型超高强汽车用钢的复合强韧化技术已经能够在某些产品上应用，并生产出理想的产品，如我国宝钢所生产的 1500MPa 的热冲压成形钢以及 980MPa 的 Q&P 钢，已经能够小批量生产供应，在典型复杂超高强钢骨架件上成功试冲得到验证。但从我国钢铁行业的整体状况来看，高强汽车用钢的生产制造水平基本上止于生产 780MPa 等级 DP 钢，不但强度低，而且品种单一
	当前 MRL 级别	MRL　5

重点产业方向名称			轻量化汽车用新一代先进超高强度钢（1000～1500MPa）
市场成熟度评价	市场现状		新型超高强汽车用钢的复合强韧化技术首先在我国宝钢获得了实际的应用发展，所开发的 1000MPa 以上 Q&P 钢和热冲压成形钢形成了批量产能。目前我国进口 780MPa 以上的高强度汽车钢约为 100 万 t/年。按照世界钢铁协会的汽车用钢组织的预计，2020 年 1000MPa 以上级别的高强度钢占比将高于整体车身用材料的 50%。我国政府计划在 2020 年将混合动力汽车（hybrid electric vehicle，HEV）/电动汽车（electric vehicle，EV）等环保车的销售比例提高到新车的 10%～15%，届时销量有望达到 200 万～300 万辆
	市场规模	市场收入	■前期投入大，市场收入规模低（MML1） □收入规模增加，实现盈利（MML2） □收入利润规模稳定（MML3）
		从业人员	■以研发人员为主,但生产和销售人员数量开始增加（MML1） □以生产和销售人员为主，生产和销售人员数量大幅增加（MML2） □从业人员数量和结构趋于稳定（MML3）
	市场结构	产业集中度	■产品处于导入阶段，产品生产销售只集中在少数企业（MML1） □从事产品生产销售的企业数量大幅增加，产业集中度较低（MML2） □产业经过并购整合调整，形成了以少数规模大、实力强的企业为龙头的完整产业链（MML3）
		市场占有率	■产品商业应用示范，占有率较低（MML1） □大规模商业化应用，占有率快速增长（MML2） □市场供需平衡，占有率高且趋于平稳（MML3）
	市场潜力	产品竞争力	■产品预期具有较强的竞争力（MML1） □产品竞争力优势显现（MML2） □产品竞争力优势明显（MML3）
		进入壁垒	■少数企业掌握核心技术，技术壁垒高（MML1） □核心技术大规模应用，技术壁垒降低（MML2） □产业规模经济效应显现，进入壁垒高（MML3）
时序预测			1.“十三五”时期技术、制造、市场的成熟等级： 技术成熟度：　　TRL9　　 制造成熟度：　　MRL8　　 市场成熟度：　　MML2　　 2. 技术、制造、市场完全成熟的时间点： 技术完全成熟（TRL9）：2020 年 制造完全成熟（MRL10）：2025 年 市场完全成熟（MML3）：2028 年
培育与发展建议			在新型超高强汽车用钢的复合强韧化技术中，钢的强化相的生成都是在生产的后期阶段（连续退火）通过相变控制来完成的，故在热轧和冷轧生产过程中不会产生难以接受的变形抗力，这一点与传统的微合金化钢存在很大差别。我国大部分钢厂的连续退火线具备高氢快速冷却的能力，完全能够实现超高强钢所需要的组织演变控制。因此应该大力推广新型超高强汽车用钢的复合强韧化技术的应用发展。 　　建议建立国家层次上的全产业链的产学研用技术合作平台，选定典型钢种（如 DP 钢、Q&P 钢、CP 钢、Nano-F 钢以及热冲压成形等）作为该技术应用的主要产品，以形成“系统化、稳定化和低成本解决方案”为目标，开展全产业链联合技术攻关。同时，在融资政策、排放法规以及人才培养方面给予配套性支持或规定，促进新技术的发展应用

五、心脑血管材料及血管支架产业成熟度评价

心脑血管材料及血管支架产业成熟度评价见表 5.8。

表 5.8　心脑血管材料及血管支架产业成熟度评价表

重点产业方向名称		心脑血管材料及血管支架产业
重大突破性技术名称		生物可吸收全降解聚合物支架
所属产业领域		□节能环保　□新一代信息技术　□生物　□高端装备制造　□新能源 ■新材料　□节能与新能源汽车
重点产业发展方向简介		心脑血管疾病已成为人类的"第一杀手",每年我国死于心脑血管疾病的患者超过 300 万人,患有各类心脑血管疾病人群数量已达 2.9 亿人。基于新型生物医用材料的微创介入血管支架植入术已成为治疗心脑血管疾病的首要途径。该产业发展方向的核心产品是具有药物缓释功能的生物可吸收全降解血管支架。生物可吸收全降解血管支架能够伴随患者血运功能的恢复逐渐被机体吸收,显著减少支架血栓以及再狭窄的形成,而且进行再次介入治疗非常方便。目前相关高端全降解材料制备及此类支架材料成型工艺控制在全球经过 20 多年的研究创新,已取得重大突破。自 2012 年末起,用于心脑血管疾病治疗的第一代生物全降解聚合物支架开始在全球 30 多个国家销售,标志着心脑血管疾病介入治疗第四次革命的到来。在未来,以全降解支架为代表的新产品将逐步取代现有的非降解金属支架,从而改写心脑血管疾病治疗的历史
技术成熟度评价	重大突破性技术的技术现状	大量的临床试验数据表明,此类新型生物可吸收全降解血管支架具有与各类永久金属支架类似的强度、支撑力和优良输送性。在植入血管初期与现行的各类永久金属支架一样能够起到支撑血管、维持血液流畅的作用,在血管重建后可在体内逐步降解,避免永久支架引起的并发症和晚期血栓等一系列问题。目前此类产品已通过欧盟医疗器械监管部门批准并投放市场,已通过大量的临床验证。在国内,该产品已处于大规模临床试验阶段
	当前 TRL 级别	TRL　8
制造成熟度评价	重大突破性技术的制造现状	生物可吸收全降解血管支架产品制造工艺经过多年的摸索,目前已经相当成熟,所需的相关生产设备、原材料及药品已实验大规模标准化生产,在美国、欧洲等该产品大批量规模化生产能力已得到反复验证。国内该产品生产已在小规模生产中得到反复验证,已完全具备进入大批量生产阶段的能力
	当前 MRL 级别	MRL　9
市场成熟度评价	市场现状	生物可吸收全降解血管支架目前已在欧盟等全球 30 多个国家和地区销售,预计此产品在未来将逐步取代现行的超过 100 亿美元的非降解支架市场。在中国市场,此类产品目前已进入大规模临床试验阶段。相信一旦在中国获得国家市场监督管理总局注册销售准入,其市场将迈向高速发展阶段,将逐步取代市场规模已超过 100 亿元的各类非降解支架市场,并且将扩展到一些不适于使用现行非降解支架的年轻患者中间。此类产品竞争力优势明显。但因尚未获大规模生产批准,目前市场仍处于导入期。一旦获得批准,可以预计将进入成长期
	市场规模 市场收入	■前期投入大,市场收入规模低(MML1) □收入规模增加,实现盈利(MML2) □收入利润规模稳定(MML3)
	从业人员	■以研发人员为主,但生产和销售人员数量开始增加(MML1) □以生产和销售人员为主,生产和销售人员数量大幅增加(MML2) □从业人员数量和结构趋于稳定(MML3)
	市场结构 产业集中度	■产品处于导入阶段,产品生产销售只集中在少数企业(MML1) □从事产品生产销售的企业数量大幅增加,产业集中度较低(MML2)

续表

重点产业方向名称			心脑血管材料及血管支架产业
市场成熟度评价	市场结构	产业集中度	□产业经过并购整合调整，形成了以少数规模大、实力强的企业为龙头的完整产业链（MML3）
		市场占有率	■产品商业应用示范，占有率较低（MML1） □大规模商业化应用，占有率快速增长（MML2） □市场供需平衡，占有率高且趋于平稳（MML3）
	市场潜力	产品竞争力	□产品预期具有较强的竞争力（MML1） □产品竞争力优势显现（MML2） ■产品竞争力优势明显（MML3）
		进入壁垒	□少数企业掌握核心技术，技术壁垒高（MML1） ■核心技术大规模应用，技术壁垒降低（MML2） □产业规模经济效应显现，进入壁垒高（MML3）
时序预测			1. "十三五"时期技术、制造、市场的成熟等级： 技术成熟度：___TRL 9___ 制造成熟度：___MRL 9___ 市场成熟度：___MML 1___ 2. 技术、制造、市场完全成熟的时间点： 技术完全成熟（TRL9）：2020年 制造完全成熟（MRL10）：2021年 市场完全成熟（MML3）：2022年
培育与发展建议			中国有近3亿人患有心脑血管疾病，对生物可吸收全降解血管支架这一产品的市场需求度相当高。我国迫切需要在此高新技术领域迅速设立产业发展专项，进行大规模投入，并引进国外优秀人才，为亿万心脑血管疾病患者提供高质、价廉并拥有自主知识产权的产品。否则，此领域的市场将很快被国外跨国公司所占领。 　　从产品开发技术角度方面考虑，需要重点资助以下方面的研究以保证产品的质量：生物可吸收全降解血管支架材料制备；支架几何结构设计改进；支架加工工艺控制；支架降解时间控制；药物涂层工艺设计。 　　从产业化角度考虑，不但要资助国内企业向国际现行水平靠拢，迅速实现与国外第一代生物可吸收全降解血管支架性能相似的产品的大规模产业化，还应大力资助质量更优的第二代具有诱导病变血管修复功能的生物可吸收全降解血管支架的研制和产业化，否则我国将落后于国外同类产品的开发和产业化进程。 　　从资助力度上讲，国家应考虑在"十三五"期间投资重点扶持具有自主知识产权的生物可吸收全降解血管支架的研制和产业化，为国内数亿心脑血管疾病患者提供高质量的、价格合理的治疗产品

· 182 ·

第六章　新材料产业发展政策措施

一、加强顶层设计，完善产业政策

坚持创新驱动与产业需求相结合，高度重视当前处于研发阶段的前沿新材料，适度超前安排；着力突破新材料产业发展的工程化问题，为我国未来新材料产业的发展奠定坚实基础。加快完善有利于推动新材料产业进步的政策和法规体系，制定新材料产业发展指导目录和投资导向意见，完善产业链、创新链、资金链。突出国家对重点行业的聚焦支持，加强新材料产业发展生态环境建设，坚持目标导向与问题导向，解决短板和瓶颈问题，防止出现"投资碎片化"，集中力量打造我国的自主材料品牌。

二、加强研发支撑体系建设，夯实创新发展基础

进一步加强先进装备的研制，加大对新材料制备和检测自动化设备的研发支持，集中力量发展影响产品质量、降低制造成本的核心装备，重视新型低成本制造工艺及其配套技术的开发，深化发展新材料的自动化制造和数字化制造技术。建设材料设计与极端条件下性能预测研发平台，制定材料服役性能和全生命成本指标体系，全面提升我国材料应用水平。建立符合行业标准的新材料结构设计/制造/评价共享数据库，建立既与国际接轨又有我国特色的材料标准体系。从战略高度重视和研究新材料产业的知识产权体系，加强知识产权保护，鼓励新材料研发中的原始创新与集成创新，逐步形成具有自主知识产权的材料牌号与体系，引导产业的结构调整和升级换代。

三、发挥市场的资源配置作用，完善新材料产业发展生态环境

在注重政府对新材料产业进步的战略引导作用的基础上，加快营造新材料相关企业自主经营、公平竞争的发展环境，以企业为投资主体和成果应用主体，加强产学研相结合，充分发挥市场配置资源的基础性作用，提高资源配置效率和公平性。推动优势企业实施强强联合、跨地区兼并重组、境外并购和投资合作，提高产业集中度，加快培育具有国际竞争力的企业集团。

四、设立新材料专家系统，发挥思想库作用

实施创新人才发展全球战略，鼓励采取核心人才引进和团队引进等多种方式引进海外人才，同时充分发挥行业协会、科研单位和大学的作用，共同建立新材料专家系统，加强新材料研发、生产、应用的直接沟通和交流。新材料专家系统定期对国内外新材料研发与应用需求进行调研和评估，发挥思想库作用，就新材料发展现状、发展趋势和需要关注的重点问题提供咨询意见。

参 考 文 献

[1] 屠海令,张世荣,李腾飞. 我国新材料产业发展战略研究[J]. 中国工程科学,2016,18(4):
    90-100.

[2] 干勇. 制造强国三大基础要素——新型信息技术、新材料和技术创新体系[J]. 智慧中国,
    2018(6):58-61.

[3] 徐匡迪,肖丽俊,干勇,等. 新一代洁净钢生产流程的理论解析[J]. 金属学报,2012,48(1):
    1-10.

[4] 干勇. 材料延寿与可持续发展战略研究[M]. 北京:化学工业出版社,2016.

[5] 徐匡迪. 低碳经济与钢铁工业[J]. 钢铁,2010,45(3):1-12.

[6] 屠海令. 加强宽禁带半导体材料的研发与应用[J]. 科技导报,2017,35(23):1.

[7] 王继扬,吴以成. 光电功能晶体材料研究进展[J]. 中国材料进展,2010,29(10):1-15.

[8] 陈东坡. 2016—2017 年中国光伏回顾与展望[J]. 电子产品世界,2017,24(4):9-11.

[9] 严大洲,李爱民,万烨,等. 高纯多晶硅材料行业竞争新格局[J]. 太阳能,2017,(1):7-15.

[10] 中国电子信息产业发展研究院. 中国光伏产业发展路线图(2017 年版)[R]. 中国光伏行
    业协会,北京,2018.

[11] International Energy Agency. Energy technology prospectives 2010-Scenarios & Strategies to
    2050[EB/OL]. [2017-07-30]. https://doi.org/10.1787/20792603.

[12] VDMA Photovoltaic Equipment. International technology roadmap for photovoltaic[EB/OL].
    [2017-07-30]. http://www.itrpv.net/Reports/Downloads/.

[13] 余雪松. 我国锂离子电池产业发展势头良好[J]. 新材料产业,2017,(9):2-6.

[14] Marcinkoski J,Wilson A,Papageorgopoulos D. On-road fuel cell stack durability[R]. DOE
    hydrogen and fuel cells program record #15014,2015.

[15] Eudy L,Post M,Gikakis C. Fuel cell buses in U. S. transit fleets:Current status 2015[EB/OL].
    [2017-05-01]. http://www.nrel.gov/docs/fy16osti/64974.pdf.

[16] Spendelow J,Marcinkoski J. Fuel cell system cost-2013[R]. DOE fuel cell technology office
    record # 13012,2013.

[17] James B D. Fuel cell vehicle and bus cost analysis[R]. DOE hydrogen and fuel cells program
    review project# FC018,2016.

[18] Steinbach A. Highly active,durable,and ultra-low PGM NSTF thin film ORR catalysts and
    supports[R]. U. S. DOE 2016 annual merit review and peer evaluation meeting,2016.

[19] Steinbach A. High performance,durable,low cost membrane electrode assemblies for
    transportation applications[R]. 2014 Annual merit review DOE hydrogen and fuel cells and
    vehicle technologies programs,2014.

[20] Stamenkovic V R,Markovic N M. Tailored high performance low-PGM alloy cathode

catalysts[R]. DOE hydrogen and fuel cells program review project #FC140，2016.

[21] Dubau L，Lopez-Haro M，Castanheira L，et al. Probing the structure，the composition and the ORR activity of Pt₃Co/C nanocrystallites during a 3422 h PEMFC ageing test[J]. Applied Catalysis B：Environmental，2013，142（10）：801-808.

[22] Zelenay P. Non-precious metal fuel cell cathodes：Catalyst development and electrode structure design[R]. Hydrogen and fuel cells program project # FC107，2016.

[23] Wang Y C，Lai Y J，Song L，et al. S-doping of an Fe/N/C ORR catalyst for polymer electrolyte membrane fuel cells with high power density[J]. Angewandte Chemie International Edition，2015，54（34）：9907-9910.

[24] Ramani V. Corrosion-resistant non-carbon electrocatalyst supports for PEFCs[R]. DOE project #FC145，2016.

[25] Borup R，Rockward T. Technical assistance to developers[R]. U. S. DOE 2016 hydrogen and fuel cells program annual merit review and peer evaluation meeting project #FC052，2016.

[26] Ogawa S，Babu S K，Chung H T，et al. Microstructural modeling of PEFC catalyst layer performance and durability[R]. 232nd ECS Meeting，Washington DC，2017.

[27] Satjaritanun P，Shimpalee S，Weidner J W，et al. Numerical predicting of liquid water transport inside gas diffusion layer for PEMFC using lattice boltzmann method[J]. ECS Transactions，2017，80（8）：187-195.

[28] Liu H，George M G，Zeis R，et al. The impacts of microporous layer degradation on liquid water distributions in polymer electrolyte membrane fuel cells using synchrotron imaging[J]. ECS Transactions，2017，80（8）：155-164.

[29] Tabe Y，Satake T，Iiri T，et al. Experimental evaluation of dominant transport resistances of oxygen in catalyst layers of PEFC[J]. ECS Transactions，2017，80（8）：205-214.

[30] Yu H，Baricci A，Casalegno A，et al. Strategies to mitigate Pt dissolution in low Pt loading proton exchange membrane fuel cell：II. A gradient Pt loading design[J]. Electrochimica Acta，2017，247：1169-1179.

[31] Wang C H. Novel structured metal bipolar plates for low cost manufacturing[R]. DOE Project # FC105，2016.

[32] Pacific Northwest National Laboratory. Pathways to commercial success：Technologies and products supported by the fuel cell technologies office[R]. U.S. Department of Energy Fuel Cell Technologies Office，2016.

[33] 徐南平, 高从堦, 金万勤. 中国膜科学技术的创新进展[J]. 中国工程科学，2014，16（12）：4-9.

[34] 范益群，漆虹，徐南平. 多孔陶瓷膜制备技术研究进展[J]. 化工学报，2013，64（1）：107-115.

[35] 金万勤，徐南平. 限域传质分离膜[J]. 化工学报，2018，69（1）：50-56.

[36] 黄小卫. 先进稀土材料及应用发展[R]. 2015 中国国际功能材料科技与产业高层论坛，湘潭，2015.

[37] 朱明刚，李卫. 多（硬磁）主相永磁体及矫顽力机制研究现状与展望[J]. 科学通报，2015，（33）：3161-3168.

[38] 李安华，李卫，张月明，等.（Ce,RE）-Fe-B 永磁材料的研究开发新进展[J]. 中国稀土

学报，2016，34（6）：715-725.

[39] Huang X，Wang Q，Yue M，et al. Cerium-zirconium composite oxide，preparation method therefor，and application of catalyst：US，20180021759[P]. 2018-01-25.

[40] 翟华嶂，李建保，吴疆，等. 发动机高温部件的陶瓷材料应用及性能测试[J]. 材料工程，2010，（6）：78-83.

[41] Tang J，Xiao Z，Xu K，et al. Ultrathin and broadband metamaterial absorber based on new four L structure in infrared and visible region[R]. Progress in Electromagnetic Research Symposium，Shanghai，2016.

[42] Stamatios A，Theodosios K，Nikolaos K. Radiation efficiency enhancement of graphene THz antennas utilizing metamaterial substrates[J]. IEEE Antennas and Wireless Propagation Letters，2017，16：2054-2057.

[43] Sensalerodriguez B，Arezoomandan S. Tunable THz metamaterial and plasmonic devices based on graphene[R]. CLEO：Applications and Technology，San Jose，2016.

[44] Gomez-Grana S，Treguer-Delapierre M，Duguet E，et al. Isotropic 3D optical magnetism in visible light in a self-assembled metamaterial[R]. International Congress on Advanced Electromagnetic Materials in Microwaves and Optics，Chania，2016.

[45] Song Q，Zhang W，Cai H，et al. A Tunable metamaterial for wide-angle and broadband absorption through meta-water-capsule coatings[R]. CLEO：QELS_Fundamental Science，San Jose，2016.

[46] Chong P H，Pitchappa P，Lee C. Digitally reconfigurable binary coded terahertz metamaterial with output analogous to NOR and AND[J]. Journal of Applied Physics，2016，119（15）：153104.

[47] Maslovski S I. Light absorption and scattering by metamaterial thermal black hole[R]. 2016 10th International Congress on Advanced Electromagnetic Materials in Microwaves and Optics（Metamaterials），Chania，2016.

[48] Bückmann T，Kadic M，Schittny R，et al. Mechanical cloak design by direct lattice transformation[J]. Proceedings of the National Academy of Sciences，2015，112（16）：4930-4934.

[49] Babaee S，Shim J，Weaver J C，et al. 3D soft metamaterials with negative Poisson's ratio[J]. Advanced Materials，2013，25（36）：5116.

[50] 中国石墨烯产业技术创新战略联盟. 2017 全球石墨烯产业研究报告[R]. 2017.

[51] 刘忠范. 厘米级单晶石墨烯的可控生长方法[J]. 物理化学学报，2016，32（4）：810.

[52] Chen K，Shi L，Zhang Y，et al. Scalable chemical-vapor-deposition growth of three-dimensional graphene materials towards energy-related applications[J]. Chemical Society Reviews，2018，47（9）：3018-3036.

[53] 蒲吉斌，王立平，薛群基. 石墨烯摩擦学及石墨烯基复合润滑材料的研究进展[J]. 摩擦学学报，2014，34（1）：93-112.

[54] 董国艳，毕科，周济. 具有零相移传输性质的超材料研究[J]. 中国科学：物理学 力学 天文学，2014，（4）：406-416.

[55] Yang L I，Liu C，Bai Y，et al. Left-handed materials with ferromagnetic medium：a review[J].

Science & Technology Review，2016，34（18）：54-65.

[56] 于相龙，周济. 智能超材料研究与进展[J]. 材料工程，2016，44（7）：119-128.

[57] 王宝亭，耿鸿武，于清明，等. 中国医疗器械行业发展报告（2017）[M]. 北京：社会科学文献出版社，2017.

[58] Evaluate MedTech. 2017 年全球医械市场概况以及 2022 年全球医械市场预测[R]. 2017.

[59] 佚名. 2017 年中国医用高值耗材行业现状调研及发展趋势分析报告[R]. 2017.

[60] 张兴栋，蔡开勇，张璇. 医用材料展现经济转型步伐[J]. 中国战略新兴产业，2014，（22）：50-51.

[61] 李军男. 生物 3D 打印技术在生物医用材料产业的发展展望[J]. 新材料产业，2017，（11）：10-12.

[62] 奚廷斐. 我国生物医用材料现状和发展趋势[J]. 中国医疗器械信息，2013，19（8）：1-5.

[63] 刘洋，吴远浩，郑玉峰，等. 介入器械分类及其发展趋势[J]. 中国医疗器械信息，2014，20（9）：1-8.

[64] 陈伟伟，高润霖，刘力生，等. 中国心血管病报告 2016[J]. 中国循环杂志，2017，32（6）：521-529.

[65] International Cardiology Devices Market. Global industry size，market share，trends，analysis and forecast 2012—2018[R].

[66] Sorenson C，Drummond M. Improving medical device regulation[J]. The United States and Europe in Perspective，2014，92（1）：114-150.

[67] World Health Organization Cardiovascular Disease. Global atlas on cardiovascular disease prevention and control WHO[R]. 2012.

[68] Townsend N，Wilson L，Bhatnagar P，et al. Cardiovascular disease in Europe[J]. European Heart Journal，2016，42（37）：3232-3245.

[69] Bandyopadhyay A，Bose S，Das S. 3D printing of biomaterials[J]. MRS Bulletin.，2015，40（2）：108-115.

[70] Tarafder S，Bose S. Polycaprolactone-coated 3D printed tricalcium phosphate scaffolds for bone tissue engineering：In vitro alendronate release behavior and local delivery effect on in vivo osteogenesis[J]. ACS Applied Materials & Interfaces，2014，6（13）：9955-9965.

[71] 师昌绪. 关于构建我国"新材料产业体系"的思考[J]. 工程研究-跨学科视野中的工程，2013，5（1）：5-11.

[72] 刘馨. 发展新材料要突破三大障碍——专访中国工程院院士、中国工程院副院长干勇[J]. 新材料产业，2013，（4）：4-5.

[73] 中华人民共和国工业和信息化部. 钢铁工业调整升级规划（2016～2020 年）[EB/OL]. [2016-10-28]. http://www.miit.gov.cn/n1146295/n1652858/n1652930/n3757016/c5353943/content.html.

[74] 中华人民共和国工业和信息化部. 有色金属工业发展规划（2016～2020 年）[EB/OL]. [2016-09-28]. http://www.miit.gov.cn/n1146295/n1652858/n1652930/n3757017/c5288739/content.html.

[75] 翁宇庆，陈蕴博，刘珹. 特殊钢在先进装备制造业应用中的战略研究[M]. 北京：冶金工业出版社，2012.

[76] 王一德，唐荻，党宁. 国外特殊钢产业的特点及发展趋势[J]. 钢铁，2013，48（6）：1-6.

[77] 杨忠民. 我国海洋工程用钢发展现状[J]. 新材料产业，2013，（11）：17-19.

[78] 王旭东，王海川. 改进发展高温合金，推动航空发动机研制[R]. 第十三届中国高温合金年会论文集，2017.

[79] 左铁镛，戴铁军. 有色金属材料可持续发展与循环经济[J]. 中国有色金属学报，2008，18（5）：755-763.

[80] 中国工程科技发展战略研究院. 2013 中国战略性新兴产业发展报告[M]. 北京：科学出版社，2013.

[81] 中国石油和化学工业联合会化工新材料专委会. 中国化工新材料产业发展报告[M]. 北京：化学工业出版社，2016.

[82] 卜新平，蔡恩铭. 化工新材料进口替代课题研究报告[M]. 北京：中国石油和化学工业联合会化工新材料专委会，2016.

[83] 蹇锡高，王锦艳. 含二氮杂萘酮联苯结构高性能工程塑料研究进展[J]. 中国材料进展，2012，（2）：16-23.

[84] 中国橡胶工业协会. 中国橡胶工业强国发展战略研究[M]. 北京：中国商业出版社，2014.

[85] 佚名. 中国橡胶行业"十三五"发展规划指导纲要[R]. 中国橡胶工业协会第八届七次常务理事扩大会议暨第 16 届全国橡胶工业信息发布会，2015.

[86] Zhou X，Guo B，Zhang L，et al. Progress in bio-inspired sacrificial bonds in artificial polymeric materials[J]. Chemical Society Reviews，2017，46（20）：6301-6329.

[87] 张刚刚，赵素合，张立群. 橡胶硫黄硫化体系低锌/无锌技术研究进展[J]. 橡胶工业，2017，64（8）：503-508.

[88] 李艳伟，宁元军，母长明，等. 两种高性能纤维研究进展[J]. 高科技纤维与应用，2011，36（1）：43-50.

[89] Hu Z，Li N，Li J，et al. Facile preparation of poly（p-phenylene benzobisoxazole）/graphene composite films via one-pot in situ polymerization[J]. Polymer，2015，71：8-14.

[90] 徐樑华. 高性能 PAN 基碳纤维国产化进展及发展趋势[J]. 中国材料进展，2012，31（10）：7-14.

[91] 罗益锋. 世界聚丙烯腈基碳纤维的新形势[J]. 新材料产业，2014，（3）：21-25.

[92] Das S，Warren J，West D. Global carbon fiber composites supply chain competitiveness analysis[R]. Energy and Transportation Science Division，Oak Ridge National Laboratory，2016.

[93] 邢丽英，包建文，礼嵩明，等. 先进树脂基复合材料发展现状和面临的挑战[J]. 复合材料学报，2016，33（7）：1327-1338.

[94] Holmes M. Carbon fiber reinforced plastics market continues growth path[J]. Reinforced Plastics，2013，57（6）：24-29.

[95] Toray Industries，Inc. Medium-term management program[R]. Project AP-G 2019，2017.

[96] Baker D A，Rials TG. Recent advances in low-cost carbon fiber manufacture from lignin[J]. Journal of Applied Polymer Science，2013，130（2）：713-728.

[97] 尹家明. 徐匡迪院士：没有颠覆式创新，什么都救不了国家[J]. 智慧中国，2018，（6）：21-25.

[98] 屠海令，赵鸿滨，魏峰，等. 二维原子晶体材料及其范德华异质结构研究进展[J]. 稀有金属，2017，41（5）：449-465.

[99] 屠海令，李腾飞，马飞. 我国关键基础材料发展现状及展望[J]. 中国工程科学，2017，19（3）：125-135.

[100] 薛轶，张向军，卢世刚. 我国电动汽车用动力电池的工程科技中长期发展战略研究[J]. 新材料产业，2011，（1）：31-33.

[101] 李涛，杨娟玉，卢世刚. 锂离子电池用硅基材料的研究进展[J]. 电源技术，2012，36（6）：893-897.

[102] 刘祥欢，庄卫东，彭敏，等. 锂离子电池富锂锰基正极材料的研究进展[J]. 稀有金属，2017，41（5）：534-552.

[103] 赵挺，张向军，卢世刚. 扣式电池壳体对锂离子电池材料性能测试的影响[J]. 电池，2013，43（1）：25-28.

[104] 王敬忠，刘正东，包汉生. 中国超超临界电站锅炉关键材料用钢及合金的研究现状[J]. 钢铁，2015，50（8）：1-9.

[105] 田仲良，包汉生，何西扣，等. 700℃汽轮机转子用耐热合金的研究进展[J]. 钢铁，2015，50（2）：54-60.

[106] 常辉，周廉. 钛及钛合金材料在海洋工程中的应用现状和未来[R]. 中国有色金属工业协会钛锆铪分会 2013 年年会，2013.

[107] 常辉，王向东，周廉. 钛合金及其在舰船装备上的应用现状与趋势[J]. 中国材料进展，2014，（9）：603-607.

[108] 左铁镛，宋晓艳. 我国高端钨制品发展有关问题的思考与探讨[J]. 硬质合金，2012，29（6）：337-343.